MINDFULNESS *ed emozioni*

Testi: Nicoletta Cinotti
Illustrazioni: Sara Serravalle, tranne pagg. 31, 46, 149, 178, 179, 252 (Shutterstock Images); pag. 48 (Wikipedia); pag. 71 (atlasofemotions.org)
L'immagine di pag. 177 è liberamente tratta dall'opera
La spiritualità del corpo di Alexander Lowen

Redazione Gribaudo
Via Strà, 167/F
37030 Colognola ai Colli (VR)
redazione@gribaudo.it

Responsabile di produzione: Franco Busti
Responsabile di redazione: Laura Rapelli
Responsabile grafico: Meri Salvadori
Progetto grafico e impaginazione: Natascia Adami
Fotolito e prestampa: Federico Cavallon, Fabio Compri
Segreteria di redazione: Emanuela Costantini

FSC
www.fsc.org
MISTO
Carta da fonti gestite in maniera responsabile
FSC® C013389

Stampa e confezione: Errestampa srl, Orio al Serio (BG)

Socio Unico Giangiacomo Feltrinelli Editore srl
Via Andegari, 6 - 20121 Milano
info@gribaudo.it - www.gribaudo.it

Prima edizione: 2022 [2(Ce)]

MINDFULNESS ed emozioni

Nicoletta Cinotti

GRIBAUDO

SOMMARIO

IL COLORE È IL TASTO.
L'OCCHIO È IL MARTELLETTO.
L'ANIMA È UN PIANOFORTE
CON MOLTE CORDE.
L'ARTISTA È LA MANO CHE,
TOCCANDO QUESTO O QUEL TASTO,
FA VIBRARE L'ANIMA.

Vasilij Kandiskij [1]

INTRODUZIONE

Nessuno di noi vorrebbe vivere una vita senza emozioni così come nessuno di noi accetterebbe che fosse la ragione a determinare tutte le scelte.
Le emozioni sono le protagoniste della psicologia ma non sempre hanno goduto di buona fama, sia nell'area della psicologia sia tra il grande pubblico. Alle emozioni diamo la responsabilità delle nostre scelte sbagliate e tendiamo a separare emozioni e ragione dando un credito molto superiore alla nostra ragione.

Abbiamo il desiderio di essere felici e la felicità – piccola o grande che sia – ha sempre un gusto emotivo. Adesso sappiamo che emozioni e ragione non sono così separate come pensavamo. Anzi, le nostre emozioni hanno un peso rilevante sul nostro funzionamento mentale e quindi più le conosciamo e più impariamo ad avere un rapporto amichevole con loro, più le nostre scelte razionali avranno la possibilità di renderci felici.

Ma si può essere felici? Si può guardare al mondo con equanimità e compassione? Dipende da noi o dipende da quello che accade? Sono domande che ci facciamo spesso. Anche in questo caso fino a qualche anno fa la risposta sarebbe stata quasi unanime: la felicità dipende dalle condizioni esterne e non possiamo che adeguare la nostra risposta emotiva a queste condizioni esterne. Siamo felici se le cose vanno bene e infelici se vanno male, vittime delle alterne sorti del destino. Ma è davvero così? Shawn Achor,[2] assistente di Tal Ben-Shahar in uno dei più famosi corsi di Harvard – il corso sulla felicità –, dice proprio il contrario: è la felicità che ci fa funzionare bene e aumenta le nostre possibilità di successo e non viceversa. Non siamo felici se abbiamo successo ma abbiamo successo se siamo felici, sottolineando così il ruolo prioritario di uno dei nostri sistemi emotivi, quello di ricerca delle risorse (di questo ti parlerò meglio e a lungo più avanti), nel portare significato e soddisfazione nella nostra vita.

La relazione tra mindfulness ed emozioni si gioca tutta attorno a questa nobile meta: come e cosa fare perché le nostre emozioni non siano totalmente dipendenti dal mondo esterno, come padroneggiare le onde emotive e come partire da una condizione di serenità per guardare a quello che accade come artefici, protagonisti della propria vita. Perché le emozioni – anche quelle positive – possono fare male quando le subiamo. Invece possono farci andare avanti leggeri quando troviamo il modo di esserne consapevoli e di "cavalcarle". Proprio come succede con le onde del mare.

Avrai sentito ripetere più volte che non possiamo cambiare le onde ma possiamo imparare a surfare. Una frase ormai così famosa che non sono nemmeno più sicura se sia davvero di Jon Kabat-Zinn – l'ideatore del primo e più conosciuto dei programmi mindfulness, il protocollo MBSR* – o di qualche saggio surfista australiano. Il punto però è proprio questo: i nostri tentativi di cambiare il mondo in cui viviamo per poter essere felici sono una missione impossibile. Questo non ci autorizza al disimpegno sociale ma ci invita a partire da noi, a cambiare il nostro modo di entrare in relazione con ciò che accade. Farlo è possibile e passa dalla consapevolezza e dall'accettazione, due elementi che possiamo coltivare con la pratica di mindfulness. Siamo esperti nel metterci a discutere con la

---

* MBSR (Mindfulness Based Stress Reduction) è il protocollo basato sulla mindfulness per la riduzione dello stress nato negli Stati Uniti alla fine degli anni Settanta del secolo scorso grazie al lavoro di Jon Kabat-Zinn e del suo gruppo di ricerca. Usando le basi della pratica di meditazione vipassana, Kabat-Zinn è riuscito a strutturare un protocollo d'intervento che pur rispettando la tradizione meditativa è presentato in forma laica e scientifica. L'efficacia di questo protocollo è stata scientificamente dimostrata attraverso una grandissima mole di ricerche.

vita e nel decidere quello che sarebbe giusto e quello che andrebbe corretto. Non ci rendiamo conto dell'assurdità di questo atteggiamento fino a che non immaginiamo di essere in mare con una tavola da surf. Un surfista non si mette a discutere con l'onda: cerca di scegliere quale onda può cavalcare, sapendo che il mare è più forte di lui. Tanto più conosce e accetta le condizioni del mare e tanto più si divertirà, evitando di mettersi in situazioni che richiedono capacità superiori alle sue, pur correndo il rischio di andare un po' oltre i propri limiti per divertirsi di più. In quel caso i limiti sono legati all'abilità fisica ma anche alla capacità di tollerare gli aspetti emotivi della sfida, proprio come nella vita quotidiana. Con questo libro vorrei offrirti elementi per conoscere meglio le tue emozioni, padroneggiarle e divertirti di più anche quando il mare è mosso. Cercherò anche di spiegarti come mai a volte il mare è mosso e quando aspettare produttivamente che si plachi. Cercherò di disegnarti una mappa per muoverti verso la mente-cuore, una mente in cui emozione e ragione collaborano per illuminare la strada.

Non ti parlerò di tutte le emozioni ma solo di quelle che possiamo provare più frequentemente nella nostra battaglia quotidiana tra felicità e infelicità. In genere abbiamo difficoltà a dare il giusto valore alle emozioni: pensiamo che dovremmo reprimerle o sopprimerle, con il risultato di farle esplodere, magari nei momenti meno opportuni e non con le persone giuste. Oppure cerchiamo di dominarle con la ragione. Questa mappa ti offrirà la possibilità di scegliere la direzione da prendere sapendo che abbiamo sempre almeno due possibilità: una conosciuta, l'altra tutta da costruire!

DUE STRADE DIVERGEVANO IN UN BOSCO D'AUTUNNO
E DISPIACIUTO DI NON POTERLE PERCORRERE ENTRAMBE,
ESSENDO UN SOLO VIAGGIATORE, A LUNGO INDUGIAI
FISSANDONE UNA, PIÙ LONTANO CHE POTEVO
FIN DOVE SI PERDEVA TRA I CESPUGLI.

POI PRESI L'ALTRA, CHE ERA BUONA UGUALMENTE
E AVEVA FORSE L'ASPETTO MIGLIORE
PERCHÉ ERA ERBOSA E MENO CALPESTATA
SEBBENE IL PASSAGGIO LE AVESSE RESE QUASI UGUALI.

ED ENTRAMBE QUELLA MATTINA ERANO RICOPERTE DI FOGLIE
CHE NESSUN PASSO AVEVA ANNERITO
OH, MI RISERVAI LA PRIMA PER UN ALTRO GIORNO
ANCHE SE, SAPENDO CHE UNA STRADA CONDUCE VERSO UN'ALTRA,
DUBITAVO CHE SAREI MAI TORNATO INDIETRO.

LO RACCONTERÒ CON UN SOSPIRO
DA QUALCHE PARTE TRA MOLTI ANNI:
DUE STRADE DIVERGEVANO IN UN BOSCO ED IO...
IO PRESI LA MENO BATTUTA,
E QUESTO HA FATTO TUTTA LA DIFFERENZA.

Robert Frost [3]

C'È UNA FRATTURA
DALLA QUALE EMERGE CIÒ CHE È INTATTO.
UNA DISTRUZIONE DA CUI
EMERGE QUALCOSA DI INDISTRUTTIBILE.
C'È UN DOLORE AL DI LÀ DI OGNI DOLORE
CHE CONDUCE ALLA GIOIA
E UNA FRAGILITÀ DALLA CUI PROFONDITÀ
EMERGE LA FORZA.
C'È UNO SPAZIO VUOTO TROPPO AMPIO PER LE PAROLE
UNO SPAZIO CHE ATTRAVERSIAMO CON OGNI PERDITA
AL DI FUORI DI QUESTA OSCURITÀ SIAMO BENEDETTI
C'È UN GRIDO PIÙ FORTE DI QUALUNQUE SUONO
I CUI BORDI SEGHETTATI TAGLIANO IL CUORE
E MENTRE ROMPIAMO CIÒ CHE È INDISTRUTTIBILE
IMPARIAMO A CANTARE.

Rashani Rea [4]

1ª

PARTE

L'ANSIA: UN OSTACOLO ALLA CONSAPEVOLEZZA

L'ansia è una risposta fisiologica alla novità e all'inizio di una nuova esperienza. Diventa un disturbo quando nasce dalla difficoltà di darsi conforto. Una difficoltà a essere consolati che, spesso, è ereditata in famiglia. Un genitore spaventato fa fatica a calmare il suo bambino, che impara così a vivere con un sottofondo di paura.

1

capitolo

COSA CI VUOLE PER ESSERE FELICI

Probabilmente ti avranno detto molte volte che bisogna essere ottimisti e altrettante volte ti avranno detto che bisogna vedere il bicchiere mezzo pieno e non mezzo vuoto. Ma pochi ti avranno dato una spiegazione del perché le cose stanno così e ti avranno detto come fare – se malauguratamente appartieni al gruppo che vede il bicchiere mezzo vuoto – per vederlo mezzo pieno. Grazie alle ricerche di Richard Davidson[5] abbiamo qualche idea al riguardo.

Fino agli anni Settanta-Ottanta del secolo scorso l'idea prevalente era che le emozioni fossero legate all'area limbica e all'ipotalamo mentre la corteccia prefrontale fosse la splendida sede della nostra ragione. Un po' come dire che le emozioni erano la nostra parte animale e la ragione la nostra parte evoluta. Non c'era da meravigliarsi che venissero guardate con supponenza e nemmeno sorprende che le emozioni fossero considerate come anarchici instabili di una repubblica della ragione. Richard Davidson non era convinto che le cose stessero proprio così e aveva ragione.

Aveva dimostrato l'esistenza di una correlazione tra attivazione dell'emisfero sinistro ed emozioni positive e attivazione dell'emisfero destro ed emozioni negative. Una correlazione presente anche nel gruppo di soggetti più giovane studiato: bambini di dieci mesi e neonati. Nasciamo con una dotazione di risposte emotive. La scelta di verificare le risposte emotive positive e negative nei neonati era legata alla certezza che non possono mentire nella loro manifestazione emotiva: gli si legge in faccia gioia e dolore.

UN CERVELLO DEPRESSO

Facciamo sobbalzare gli occhi e il cuore e torniamo per un momento al surf. Quando arriva l'onda il surfista deve fare una scelta: scegliere se avvicinarsi, aspettare oppure allontanarsi. Le emozioni positive – indipendentemente dal surf – spingono ad avvicinare l'esperienza. Quelle negative ad allontanarla. Le prime attivano l'emisfero sinistro, le seconde il destro. Questo significa che, se siamo depressi, potremmo avere tanti comportamenti di allontanamento, quando invece avremmo bisogno di avvicinarci e ristabilire il contatto. Continuare a provare avversione per quello che accade rinforza la nostra depressione. Avvicinarci con interesse e curiosità agli eventi alimenta, invece, la possibilità di trovare una via d'uscita.*

Il vero problema con le emozioni sta in questo movimento di avvicinamento e allontanamento. Non sono le emozioni che fanno male: è la nostra risposta di allontanamento protettivo dall'esperienza – le nostre stesse difese – che diventano il vero problema. Cerchiamo una soluzione che, con il tempo, si rivela peggiore del male che vuole curare perché alimenta una risposta depressiva e ansiosa.

Per esplorare la relazione tra funzionalità del cervello e felicità Davidson decise di valutare anche un gruppo di persone con problemi depressivi. Ebbe un'ulteriore conferma. I soggetti depressi avevano una minore attivazione dell'emisfero sinistro – quello legato alle emozioni positive e al desiderio di avvicinarsi all'esperienza – e mostravano meno capacità di perseverare nel tentativo di raggiungere un obiettivo. Questi sono due elementi caratteristici della depressione: l'assenza di gioia, ancora peggiore della tristezza, e l'incapacità di mantenere l'impegno in una attività finalizzata a un risultato.

* Questo concetto è alla base della struttura del protocollo MBCT (Mindfulness Based Cognitive Therapy) la cui efficacia nella prevenzione delle ricadute depressive si è dimostrata molto alta. Vedi anche Alice Tickell, Susan Ball, Paul Bernard *et al.*, *The Effectiveness of Mindfulness-Based Cognitive Therapy (MBCT) in Real-World Healthcare Services*, in "Mindfulness", vol. 11, 2020, pagg. 279-290.

Funzioniamo come un semaforo: il verde – emisfero sinistro – ci fa avvicinare, il rosso – emisfero destro – ci fa fermare e allontanare. Se siamo depressi il semaforo rimane fisso sul rosso. Ti è mai capitato di essere a un semaforo che non diventa mai verde? Cosa fai? Io, se sono a piedi, aspetto un po', inizio a innervosirmi, guardo a destra, a sinistra, e poi attraverso. Se sono in macchina però non posso che aspettare. Quando siamo depressi è come se fossimo in macchina bloccati a un semaforo che non diventa verde. In quel caso è necessario fare qualcosa per farlo diventare verde. Fino a qualche anno fa eravamo convinti che se la nostra tendenza, strutturata nel corso degli anni, era quella di avere un semaforo più rosso che verde, più attivazione dell'emisfero destro che sinistro, l'unico rimedio fossero i farmaci e la psicoterapia. Abbiamo scoperto che la nostra mente, il nostro più grande tesoro, può essere educata, e può imparare modi diversi di rispondere agli eventi durante tutto l'arco della vita. Adesso sappiamo che la pratica di mindfulness, fornendo modi per avvicinarci al dolore e alle emozioni difficili, cambia il nostro semaforo interno e diminuisce la nostra infelicità. Ci insegna ad avvicinarci a quello che ci spaventa e a guardare con la stessa gentile curiosità sia le emozioni piacevoli che quelle spiacevoli. L'idea che sia necessario cambiare quello che proviamo si stempera e diventa un percorso in cui imparare a "stare in quello che sentiamo" senza rimanere troppo a lungo incastrati nel dolore e nelle difficoltà e senza pretendere di essere sempre felici.

Dal protocollo MBSR nacque, qualche anno dopo, il protocollo MBCT. Fino a quel momento non era mai stato tentato un protocollo per ridurre il rischio di ricadute nella depressione, nell'ansia e nei più comuni disturbi emotivi. Anche in questo caso l'efficacia del programma fu testata su ampi campioni di popolazione. Oggi questo protocollo è considerato un trattamento d'eccellenza dal NICE (National Institute for Health and Care Excellence).

La sua efficacia è stata valutata scientificamente: persone che hanno iniziato a meditare da pochi mesi possono mostrare cambiamenti nella risposta cerebrale simili a quelli di meditanti esperti che hanno ben più conoscenza e allenamento nella pratica della meditazione mindfulness.[6]

La pratica meditativa può modulare i circuiti cerebrali responsabili dell'elaborazione emotiva offrendo un esempio della profonda neuroplasticità del cervello in risposta all'esperienza vissuta e all'allenamento. La pratica di consapevolezza può lasciarci meno intrappolati dai nostri "semafori rossi" che corrono il rischio di agire come interruttori della ripetizione: ci lasciano fermi anche se avremmo bisogno di muoverci!

Quindi iniziamo il nostro viaggio nelle emozioni! Ricordiamoci che, come dice il poeta, abbiamo sempre due possibilità: percorrere la strada vecchia, già battuta, o una strada che non abbiamo ancora percorso. Io cercherò di condurti verso quella nuova!

È a causa della natura
impermanente del dolore
che possiamo trasformarlo.
È a causa della natura
impermanente della felicità
che possiamo coltivarla.

Thich Nhat Hanh

2

capitolo

I SISTEMI EMOTIVI

NESSUNO PUÒ DARLE AIUTO O CONSIGLIO, NESSUNO.
C'È SOLO UN MODO. GUARDARE DENTRO DI SÉ.

Rainer Maria Rilke [7]

Quando arrivano le emozioni? Probabilmente già nella vita intrauterina, quando le variazioni ormonali della madre iniziano a stimolare il cervello. Durante la gravidanza i bambini imparano a riconoscere la voce dei genitori, sono in grado di cogliere le variazioni di luminosità e di suono, sanno farsi sentire quando si trovano in una posizione scomoda, sbadigliano, sorridono e iniziano a muoversi abbastanza presto esercitandosi in quei movimenti che, una volta nati, dovranno imparare a fare anche in condizioni di gravità.

Non siamo affatto una *tabula rasa*: possiamo provare diverse emozioni. Emozioni che sono importanti perché ci permettono di comunicare con il mondo circostante e di stabilire relazioni e legami con le persone che si occupano di noi. Arriviamo comunque con un bagaglio leggero: poche emozioni ma fondamentali.

Proviamo rabbia, paura, tristezza, sorpresa, disgusto, gioia.* Emozioni basilari che permettono di "dire" come ci sentiamo e che danno una risposta immediata perché reattiva e neurofisiologicamente determinata. Queste emozioni sono alla base dei tre sistemi emotivi che permettono la no-

* Inizialmente Paul Ekman considerò sei emozioni primarie: collera, disgusto, paura, tristezza, sorpresa e gioia. Nel corso dei suoi studi ne aggiunse altre: orgoglio, disprezzo, soddisfazione, piacere sensuale, imbarazzo, vergogna, colpa, sollievo, divertimento. Molte di più di quelle inizialmente riconosciute da Charles Darwin nel suo testo fondamentale pubblicato nel 1872: *L'espressione delle emozioni nell'uomo e negli animali.*

stra crescita: sistema difensivo, affiliativo (legato alle relazioni) e di ricerca delle risorse.*

La frequenza e l'intensità delle emozioni che proviamo darà, progressivamente, forma al nostro modo di costruire significati e renderà il tessuto emotivo molto più ricco e sfumato di quello iniziale.

In genere parliamo delle emozioni come se fossero domini separati ma, in realtà, procedono come sciami misti proprio perché fanno parte di sistemi emotivi: rabbia e tristezza possono unirsi, per esempio, alla paura e offrire una varietà di sensazioni fisiche ed emotive e di spinte all'azione che possono essere anche contraddittorie tra di loro. Come abbiamo visto nel capitolo precedente, nel tempo possiamo strutturare una modalità prevalente che va verso l'ottimismo o il pessimismo, una propensione che potremmo percepire come umore di base.

* Questa classificazione si deve a Paul Gilbert e sempre a lui siamo debitori per il grafico che raccoglie i tre cerchi della tolleranza emotiva. Di questo autore si consigliano: *Overcoming Depression. A Step-by-Step Approach to Gaining Control Over Depression* (Oxford University Press, Oxford 2001) e, scritto insieme a Choden, *Mindful Compassion: Using the Power of Mindfulness and Compassion to Transform our Lives* (Robinson, Londra 2013) In traduzione italiana: *La terapia focalizzata sulla compassione. Caratteristiche distintive*, Franco Angeli, Milano 2016.

La nostra risposta è influenzata anche dall'intensità dell'emozione che proviamo. Se riteniamo la situazione pericolosa entra in azione il sistema difensivo, che ha quattro modalità prevalenti: attacco, fuga, congelamento e accondiscendenza. Ma di questo parleremo meglio in seguito.

Quando le emozioni diventano soverchianti diminuisce, fino a scomparire, la nostra capacità di mettere insieme mente e cuore e possiamo fare scelte di cui, in seguito, ci pentiremo. Anche in questo caso il problema non è l'emozione in sé e per sé ma l'essere in grado di rimanere radicati nel presente e nella situazione.

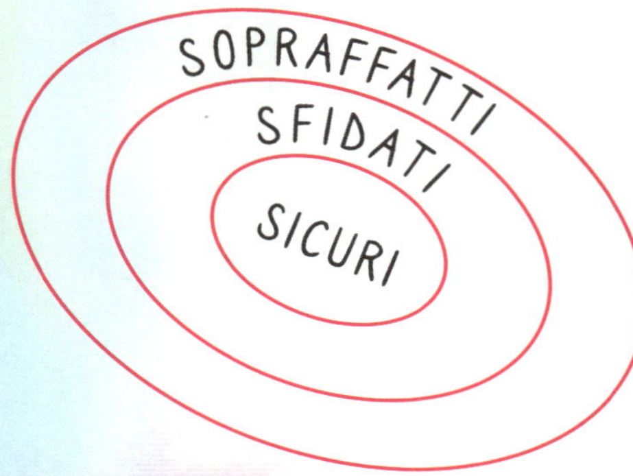

Quando un'emozione è soverchiante perdiamo la capacità riflessiva e la nostra risposta è dominata dall'impulsività e dalle risposte del sistema difensivo.

CERCHIAMO DI METTERE ORDINE, ANDIAMO PER SISTEMI

Per comodità tendiamo a pensare alle emozioni come stati singoli ben differenziati tra di loro. Se proviamo rabbia la nostra esperienza è indubbiamente diversa rispetto alla gioia: ma siamo sicuri che le cose siano così distinte? Immaginiamo di associare un colore a ogni emozione: è un colore uniforme o sfumato? Per semplificare potremmo partire con la rabbia, associandola al magenta. Se ne parliamo come argomento generale potremmo immaginarci un colore ben definito ma se pensiamo alle situazioni in cui abbiamo provato rabbia ci accorgiamo subito che le sfumature sono davvero molte e che anche un singolo episodio di rabbia, con il passare del tempo, cambia intensità di colore. Raramente poi c'è solo rabbia: quante volte, sotto la nostra rabbia c'è, in realtà, dolore oppure paura? Come si spiega questo miscuglio di emozioni? Si spiega con il fatto che le emozioni fanno parte di tre diversi sistemi emotivi che sono in relazione tra di loro. Come gli sciami hanno movimento (portano a entrare in relazione o a evitare la relazione), energia (ci rendono più o meno attivi), intensità (ci rendono più o meno vitali) e direzione (ci fanno avvicinare o allontanare dall'esperienza). Possiamo provare a disegnare le nostre emozioni assegnando un diverso colore a tutti gli elementi che le compongono. Potremmo provare rabbia (magenta) e tristezza (blu) insieme. Se le inseriamo in una mappa che tenga conto degli elementi che ho descritto poco fa potrebbe venir fuori un grafico. Più l'emozione è intensa e più va in alto nel grafico. Più coinvolge nella relazione e ha molta energia, più va verso destra. In questo modo possiamo avere un'istantanea di come può essere percepita un'emozione e delle conseguenze che può avere sul nostro modo di stare in relazione. Se guardiamo con una certa distanza i puntini magenta e blu potremmo avere la percezione del colore viola. Questo non è solo un effetto ottico. Molto spesso le nostre emozioni, mischiandosi come sciami, ne producono altre. Spesso, dopo una situazione in cui abbiamo provato rabbia e tristezza intensa, potremmo provare vergogna (puntini viola) per come ci siamo comportati e, a quel punto, se ci siamo troppo esposti, provare un'emozione di ritiro.

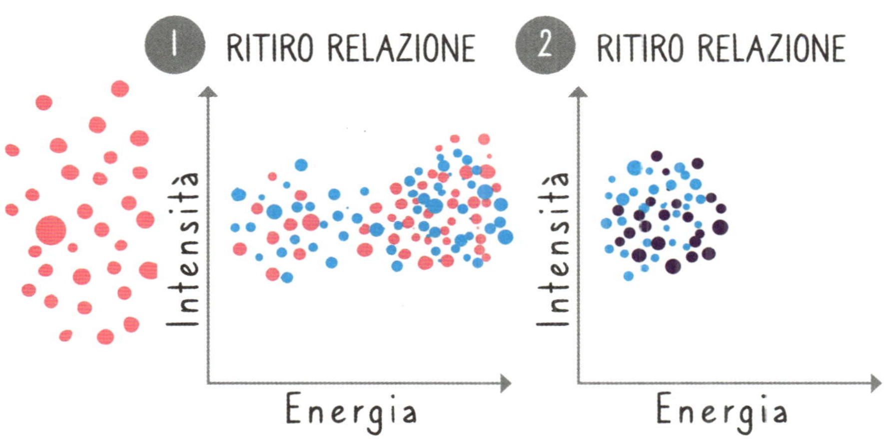

Rabbia, paura, disgusto, ansia e dolore – emozioni che hanno lo scopo di proteggerci dalle minacce reali o percepite – fanno parte del sistema difensivo. Ci spingono a comportamenti veloci e impulsivi. I genitori hanno imparato a conoscere le preferenze dei loro bambini proprio attraverso queste risposte, ma se fossimo solo in grado di rispondere alle minacce perderemmo una delle cose più belle della vita: la possibilità di amare. Fin dalla nascita siamo in grado di provare gioia, piacere, appagamento e comunichiamo queste emozioni a chi si prende cura di noi esprimendole con i gesti affettuosi propri del sistema affiliativo. In questo modo, sorriso dopo sorriso, gioia dopo gioia, si costruisce la nostra amorosa relazione con il mondo. Se qualcosa va male ci arrabbiamo o piangiamo, se i bisogni sono appagati esprimiamo soddisfazione.

Il piacere che proviamo da neonati diventa motivazione e orienta molto presto le nostre preferenze. Possiamo amare il silenzio o gli stimoli, preferire dormire alla luce o al buio, e troveremo un modo per farlo capire, gratificando le risposte "giuste" con dei sorrisi e inibendo le risposte "sbagliate" con il pianto.

Le emozioni del sistema affiliativo – gioia, affetto, gentilezza, amore – sono le più lente ed essendo più lente è più facile esserne consapevoli. La velocità infatti inibisce la consapevolezza: quando siamo veloci tendiamo a percepire il comportamento più che l'emozione che la guida. A proposito di velocità, le emozioni del sistema di ricerca delle risorse hanno una velocità intermedia. Siamo una macchina da corsa nel sistema difensivo, una utilitaria nel sistema di ricerca delle risorse e una tranquilla bicicletta nel sistema affiliativo. Anzi, in quel caso direi che siamo un tandem!

Mantenendo l'associazione tra emozione e colore, possiamo dire che le emozioni lente sono come una goccia di colore che si diffonde gradualmente, schiarendosi con varie sfumature. Affetto, gioia, contatto sono emozioni lente. Rabbia e paura sono invece, da subito, emozioni veloci che esprimiamo all'istante e ci fanno avere risposte altrettanto rapide: chi può sopportare a lungo il pianto disperato di un neonato? Anche nelle emozioni veloci esistono gradazioni di colore, ma la diluizione è più complessa. La paura è

meno intensa del terrore o dell'orrore. La trepidazione è meno intensa della paura, ma passare dalla paura alla trepidazione non è così immediato perché queste emozioni veloci "saturano" subito lo spazio emotivo. Abbiamo bisogno di un po' di impegno per diluirle.
Le emozioni difensive – quelle che proviamo in risposta a una minaccia – sono rapide perché hanno il compito di metterci al sicuro il prima possibile. Le emozioni del sistema di ricerca delle risorse – che sono rinforzate dall'appagamento che proviamo quando vengono soddisfatte – nascono sia da aspetti relazionali che difensivi. Anche qui la velocità ha un ruolo perché se non tolleriamo l'attesa e l'impegno duraturo avremo tutte motivazioni rapide da soddisfare. Se tolleriamo di aspettare e abbiamo fiducia che impegnarsi porti dei risultati, potremo lottare anche a lungo per raggiungere un obiettivo desiderato.

Il nostro sistema di ricerca delle risorse è essenziale per dirigere il comportamento verso la realizzazione dei nostri progetti ed è associato alla gratificazione o, se le cose non vanno come vorremmo, alla frustrazione, che approfondiremo più avanti parlando della depressione perfezionistica.

Per molti di noi però questo sistema – legato all'ambizione e alla competizione – è sovrastimolato. Siamo continuamente alla ricerca di realizzazione per le nostre motivazioni personali e, quando non siamo attivi in tal senso, iniziamo a criticarci o a svalutarci al fine di renderci di nuovo attivi nella realizzazione dei nostri obiettivi. Questo sistema, nato con l'intenzione di dare appagamento, per molte persone è una delle principali fonti di stress! Ne parleremo meglio più avanti perché, nella mia mappa emotiva, è il sistema responsabile della nostra autocritica e della depressione perfezionistica. La depressione perfezionistica – più diffusa e invasiva di quello che si potrebbe pensare – è la depressione che si associa al mancato raggiungimento di standard elevati. Caratterizza quelle persone che pretendono molto da sé stesse e sempre di più, e che quindi rischiano di non gustare mai un vero appagamento. La dopamina è il neuromediatore collegato al sistema di ricerca delle risorse e ci rende sempre molto attivi. Una volta raggiunto il nostro obiettivo abbiamo una gratificazione mediata dalle endorfine, piacevoli oppiacei in libera circolazione nel nostro corpo in maniera fisiologica (e qualche volta in circolazione attraverso l'uso di sostanze stupefacenti).

La ricerca delle risorse è strettamente collegata alle risposte difensive – dobbiamo difenderci durante il percorso per raggiungere la meta relazionale, professionale, personale – e le nostre azioni diventano una serie di comportamenti atti a evitare il fallimento e la frustrazione. Il sistema affiliativo è collegato al nostro stile di attaccamento. Se la ricerca delle risorse è un sistema emotivo che offre emozioni ad alta carica, come il piacere, l'eccitazione, la passione, quest'altro sistema ci offre sensazioni collegate alla calma, alla pace, al senso di sicurezza e protezione. L'ossitocina è il neuromediatore collegato alla sua attivazione ed è presente sia negli uomini che nelle donne. Gioca un ruolo centrale nel calmare l'attivazione del sistema nervoso autonomo dopo un'esperienza stressante e aiuta a ristabilire legami intimi nei momenti difficili.

ABBIAMO BISOGNO DI TUTTI E TRE QUESTI SISTEMI DI REGOLAZIONE EMOTIVA

Questi tre sistemi hanno uno scopo evolutivo e sono tutti necessari alla nostra salute emotiva. Quando c'è uno squilibrio nella loro attivazione, la nostra salute emotiva ne risente. Se siamo troppo competitivi – e quindi il nostro sistema di ricerca delle risorse è troppo funzionante – saremo iperattivi e, molto probabilmente, ansiosi, con un aumento delle risposte di rabbia e paura legate al sistema evolutivo più primitivo, quello che risponde alla minaccia. Se siamo stressati – ossia il nostro sistema difensivo è troppo attivo – è difficile che le nostre relazioni siano serene: saremo meno aperti e proveremo meno emozioni di appagamento e gioia.

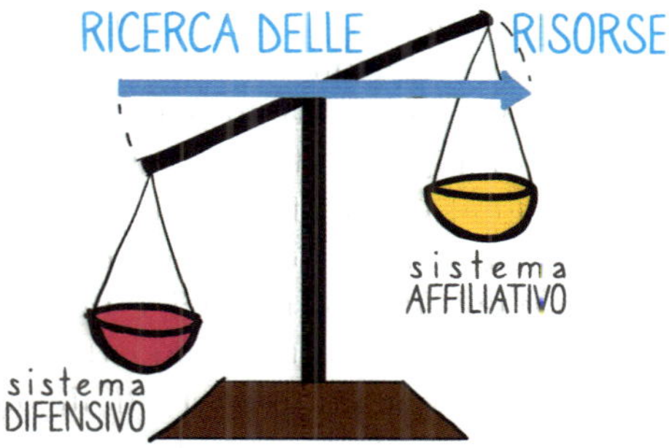

Quando siamo stressati o troppo competitivi l'equilibrio della bilancia cambia e prendono campo le nostre emozioni difensive: ansia, paura, rabbia, disgusto. Non è insolito che lo stress si accompagni a risposte relazionali esplosive. Perché? Perché rimaniamo uomini delle caverne: se ci sentiamo sotto minaccia abbiamo bisogno di risposte velocissime e "guerriere". Peccato che per il tipo di minaccia con la quale ci confrontiamo oggi non sia poi così necessaria tutta questa reattività! Se guardiamo all'ansia da un punto di vista evolutivo capiamo subito che è perfetta per individuare tempestivamente un pericolo. E, comunque, nella giungla è meglio essere un po' paranoici. Nella giungla dell'ufficio, invece, essere paranoici può peggiorare tantissimo le nostre possibilità di crescita professionale.

Immaginiamo questi tre sistemi come una bilancia. La nostra ricerca delle risorse è l'asta della bilancia, in equilibrio flessibile tra il peso delle emozioni difensive e quelle affiliative.

Quello che fa la differenza sono due aspetti: la nostra consapevolezza e l'intenzione di nutrire gli aspetti riflessivi riconoscendo la motivazione che sta dietro alle emozioni che proviamo. Non è detto che la consapevolezza sia equamente distribuita in tutti e tre questi sistemi emotivi. Non è detto che ci sia chiaro lo scopo delle emozioni che proviamo. Certamente più siamo consapevoli della finalità comunicativa delle nostre emozioni, più sappiamo riconoscerle e nominarle, e più saremo in grado di avere una regolazione emotiva che sfugga dalla prepotenza del controllo.

In genere la consapevolezza è lenta e quindi più il sistema emotivo attiva risposte rapide, meno ne siamo consapevoli. Per questa ragione spesso abbiamo bisogno di maggiore consapevolezza – e di più pratica di mindfulness – per conoscere le emozioni del sistema difensivo e quelle del sistema di ricerca delle risorse.

Paul Gilbert, psicoterapeuta che si occupa di psicoterapia basata sulla compassione, usa l'espressione *Better safe than sorry* per descrivere come un eccessivo bisogno di sicurezza può portarci, per esempio, a sovrastimare la necessità economica e a sottostimare la necessità di intimità e amore.

La sensazione di minaccia che viviamo se nostro figlio non è invitato a una festa di compleanno, se non otteniamo una promozione, se ci sentiamo esclusi dal gruppo degli amici fa parte del nostro bagaglio umano: non ha senso colpevolizzarci perché reagiamo così. Ma non ha senso nemmeno prendere sul serio queste sensazioni e partire alla guerra per pareggiare immediatamente la situazione. Possiamo scegliere come rispondere sapendo che, più reagiamo, più proveremo rabbia e paura, le emozioni del sistema difensivo. Più rispondiamo con calma e consapevolezza, più coltiveremo i sentimenti di serenità del nostro sistema affiliativo. L'invito è a rimanere umani e a non trasformare la nostra evoluzione diventando robot guidati dal pilota automatico.

I sistemi emotivi, come avrai capito, funzionano come vasi comunicanti solo in senso ideale. I vasi comunicanti fanno sì che la quantità di un liquido sia equamente distribuita tra un vaso e l'altro, e anche i nostri sistemi emotivi funzionerebbero così. Ma c'è un problema. Quel problema sono le nostre difese, che diventano dighe tra un sistema comunicativo e l'altro e ci lasciano incastrati in vecchi schemi disfunzionali di risposta. Più siamo "difesi" meno automatico è l'equilibrio. Diventa necessario un atto intenzionale, come la pratica di mindfulness, per trasformare le dighe in conche di navigazione, per aprire un varco tra un sistema emotivo e l'altro e riuscire così ad andare avanti.

Forse sai come funzionano le conche di navigazione, ma spendo qualche parola per descriverle perché ci assomigliano più di quello che pensiamo. Nei corsi d'acqua e nei canali si creano dei dislivelli che renderebbero impossibile la navigazione. Quando la barca arriva al dislivello si apre una chiusa e viene fatta entrare l'acqua nella conca in modo che il livello interno pareggi quello del corso superiore del canale. A quel punto viene aperta un'altra chiusa e la barca procede.

La pratica di mindfulness funziona esattamente come una conca di navigazione. La vita crea dei dislivelli: la mindfulness ci aiuta a navigare in questi dislivelli.

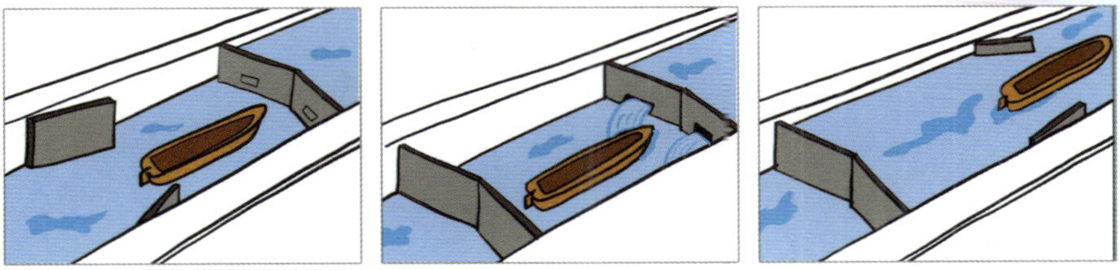

Senza aiuto non riusciamo ad andare avanti. Potremmo rinunciare alla navigazione e limitare il nostro viaggio al tratto di fiume navigabile: lo facciamo tutte le volte che evitiamo le situazioni che ci fanno paura. Preferiamo fermarci. Possiamo fermarci per paura, per rabbia, per ostinazione, per moltissime emozioni diverse. Ma a un certo punto abbiamo una intuizione: non vogliamo continuare così. Siamo stanchi di fare avanti e indietro in un piccolo tratto di fiume. Vogliamo navigare fino al mare. Allora, con la pratica di mindfulness, riempiamo la nostra conca e, quando ci sentiamo pronti, andiamo avanti.

Per ogni emozione troverai qualche suggerimento per trasformare le difese, immaginate come dighe chiuse, in conche di navigazione che permettano di andare avanti anziché rimanere incastrati dove l'acqua è troppo bassa.

EMOZIONI E COLORE

Forse ti domanderai con quale criterio ho attribuito un colore a ogni emozione. Non c'è un'associazione univoca tra emozioni e colori, ma giallo, magenta e ciano sono i colori primari da cui derivano tutti gli altri colori. Le emozioni sono un modo rapido e non verbale per comunicare con il mondo che ci circonda. Proprio come per i colori abbiamo emozioni di base – fondamentali per la sopravvivenza –, emozioni che sviluppiamo nel tempo, come i colori secondari, ed emozioni collegate alla cultura a cui apparteniamo, che sono come le sfumature del colori secondari.

LE EMOZIONI DEI TRE SISTEMI EMOTIVI, CON I TRE COLORI PRIMARI, DANNO VITA A NUOVE EMOZIONI RAPPRESENTATE DAI COLORI SECONDARI, CHE HANNO A LORO VOLTA MOLTE SFUMATURE, I COLORI DEL CERCHIO PIÙ ESTERNO.

Persone diverse possono avere sensibilità diverse nel cogliere le sfumature sia delle emozioni che dei colori, e dare loro nomi differenti. Se non sappiamo il nome di un'emozione o il nome di un colore lo percepiamo lo stesso, ma la nostra esperienza diventa meno comunicabile e meno ricca. Nel caso di un'emozione, sentire senza riuscire a dare un nome aggiunge una nota di inquietudine. Ampliare la nostra capacità di vedere, di riconoscere e nominare le emozioni ha un effetto tranquillizzante. Più siamo consapevoli e più siamo padroni di quello che proviamo.

Impariamo presto a capire il linguaggio delle emozioni. Un genitore sufficientemente attento nel giro di poche settimane riesce a distinguere il pianto di fame dal pianto di dolore o di stanchezza del proprio bambino. E il bambino non ha bisogno di imparare un codice di comunicazione complicato, come quello verbale, per far capire i propri bisogni. Le emozioni che prova parlano per lui, lo aiutano a stabilire un legame affettuoso con il mondo, grazie alla sua dotazione di sorrisi e di gioia.

Malgrado i neonati siano circondati da colori pastello, alla nascita vedono bianco, nero e rosso. Bastano poche settimane perché inizino a distinguere il rosso dal verde, il blu dal giallo, e nel giro di sei mesi vedono proprio come un adulto. È difficile dare una tempistica esatta nello sviluppo delle emozioni. Sappiamo che un neonato che sta bene prova prevalentemente gioia nel primo anno di vita. Questo non significa però che provi solo gioia: conosce il dolore, la rabbia, la paura. Il disgusto è presente fin dalla nascita e tutto in lui sembra predisposto per provare – e suscitare – amore. Dalle prime ore di vita un neonato è in grado di imitare le espressioni emotive del viso del genitore. Questo fa pensare che parte dell'apprendimento emotivo passi attraverso ciò che vediamo sul volto degli altri. Possiamo "venir contagiati" dalle emozioni altrui, e lo sguardo e il guardare sono mezzi significativi rispetto al mondo emotivo.

NELLE PROSSIME PAGINE OGNI EMOZIONE SARÀ PRESENTATA NELLA VERSIONE ASTRATTA E NELLA VERSIONE FIGURATIVA. LA VERSIONE FIGURATIVA È LA STORIA DI TRE PERSONE. LA VERSIONE ASTRATTA SARANNO GLI SCHEMI, I COLORI E LE INFOGRAFICHE. IL TUTTO ACCOMPAGNATO DA UN PO' DI TEORIA, CHE SERVE SEMPRE SOPRATTUTTO A PICCOLE DOSI.

Se associamo un colore all'emozione diventa ancora più immediata la consapevolezza che avere emozioni è cosa di tutti ma che non tutti le percepiscono nello stesso modo, proprio come succede con le sfumature di colore. Le illusioni ottiche ci insegnano che a volte percepiamo in modo non realistico: le nostre emozioni possono darci un sacco di illusioni. Questo succede perché la nostra percezione – delle emozioni come dei colori – tende a semplificare. Vedere è tutt'altro rispetto a quell'operazione immediata che crediamo sia. Possiamo "imparare a guardare", imparare a percepire, ma questo richiede lentezza, attenzione ai dettagli, attenzione alle relazioni – di grandezza, di priorità e d'importanza – e desiderio di imparare.

Su alcune emozioni scorrerai veloce, su altre ti soffermerai. Il mio tentativo sarà quello di accompagnarti a guardare il tuo mondo emotivo, il tuo mondo interiore con lo stesso rispetto, curiosità, desiderio che avresti nell'avvicinarti alla personale di un pittore che stimi e che apprezzi. Non sarà necessario avere una competenza artistica. Tutti noi proviamo emozioni: questa è tutta la competenza che ci è necessaria.

Il colore rafforza l'universo soggettivo dell'emozione
e ci ricorda che non vediamo tutti nello stesso modo;
SPERO CHE SCOPRIRAI I TUOI COLORI
E IMPARERAI AD AGGIUNGERE NUOVI COLORI ALLE TUE EMOZIONI.

Ci sono degli aspetti importanti da considerare nelle emozioni “colorate”. Te ne elenco alcuni.

- Possiamo provare, contemporaneamente, più emozioni di sistemi emotivi distinti. Ne parliamo separatamente ma è necessario ricordare che alcune distinzioni, fatte per semplificare, non sono così nitide nella nostra esperienza personale. Se usiamo il colore possiamo immaginare le emozioni proprio come un quadro puntinista: tante pennellate, di colori diversi, per rendere le sfumature. Più guardiamo da vicino più ci accorgiamo che sono colori diversi. Più ci allontaniamo e più percepiamo il colore che nasce dall’unione tra i due colori. La pratica di mindfulness ci permette di andare molto vicino e di cogliere gli elementi che compongono la nostra esperienza.

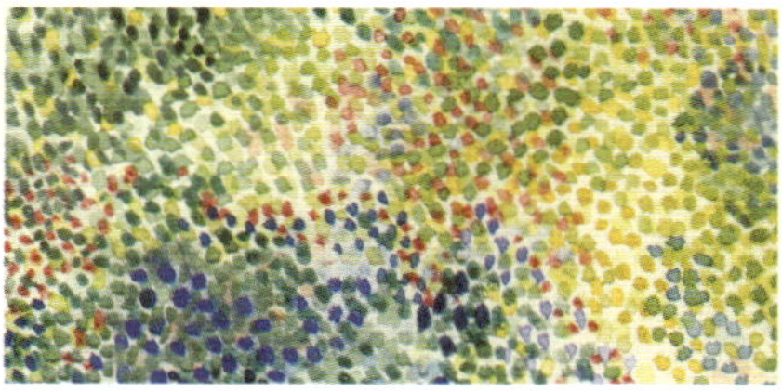

- Certe emozioni ci fanno avvicinare, altre allontanare. Quando amiamo qualcuno desideriamo stargli vicino. Quando abbiamo paura desideriamo stare lontani da quello che ci spaventa. A volte possiamo provare contemporaneamente amore e paura. Non c’è niente di sbagliato: solo che questo rende più difficile esplorare l’esperienza, e in tali casi la consapevolezza, la pratica di mindfulness, può aiutare davvero tantissimo permettendoci di guardare il panorama attraverso una cornice per vederlo meglio senza per forza andare così vicino da spaventarci. È la stessa differenza che c’è tra guardare una piazza da una finestra o senza nessuna delimitazione. La delimitazione, in molti casi, arricchisce l’esperienza. A volte mettere le nostre emozioni “in cornice” è un aiuto per non essere sopraffatti dalla loro intensità.

- Le emozioni cambiano nel tempo e hanno tante sfumature. In natura non esistono colori uniformi. I colori uniformi che siamo abituati a vedere sono frutto della produzione industriale di oggetti. Praticare mindfulness vuol dire imparare a vedere il mondo non come un colore uniforme – cosa che avviene quando andiamo avanti con il pilota automatico inserito – e tornare alla possibilità di cogliere le sfumature.
- Alcune emozioni vanno coltivate mentre altre non andrebbero nutrite. Purtroppo finiamo per fare l'opposto: non coltiviamo l'amore pensando che sia un'emozione che vive senza bisogno di particolare cura ma coltiviamo – attraverso la ripetizione – l'ansia e la paura.
- Saper riconoscere le emozioni tranquillizza e offre calma e serenità: abbiamo paura di ciò a cui non sappiamo dare nome. Imparare a vedere le sfumature e a riconoscere l'esistenza di molti colori rende il nostro universo sensoriale più sveglio e felice. Apre il panorama e lo rende meno saturo di un solo elemento, come succede quando siamo molto preoccupati per qualcosa. Aprire la mente, conoscere e riconoscere è il più potente sedativo del mondo anche se la nostra paura ci urla l'opposto.
- È importante darsi il permesso di sentire e di vedere. Può sembrare banale ma non sempre ci autorizziamo a farlo. A volte andiamo nella vita come le tre scimmie: non vediamo, non sentiamo, non parliamo. Lo facciamo credendo che ci siano emozioni lecite ed emozioni illecite: qualunque emozione è lecita anche se non è detto che i comportamenti che ci suggerisce siano perfetti. Il punto è permettersi di sentire e scegliere cosa fare, separando l'emozione dall'impulsività. Essere impulsivi non è un obbligo: è mancanza di consapevolezza.
- Emozioni e pensieri sono meno separati di quello che possiamo credere: per stare bene dovremmo sentire con il pensiero e pensare con la sensibilità.
- Come i tre colori primari – giallo, ciano e magenta – insieme danno altri colori, così le emozioni dei nostri sistemi emotivi hanno tante sfumature che mischiano questi tre sistemi emotivi. Molte emozioni poi appartengono a tutti e tre i sistemi emotivi: la differenza sta nel significato diverso che assumono a seconda del contesto. Per esempio, essere ambiziosi dal punto di vista professionale attiva il sistema di ricerca delle risorse, ma se la nostra ambizione riguarda il desiderio di curare al meglio le persone che amiamo, si attivano le emozioni del sistema affiliativo. Essere tristi nel sistema di ricerca delle risorse può voler

dire non aver raggiunto un obiettivo, nel sistema affiliativo aver perso – o aver paura di aver perso – l'attenzione della persona che amiamo.

- Anche le emozioni, come i colori, procedono per coppie complementari. Provare molta tristezza comporta il provare poco gioia.

TI PRESENTO PIERO, MARCO E LUCIA

Come anticipato guarderemo alle emozioni attraverso la storia di tre persone per calare nella vita quotidiana quello che ti racconterò anche in forma teorica.

I nostri sistemi emotivi sono un insieme vario di sequenze di emozioni, pensieri, azioni, sensazioni fisiche. Sono scambi, gesti, relazioni, non teoria. Sono il pane quotidiano per la regione degli affetti. Un pane che viene preparato, fresco, ogni giorno e in ogni momento.

Ho scelto queste tre persone perché hanno la stessa età, la stessa situazione economica e una storia emotiva che si è sviluppata diversamente pur partendo da una condizione socioculturale molto simile. Tre persone che seguiremo nel loro sviluppo e di cui ricostruiremo retrospettivamente la storia emotiva. Spero che il loro esempio possa mostrare come tutto è in divenire e come quelle che sembrano essere le nostre debolezze possono diventare i nostri punti di forza.

I loro nomi sono inventati: Piero, Marco e Lucia. La loro storia è modificata sotto alcuni aspetti per proteggerne l'anonimato ma è autentica. Tutti e tre hanno letto e approvato quanto ho scritto su di loro. Piero è arrivato da me a 40 anni. Marco a 50 e Lucia a 53. È stato Piero che ha suggerito a Marco di consultarmi e, a sua volta, lui ha dato il mio nominativo a Lucia. Marco e Piero erano stati compagni di liceo e sono rimasti amici per tutta la vita. Marco e Lucia sono stati compagni di università e sono rimasti in contatto nel tempo.

Piero nel primo anno di vita ha ricevuto poca attenzione perché sua madre era depressa. Forse ha provato meno gioia (colore giallo) e più tristezza (colore blu) di Marco, un coetaneo la cui mamma era emotivamente vivace e disponibile. Sono entrambi figli unici mentre Lucia è secondogenita e quindi i suoi genitori erano più esperti ma anche più distratti dalla presenza di Marta, una sorella che aveva bisogno di molta attenzione. La storia delle loro emozioni inizia a questo punto, nei primi mesi di vita, quando questi bambini stanno cominciando a costruire una configurazione di base nelle loro risposte al mondo e nella loro ricerca di significato all'interno di una famiglia con diversi stimoli. Nei prossimi capitoli vedremo che strade potrebbero prendere a partire da queste diverse esperienze iniziali (e l'esito potrebbe sorprenderti!).

Riassumendo, i nostri sistemi emotivi sono tre e useremo il colore e le sue sfumature per distinguerli tra di loro:

1. SISTEMA DIFENSIVO (magenta) Comprende le emozioni di difesa e protezione per rispondere alle minacce percepite (che non è detto che siano minacce reali). Attiva emozioni come rabbia, paura, disgusto. Sarebbe semplice pensare che queste emozioni riguardino un settore separato della mente, ma non è così: ci difendiamo – con varie conseguenze – anche quando siamo innamorati, ci arrabbiamo anche con le persone che amiamo e siamo competitivi anche nei confronti di chi potrebbe essere, invece, un compagno di squadra. Quando ci difendiamo l'attenzione diventa focalizzata, i pensieri e i comportamenti sono diretti ad affrontare la minaccia e aumenta la nostra tendenza alla rimuginazione, all'evitamento, con il coinvolgimento delle risposte corporee legate alla difesa (muscoli dorsali, spalle, mandibola, risposte viscerali). Nel corso della vita questo sistema è fondamentale per la nostra sopravvivenza e la nostra abilità di rispondere efficacemente al pericolo, per questa ragione lo abbandoniamo molto malvolentieri anche quando ci rendiamo conto che è controproducente. Andrebbe usato solo in caso di necessità e non come prevenzione. Malgrado sia nato per difenderci dalla sofferenza, può causare sofferenza a sua volta visto che il dolore fa parte di questo sistema emotivo. Spesso è proprio il dolore – fisico o emotivo – che attiva una risposta difensiva.

2. SISTEMA DI RICERCA DELLE RISORSE (ciano) È un sistema di riconoscimento e ricerca delle risorse presenti nell'ambiente e delle fonti di piacere. Ci aiuta a sopravvivere e prosperare con comportamenti adeguati a ottenere risultati positivi. Si accompagna a emozioni legate al piacere e all'eccitazione. Il panico è un'emozione disfunzionale relativa a questo sistema di ricerca delle risorse: è la nostra "difesa eccessiva" e sorge quando abbiamo la sensazione che non sia possibile raggiungere la nostra meta. Anche la tristezza ne fa parte ed è una delle emozioni più complesse e interessanti: ci dà profondità e introspezione ma, nello stesso tempo, può essere un freno alla realizzazione dei nostri progetti. In questo sistema emotivo la rabbia diventa grinta e determinazione rivelando anche il suo lato positivo. Troverai un approfondimento sulla curiosità, la soddisfazione, il tris invidia-gelosia-competizione e sulla tristezza.

3. SISTEMA AFFILIATIVO/RELAZIONALE (giallo) È connesso con la gioia e le emozioni di amore, affetto, innamoramento e con molte delle emozioni sociali che rispondono al nostro bisogno di contatto. Tende a rendere più lenti i nostri movimenti e più gentili le nostre risposte emotive. Porta un ampliamento dell'attenzione, riduce l'ansia, aiuta la riflessione. Troverai un approfondimento sulla tenerezza, la gioia, la compassione, la *self-compassion* e le *self-conscious emotions* (vergogna, umiliazione, imbarazzo, senso di colpa).

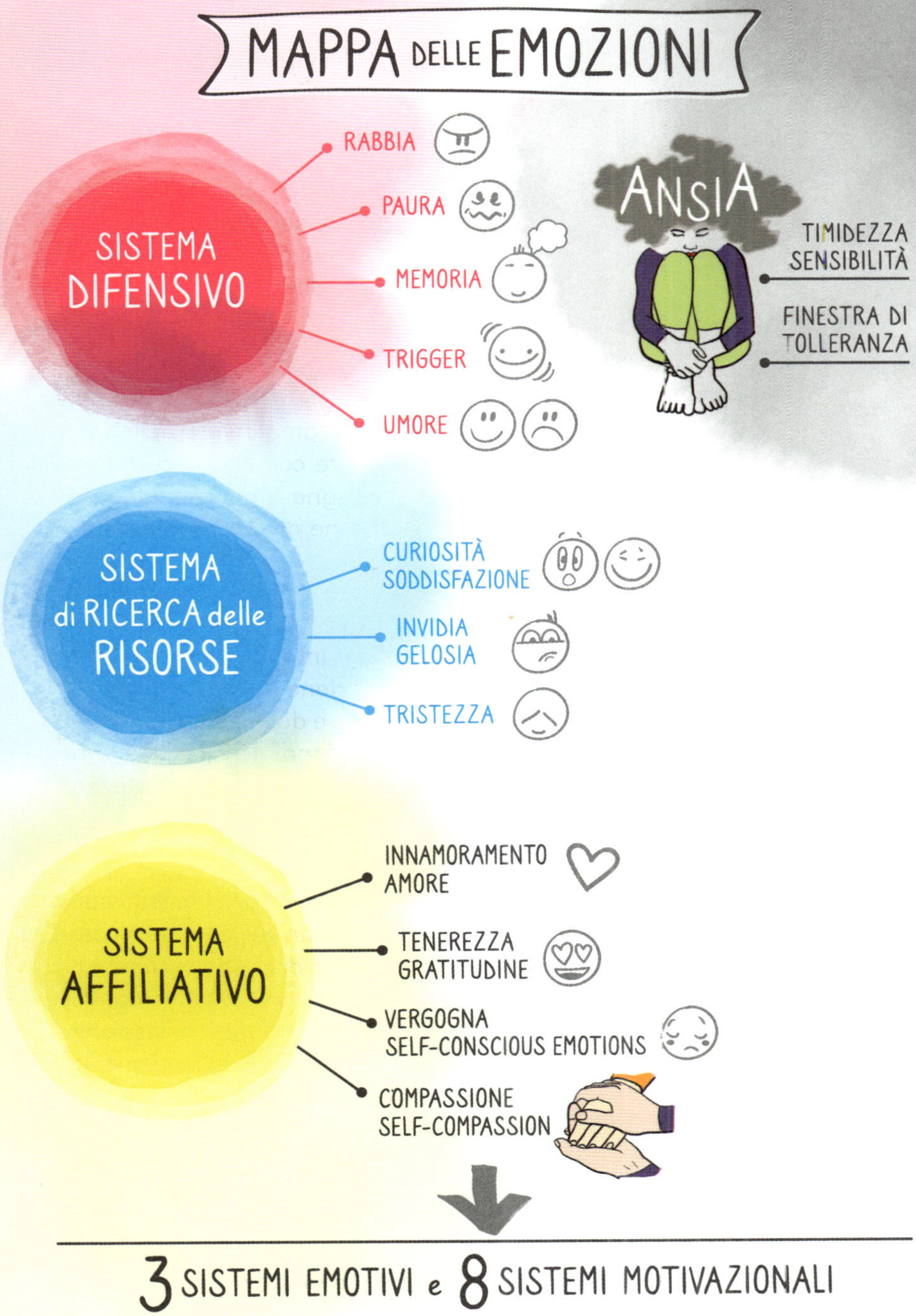
MAPPA DELLE EMOZIONI
SISTEMA DIFENSIVO
RABBIA
PAURA
MEMORIA
TRIGGER
UMORE
ANSIA
TIMIDEZZA
SENSIBILITÀ
FINESTRA DI TOLLERANZA
SISTEMA di RICERCA delle RISORSE
CURIOSITÀ
SODDISFAZIONE
INVIDIA
GELOSIA
TRISTEZZA
SISTEMA AFFILIATIVO
INNAMORAMENTO
AMORE
TENEREZZA
GRATITUDINE
VERGOGNA
SELF-CONSCIOUS EMOTIONS
COMPASSIONE
SELF-COMPASSION
3 SISTEMI EMOTIVI e 8 SISTEMI MOTIVAZIONALI

3

capitolo

LE EMOZIONI E LE MOTIVAZIONI

Non siamo sempre equanimi con le nostre emozioni: alcune ci sono simpatiche e altre decisamente antipatiche. Alcune ci sembrano tossiche come veleni e altre buone come un balsamo. Sono tutte utili? Come avrai capito io credo di sì, ma su questo aspetto è bene spendere qualche parola in più.

Nella tradizione buddista, da cui deriva la mindfulness, c'è la convinzione che sia estremamente importante nutrire le emozioni positive – come possono essere quelle del sistema affiliativo – in modo che facciano da antidoto alle emozioni tossiche, come, per esempio, le emozioni del sistema difensivo. Ci sono pratiche dedicate a coltivare le qualità della nostra mente originaria – che troverai nel capitolo 17 –, quella mente che è libera dalle afflizioni e sperimenta compassione, capacità di condividere la gioia per la buona sorte degli altri, equanimità e gentilezza amorevole.

La teoria è giusta: perché torturarsi con l'ansia, la rabbia, il senso di colpa, la vergogna, quando potremmo vivere sereni? Perché non coltivare degli stati mentali che conducano verso la felicità? Certamente questo è uno degli scopi della pratica di mindfulness e uno degli atteggiamenti consigliabili rispetto alle nostre emozioni.

UNA STORIA CHEROKEE

Un anziano Cherokee stava raccontando al nipote la propria vita: «C'è una guerra dentro di me. È una lotta molto dura tra due lupi. Uno è cattivo... è invidioso, ingordo, ha molte colpe, prova risentimento verso il prossimo, è indulgente con sé stesso, bugiardo e con un orgoglio finto. L'altro invece è buono... è la gioia, la compassione, l'umiltà, la benevolenza e la verità... La stessa lotta che c'è dentro di me adesso c'è anche dentro di te, e c'è dentro a ogni persona». Il nipote guarda in su verso il nonno e con gli occhi pieni di paura gli chiede: «Dimmi nonno, quale di questi due vince?». E il nonno gli risponde: «Quello che nutri...».

Va però considerato un aspetto molto importante soprattutto quando si soffre di qualche forma di disturbo emotivo cronico o recidivante: l'avversione nei confronti di sé stessi. In questi casi le persone si sentono incapaci di provare emozioni più positive o più adeguate alla propria etica di vita. A questo proposito Paul Gilbert[7] ha proposto un'integrazione dell'approccio mindfulness alle emozioni. Ogni emozione ha uno scopo, fa parte di un sistema motivazionale e si struttura in sequenze di emozioni che hanno una ragione e una storia evolutiva.[8] Non siamo noi a dirigere l'attivazione di questi sistemi motivazionali. Siamo predisposti a provarli. Se riconosciamo che siamo spinti – per ragioni evolutive – a provare tutte le emozioni, anche le più dolorose, possiamo trovare modi alternativi di realizzare le nostre motivazioni.

La motivazione è il "bisogno di qualcosa".

A questo punto ti chiederai quali sono questi sistemi motivazionali. Te ne offro un elenco semplificato, partendo dalla definizione di cos'è una motivazione. La motivazione è una spinta all'azione che nasce da una discontinuità o una variazione nella relazione tra noi e l'ambiente esterno. Sentiamo il "bisogno di qualcosa" e ci attiviamo: questa è una motivazione. Quando abbiamo ottenuto quello che volevamo il sistema di "spegne". Questo meccanismo acceso/spento è la spinta evolutiva che ci offre quello che è necessario per crescere. La motivazione rimane attiva fino a che non proviamo appagamento. Ogni cosa ha il rovescio della medaglia, per cui a volte possiamo diventare dipendenti dal piacere che proviamo quando realizziamo i nostri obiettivi. Ragione in più per praticare la mindfulness: diventare consapevoli della propria dipendenza permette di trovare strade alternative da percorrere con maggiore libertà.

Il sistema motivazionale che si è attivato spinge all'azione fino a che non abbiamo realizzato il nostro scopo oppure fino a che non abbiamo consolato il nostro bisogno. Compassione e self-compassion sono, in questo senso, strumenti fondamentali di regolazione emotiva: non tutte le nostre motivazioni sono realizzabili ma tutte possono essere consolabili. È come per le malattie fisiche: non tutte sono guaribili ma tutte hanno il diritto di essere curate. Per questo è così importante imparare a consolarsi: per spegnere i nostri sistemi motivazionali quando ci invitano a insistere per realizzare qualcosa di impossibile.

I sistemi motivazionali danno vita a sequenze di emozioni abbastanza costanti: quando siamo in ansia e chiamiamo un'amica facciamo qualcosa di spontaneo che fa parte della sequenza del sistema motivazionale di accudimento. Se lo sappiamo possiamo dirci: "Dai, è normale aver voglia di sentire Marta (o chi per lei)". Se non lo sappiamo possiamo iniziare a dirci: "Ecco vedi, hai sempre bisogno di qualcuno, non sei come X che invece è sempre in grado di far fronte a tutto da solo...", iniziando a torturarci senza una valida e buona ragione.

Ecco quindi una descrizione sintetica dei nostri sistemi motivazionali e delle loro sequenze emotive.

- SISTEMA DI ATTACCAMENTO: ha lo scopo di formare legami forti e basi sicure a cui tornare. Con lo sviluppo della capacità di occuparsi di sé stessi diventa progressivamente meno attivo. Le situazioni di dolore, stanchezza e pericolo lo "accendono" e attivano due sequenze emotive: quando non riusciamo ad avvicinarci alla figura di attaccamento proviamo paura-protesta-tristezza-distacco. Quando riusciamo ad avvicinarci proviamo conforto-gioia-sicurezza. La durata di ogni fase emotiva è soggettiva così come è soggettiva la facilità con la quale siamo consolabili. Se prendiamo due neonati che piangono non avremo bisogno dello stesso tempo per consolarli. In parte perché avranno diverse ragioni per piangere, e in parte perché la nostra "consolabilità" è un tratto legato al temperamento. Più siamo facilmente consolabili e più avremo accesso alle emozioni del sistema affiliativo e alle emozioni positive.

- **SISTEMA DI ACCUDIMENTO:** ha lo scopo di proteggere dal pericolo le persone che amiamo. La sequenza è: ansiosa sollecitudine-compassione-tenerezza protettiva. Collera moderata per le azioni pericolose che il nostro "protetto" compie e che possono metterlo in pericolo oppure colpa per il mancato accudimento.

- **SISTEMA DI DIFESA:** ha lo scopo di proteggerci di fronte alle minacce. Mette in atto quattro diverse risposte difensive: attacco, fuga, *freezing* o congelamento e accondiscendenza (*tend to be friend*).

- **SISTEMA AGONISTICO:** ha lo scopo di definire il nostro rango di dominanza. La sequenza tipica è: collera-scambio di segnali di sfida-paura se l'altro è più forte-resa o dominanza. Se arriviamo alla resa è possibile provare vergogna e tristezza. Mentre il vincitore può provare orgoglio misto a disprezzo o disgusto nei confronti dello sconfitto. L'ordine è inverso e simmetrico rispetto a quello della sequenza delle emozioni del sistema di attaccamento: stiamo infatti cercando di stabilire chi è più forte.

- **SISTEMA SESSUALE:** ha come scopo il piacere erotico e la riproduzione. Si disattiva una volta che è stato raggiunto il piacere sessuale e può essere alla base della costruzione di legami stabili. In questo caso nella sequenza emotiva può emergere gelosia e quindi la sequenza può essere desiderio-piacere-gelosia.

- **SISTEMA DI GIOCO SOCIALE:** si attiva quando siamo in una situazione non pericolosa ed è collegato alla sequenza gioia-divertimento. Non ci sono ragioni specifiche per cui inizia ma è fondamentale per l'apprendimento.

- **SISTEMA COOPERATIVO:** nasce con l'attenzione condivisa ed è caratterizzato dall'interesse verso lo stesso oggetto. Le emozioni sono di lealtà reciproca e condivisione.

- **SISTEMA PREDATORIO:** è legato a condizioni estreme di ricerca di fonti per la sopravvivenza e ha una sequenza tipica in tutti i mammiferi predatori: appostamento-attacco-inseguimento-attacco.

Adesso possiamo lasciare tutto questo sullo sfondo: sarà mia cura ricordartelo quando necessario!

4

capitolo

L'ANSIA, LA TIMIDEZZA E LA FINESTRA DI TOLLERANZA

A volte si sente dire che la depressione è la malattia del secolo. Non sono d'accordo, per me vince l'ansia. Che, in modi diversi, attraversa la vita di tutti e, a volte, la paralizza. Poi, come effetto secondario un ansioso può anche diventare depresso ma è l'ansia a dare del filo da torcere non solo per i problemi, ma anche per le esperienze belle della nostra vita.

Il ruolo dell'ansia è principalmente quello di funzionare come attivatore di fronte alle situazioni nuove o come rilevatore di pericolosità. Per questa ragione può presentarsi in tutti i sistemi emotivi: possiamo provare ansia di fronte a un esame medico (emozione del sistema difensivo), ansia durante la partecipazione a un concorso (emozione del sistema di ricerca delle risorse), ansia prima di incontrare una persona che ci piace molto (ansia del sistema affiliativo). In qualche modo l'ansia è un interruttore dell'intensità emotiva. Quando una situazione è molto intensa diventiamo ansiosi. Se è un'ansia funzionale al compito attiva tutte le nostre risorse, ma può portarci alla paralisi quando è disfunzionale.

Inserisco l'ansia all'inizio di questo percorso attraverso le emozioni per diverse ragioni.

- La prima è che quando siamo ansiosi percepiamo solo l'ansia e non le altre emozioni. Più sappiamo regolare l'ansia e più saremo in grado di "sentire" quello che proviamo con precisione.
- La seconda ragione è che spesso l'ansia si traveste e inserisce nella nostra percezione emotiva restringendo il campo della consapevolezza, distorcendo la percezione, frammentando l'attenzione.
- La terza ragione è che l'ansia è un'illusionista: quando domina la scena ci fa credere a molte cose che non sono reali. Per esempio attira tutta la nostra attenzione e, contemporaneamente, ci fa perdere alcuni segnali illudendoci sulla realtà.
- Fa scappare, alimentando così una spirale in cui più scappiamo dall'ansia e più ci troveremo ansiosi.
- Infine l'ansia è il primo e forse più significativo ostacolo alla pratica di mindfulness: è l'ansia che ci fa distrarre ed evitare la pratica.

SEGNALI VISIBILI E INVISIBILI DELL'ANSIA

A questo punto può essere utile riconoscere quali sono i segnali visibili e invisibili dell'ansia.[9]

SEGNALI FISICI
• Tachicardia
• Sudorazione
• Stordimento
• Capogiro
• Accorciamento del respiro
• Rossore
• Tremore
• Mal di stomaco
• Tensione muscolare
• Fatica
• Irritabilità
• Irrequietezza
• Mal di testa

PENSIERI
• Preoccupazioni sul futuro
• Rimuginazioni sul passato
• Pensieri relativi al sentirsi in pericolo
• Pensieri di autocritica

EMOZIONI
L'ansia si accompagna ad altre emozioni che tende a oscurare.
• Rabbia
• Vergogna
• Tristezza
• Sorpresa
• Disgusto

COMPORTAMENTI
Ci sono comportamenti rivelatori dell'ansia.
• Mordersi le unghie, tamburellare, giocare con i capelli.
• Evitare di uscire, di frequentare alcuni luoghi, di partecipare a eventi pubblici.
• Andare via prima e trovare scuse per non partecipare.
• Distrarsi o consolarsi con cibo, fumo, alcol e altri modulatori dell'umore.
• Cercare di mettersi sempre in posizioni dominanti.

QUANDO ARRIVA L'ANSIA?

L'ansia è l'emozione del futuro: temiamo qualcosa che potrebbe accadere ma che non è ancora accaduto. Temiamo eventi spiacevoli ma possiamo essere ansiosi anche per l'approssimarsi di un evento piacevole. In ogni caso per essere ansiosi abbiamo bisogno di avere una percezione dello scorrere del tempo. Per questa ragione nei bambini troviamo segnali di paura più che segnali di ansia, almeno fino a che non sviluppano una memoria del futuro ossia la capacità di prevedere quello che potrebbe accadere.

L'ansia ha un precursore nell'emozione della paura. Un bambino figlio di genitori ansiosi o che passa molto tempo con una figura di riferimento che tende a essere ansiosa percepirà un senso di pericolo o una lieve sensazione di minaccia che lo renderà più predisposto all'ansia. Ansia che, in genere, ha il primo esordio con l'ingresso a scuola: l'ambiente sociale collegato ai compiti, la richiesta di nuove prestazioni, il confronto con il gruppo dei pari diventano elementi adatti a sviluppare ansia. Un sentimento che spesso esplode solo durante l'adolescenza e che in realtà nasconde una buona dose di imbarazzo e vergogna.

Dal punto di vista fisiologico si associa a una risposta del ramo simpatico del sistema nervoso autonomo e si accompagna a un aumento di adrenalina e noradrenalina nel circuito sanguigno.

Il vero danno dell'ansia
e della paura non è
il fatto di provarle.
Criticarsi perché abbiamo paura o
perché siamo ansiosi è il vero danno.
La mindfulness può aiutarci
a sostituire l'autocritica
con la comprensione.

Forse ti domandi cos'è il sistema nervoso autonomo e cosa sono il ramo simpatico e parasimpatico che lo compongono. Molto sinteticamente possiamo dire che il ramo simpatico è il nostro acceleratore e il parasimpatico è il nostro freno. Ovviamente, visto che non siamo una macchina, le cose sono un po' più complicate (e lo puoi vedere bene nell'immagine seguente).

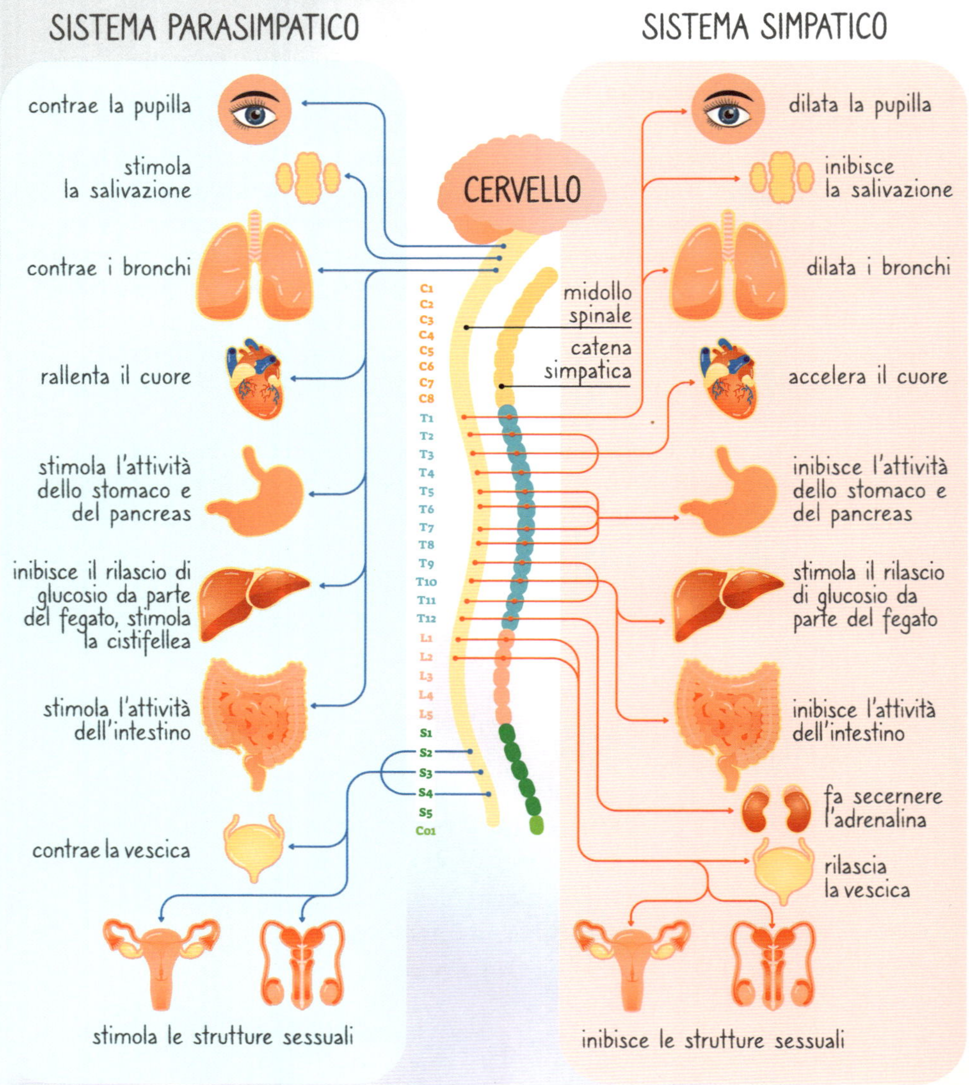

Considerando il fatto che ci sono forme diverse di ansia per ogni sistema emotivo, il colore che associo all'ansia è il nero: il colore che si forma quando mescoliamo insieme i tre colori primari in una mescolanza sottrattiva.* Le diverse gradazioni di ansia possono darci un'idea del fatto che questa può assumere diverse intensità passando da una leggera carica di attivazione fino ad arrivare a oscurarci, limitando il range delle nostre attività in modo progressivo.

Possiamo avere ansia perché ci sentiamo minacciati, ansia da prestazione perché temiamo di non raggiungere il nostro obiettivo o ansia perché temiamo di perdere l'amore di qualcuno: insomma l'ansia è un sentimento universale. Per quanto possa sembrarci strano, non tutta l'ansia vien per nuocere: qualche volta un po' d'ansia ci fa correre ai ripari e agire in maniera preventiva. Diventa dannosa solo quando è troppo intensa e distorce la proporzione delle cose.

> La mindfulness ci aiuta
> a non identificarci
> con la nostra ansia.
> Possiamo provare ansia
> ma non siamo la nostra ansia.

* Possiamo avere due tipi di mescolanza di colori. La mescolanza additiva, che si crea con le diverse lunghezze d'onda della luce che creano colori diversi e quando sono tutte unite insieme producono luce bianca. La mescolanza sottrattiva invece è quella che si crea quando i colori sono materia: ogni pigmento riflette solo una parte della luce disponibile. Basta mescolarne insieme una quantità sufficiente e verrà riflessa una parte piccolissima dello spettro visibile, che percepiremo come nero.

In quel caso problemi piccoli possono apparirci giganteschi, come nella camera di Ames che vedi nelle immagini seguenti. Nella camera di Ames una figura sembra piccolissima e l'altra gigantesca. Questa illusione ottica richiede agli spettatori di guardare attraverso un piccolo foro capace di proiettare la luce in una stanza che appare cubica, ma in realtà ha la forma di un trapezio.

Le pareti e il soffitto sono inclinati, e le caratteristiche della stanza vengono modificate tramite la manipolazione delle dimensioni, ingannando completamente l'occhio, che vede una netta differenza nell'altezza delle due persone.

Quando siamo ansiosi vediamo tutto filtrato dalla nostra ansia: le nostre risorse vengono percepite piccolissime e il nostro problema ingigantito. Molte delle emozioni difficili hanno l'ansia come precursore e si manifestano con distorsioni percettive.

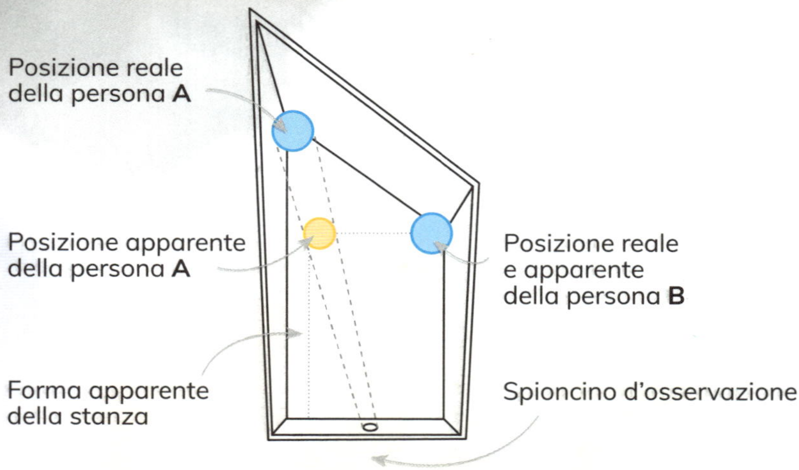

L'ANSIA DI PIERO, MARCO E LUCIA

Piero e Marco erano compagni di classe e frequentavano lo stesso tennis club. Entrambi erano bravi ma tra di loro c'era una differenza fondamentale. Malgrado Marco fosse un buon giocatore, divertirsi era la ragione per cui giocava. Piero si impegnava negli allenamenti e avrebbe avuto la possibilità di diventare professionista se non ci fosse stato un problema: giocava molto bene in allenamento ma durante i tornei l'ansia riduceva molto la qualità delle sue prestazioni. Da una parte questo lo spingeva ad allenarsi ancora di più, dall'altra la sua frustrazione cresceva in proporzione. Piero giocava volentieri con Marco, ma sapeva che era un gioco: qualche volta poteva vincere lui, qualche altra volta poteva vincere l'amico. Nei tornei diventava tutto troppo stressante, tanto che, con la fine del liceo, decise di smettere. Andò all'università in un'altra città mentre Marco rimase nella loro città natale. Piero spostò la sua capacità di allenarsi nello studio, senza avversari diretti. Lottava per primeggiare ma non c'era un nemico definito e la graduatoria non aveva un risultato immediatamente valutabile come durante una partita di tennis.

Marco invece spostò la sua voglia di divertirsi nello studio, con risultati diversi. Per lui l'ansia incominciò a essere presente agli esami, facendoli procrastinare ripetutamente fino a che trovò lavoro come impiegato commerciale in una azienda e decise di interrompere l'università. Era un commerciale molto capace e la sua propensione al buon umore era un grande aiuto.

Conosceva Lucia perché entrambi avevano frequentato Giurisprudenza. Lucia l'aveva finita in tempo record. La sua grinta era perfetta per fare l'avvocato. Anche Piero aveva avuto una carriera universitaria molto brillante: era più semplice gestire l'ansia dell'esame che l'ansia della partita a tennis e sopportava senza difficoltà l'isolamento necessario per studiare molte ore. Aveva fatto un master post-laurea ed era rimasto a lavorare in università con degli assegni di ricerca e poi aveva proseguito la sua carriera accademica fino a diventare professore ordinario.

La loro modalità di gestire l'ansia era diversa: Lucia attaccava e usava la determinazione per affrontare le situazioni che le suscitavano ansia. Marco evitava tutto quello che costava fatica e le sue capacità di relazione lo facevano essere molto apprezzato a prescindere da quanto si impegnava. Apparentemente non aveva problemi d'ansia. In realtà gestiva l'ansia con la distrazione e la procrastinazione. Piero, all'apparenza, era il più ansioso e insicuro. Se Marco evitava la fatica, Piero evitava il contatto: aveva pochi amici e molto selezionati, non perdeva tempo ma nemmeno si divertiva molto. Lucia era una leader forte della sua determinazione. Una determinazione che talvolta la rendeva un po' prepotente.

PROCRASTINARE E DISTRARSI

Quando parliamo di ansia immaginiamo i segnali tipici di batticuore, sudorazione, fremito, ma l'ansia è, prima di tutto, un'emozione di paura ad avvicinarci a qualcosa o qualcuno, anche se lo desideriamo. Quando facciamo fatica a parlare con la ragazza che ci piace non è solo per vergogna, c'è anche dell'ansia. Anzi direi che è la situazione più tipicamente legata all'ansia: ci piacerebbe avere un contatto ma l'eccitazione connessa al desiderio e al piacere si trasforma in ansia. In parte per sollecitare le nostre risorse, in parte perché abbiamo paura di fallire, di sbagliare, di fare una brutta figura. Quando rimandiamo l'invio di un curriculum o la candidatura per una posizione non è solo perché vorremmo controllare che tutto sia a posto: anche quella è ansia e molti dei nostri comportamenti di controllo hanno proprio lo scopo di farci evitare le situazioni che ci mettono ansia. Rispetto alla situazione in cui tremano le mani dall'ansia, l'intensità è diversa ma l'emozione è la stessa: una nebbia grigia che ci fa procrastinare e vagare con la mente alla ricerca di qualcosa di piacevole e rassicurante. L'ansia ci fa stare lontani dall'esperienza e invertire questa tendenza alla procrastinazione richiede molta energia.

Perché procrastiniamo? Lo facciamo perché abbiamo paura di avvicinarci a un'esperienza che sappiamo sarebbe utile. Spesso dietro questa paura si nasconde un'idealizzazione: vorremmo fare qualcosa di perfetto e, temendo di non riuscirci, rimandiamo il momento in cui lo faremo. Per crescere abbiamo bisogno di uscire dalla zona di comfort ed è solo quando iniziamo a realizzare i nostri progetti che comprendiamo quali possono essere davvero le difficoltà. È solo con questa spinta iniziale che possiamo imparare le cose nuove di cui abbiamo bisogno per andare avanti. Marco era abituato alla comodità e ne era dipendente. Cercava di rimanere dentro la sua *comfort zone* e tutto quello che era al di fuori sembrava non interessarlo. Essendo una persona con molte risorse personali e familiari questo non incideva troppo negativamente: era abituato a essere apprezzato, ammirato e amato. Figlio unico di genitori molto stimolanti, aveva una vita piacevole senza dover correre grandi rischi. Il vantaggio legato all'ampiezza della sua finestra di tolleranza emotiva* – un vantaggio innegabile rispetto a Piero che andava facilmente in ansia – era annullato dalla sua tendenza alla comodità coltivata dallo stile educativo dei suoi genitori. In questo senso possiamo essere grati per le difficoltà che incontriamo perché ci permettono di comprendere in quale direzione abbiamo bisogno di crescere, e l'ansia può essere un interessante rilevatore della direzione che vorremmo seguire ma che ci spaventa perseguire.

Non possiamo automaticamente associare il piacevole al positivo e lo spiacevole al negativo. Ci sono cose che sono piacevoli eppure suscitano ansia e cose negative che non la suscitano affatto. Alcuni eventi possono sembrare positivi sul momento ma si rivelano alla distanza negativi e, viceversa, cose che sul momento possono sembrarci spiacevoli portano nel tempo a buoni risultati. L'ansia di fallire di Piero è stata molto funzionale alla sua crescita professionale. La stessa ansia non ha impedito a Marco, per molto tempo, di avere il massimo risultato con il minimo sforzo. Poi, come vedremo in seguito, le cose hanno preso una piega diversa. Pema Chödrön,[10] insegnante di meditazione americana, racconta a questo proposito una storia molto istruttiva.

L'ansia aiuta a comprendere uno degli elementi fondanti della pratica di mindfulness: non possiamo giudicare sul momento se qualcosa è positivo o negativo.

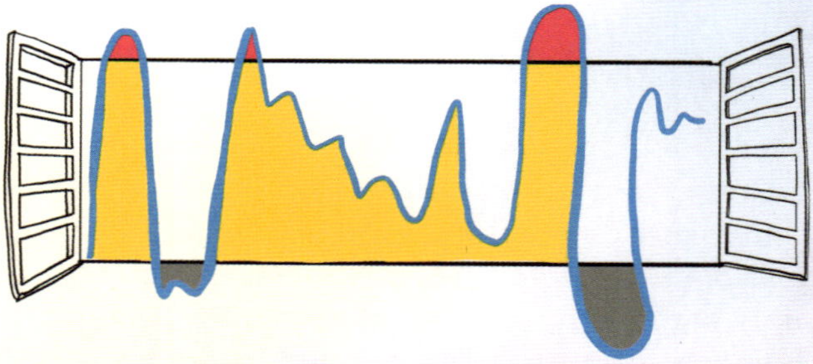

* Il concetto di finestra di tolleranza si deve a Daniel J. Siegel (1999) e designa il range di tolleranza emotiva, che è diverso da persona a persona. Quando siamo sotto stress la nostra tolleranza diminuisce e aumenta quando stiamo bene. Ci sono anche condizioni stabili che influiscono sulla nostra tolleranza alle emozioni: l'ansia è una di queste. Ne parleremo meglio in uno dei prossimi paragrafi. Vedi anche Daniel J. Siegel, *La mente relazionale. Neurobiologia dell'esperienza interpersonale*, Raffaello Cortina Editore, Milano 2013.

UNA STORIA: "FORSE SÌ, FORSE NO"

C'è una coppia anziana, un uomo e una donna che hanno due cose che considerano estremamente preziose: il cavallo e il figlio. La ragione per cui il cavallo e il figlio sono così preziosi è che ne hanno bisogno per sopravvivere, coltivare la terra e occuparsi di tutto ciò che deve essere fatto. Il cavallo fa un sacco di lavoro, e così anche il figlio. Vivono in un piccolo villaggio e il cavallo, uno stallone ben addestrato, fugge. La moglie e tutta la gente del villaggio dicono: «Oh mio Dio! Questa è di sicuro la cosa peggiore che poteva capitare. È terribile. Questa è la cosa peggiore». E il vecchio dice: «Forse sì, forse no». Il giorno dopo il cavallo torna con una giumenta. Ecco perché era scappato. Quindi è tornato con una giumenta e ora hanno due cavalli. La donna insieme alla gente del villaggio dice: «Oh! Questa è la cosa migliore che poteva capitare. È una grande fortuna. Adesso ci sono due cavalli. È incredibile! È meraviglioso!». E il vecchio dice: «Forse sì, forse no». Il giorno dopo, il figlio decide che si deve domare la giumenta perché è una cavalla selvatica, ma cercando di domarla viene disarcionato e si rompe una gamba. Potete immaginare cosa dicono la donna e il resto del villaggio: «Mio Dio. Perché? È la cosa peggiore che potesse capitare. Questa è una vera sciagura». E adesso sapete anche cosa dice il vecchio: «Forse sì, forse no». Il giorno dopo arriva l'esercito e porta via tutti gli uomini abili per combattere in guerra ma non il figlio che aveva una gamba rotta. La donna e gli abitanti del villaggio non hanno ancora recepito il messaggio che sto cercando di farvi arrivare, sono ancora spinti soltanto dalle circostanze esterne. Quando sono positive gioiscono. Quando sono negative sentono che la loro vita è distrutta. Ma il vecchio dice: «Forse sì, forse no». La storia termina qui ma potrebbe continuare all'infinito.

NON POSSIAMO FARE A MENO DELL'ANSIA E DELL'ADRENALINA?

Non possiamo fare a meno di nessuna emozione, comoda o scomoda che sia. Le persone che non sentono l'ansia sono persone che si mettono esageratamente a rischio perché hanno una percezione del pericolo alterata. L'adrenalina, il neurotrasmettitore collegato all'ansia, svolge moltissime funzioni utili al nostro organismo.

È la scarica adrenalinica della mattina che ci sveglia e ci prepara a passare dalla notte al giorno, interrompendo la "paralisi muscolare" che protegge il sonno. È l'adrenalina che aumenta i nostri riflessi in situazioni di pericolo e ci rende in grado di fronteggiarlo. Il problema è che possiamo continuare a sentirci minacciati anche in assenza di pericolo reale inducendo così il nostro organismo a continuare a produrre adrenalina. In generale l'adrenalina è coinvolta nella reazione "combatti o fuggi" (*fight or flight*) e produce una risposta fisica che incide sul funzionamento gastrointestinale, bronchiale, cardiaco e, quindi, del flusso sanguigno. L'ansia è un'emozione che dà tantissimi segnali fisici di disagio che a volte possono diventare molto difficili da gestire.

Accelera il nostro funzionamento e può avere una rapida crescita di intensità e un effetto sul nostro equilibrio psicofisico interno e sul clima che si crea nei neurotrasmettitori, sostanze che regolano il funzionamento del sistema nervoso. Una prolungata esposizione a quantità elevate di adrenalina produce effetti stabili sull'umore e anche sul modo di rispondere agli eventi. Se dovessimo esemplificare con una frase, potremmo dire che l'adrenalina e l'ansia a essa associata rischiano di farci combattere un uccellino con un cannone. Dal punto di vista emotivo è un rilevatore di novità e ci prepara a dare risposte creative. A volte temiamo le novità oppure abbiamo aspettative negative su quello che può arrivare e quindi finiamo per correlare la presenza dell'ansia non tanto con l'arrivo di una novità ma con l'arrivo di un problema. L'ansia entra in azione anche in un'altra situazione: quando il materiale emotivo rimosso vuole entrare di nuovo nel campo della consapevolezza. E in questo caso può essere parecchio cattiva! È un'emozione collegata alla nostra finestra di tolleranza e, in qualche modo, possiamo imparare molto se tolleriamo di esporci a situazioni che suscitano ansia: l'evitamento non fa che rinforzarla. Esponendoci e non scappando impariamo a tollerarla sempre di più.

LE DIFESE E L'ANSIA

L'ansia è l'interruttore per eccellenza delle nostre difese. Molto probabilmente le difese si attivano quando abbiamo superato un certo livello di ansia, con la funzione di proteggerci da pericoli interni – emozioni che riteniamo pericolose – ed esterni. Tanto più entriamo in conflitto con la novità opponendoci, tanto più la nostra ansia cresce. Abbiamo bisogno di cambiare, e questo comporta la contrapposizione tra la chiusura della difesa e la spinta dell'ansia verso la novità. Ti ricordi l'esempio della conca di navigazione? L'ansia ci segnala che stiamo arrivando vicino a una zona con l'acqua bassa e ci suggerisce di azionare una conca di navigazione. Il punto è che sta a noi decidere se farlo e questo contribuisce a farci aumentare l'ansia. Non è infrequente che l'aumento dell'ansia comporti anche una variazione nell'intensità della rabbia e della paura. L'ansia infatti vuole ridurre la vicinanza con certe situazioni e quindi reprime i movimenti di avvicinamento. È come se avessimo un gas che viene compresso: questo può rendere più impulsivi perché la spinta delle emozioni trattenute ha uno spazio meno ampio in cui realizzarsi. Ma qual è il gas che ha meno spazio nell'ansia? Il respiro!

Quando proviamo ansia tratteniamo il respiro nell'addome o nel torace. In genere è l'addome quello che viene contratto, rendendo il diaframma meno mobile e, se questo succede ripetutamente, finiamo per assumere uno stile respiratorio poco gratificante e nutriente. La respirazione diventa "frenata" e il tono emotivo finisce per essere limitato: proviamo meno emozioni perché tutte le emozioni che sorgono si trasformano in ansia.

CONCA DI NAVIGAZIONE: DILUIRE L'ANSIA

Prova a ricordare una situazione recente in cui hai provato improvvisamente ansia o paura. Puoi percepire quanto è stato veloce l'innalzamento dell'ansia? Quali parti del corpo si sono attivate? Cos'è successo nei pensieri? Quali comportamenti hai agito? Impulsività o paralisi? La tua attenzione era ampia o strettamente focalizzata sulla fonte della minaccia? Prova a ricostruire il flusso dei pensieri. Nota attorno a cosa si sono organizzati. Nota l'effetto dell'ansia sui pensieri. Guarda qual è la reazione fisica ai pensieri. Prova a immaginare che quella stessa quantità di ansia si diluisca in uno spazio più grande. Immagina che la tua ansia sia come un cucchiaio di sale in un bicchiere e poi in una vasca e poi in una piscina. Man mano che il contenitore diventa più grande guarda come cambia la percezione dell'ansia.

L'ansia non è sempre patologica ma è sempre percepita dall'Io* come una minaccia. Quando diventa uno stato cronico altera il nostro rapporto con la realtà. Diventa come la luce del fuoco che proietta la nostra immagine, rendendola gigantesca, sulle pareti della caverna della mente. Spento il fuoco ci rendiamo conto che l'unica cosa davvero gigantesca era la forza della nostra paura. Forse l'unica cosa che abbiamo veramente bisogno di fare per sconfiggere l'ansia è imparare a protendersi, a stare in quell'equilibrio instabile che trova significato nell'incertezza del risultato, nell'incertezza del piacere.

L'incertezza e l'instabilità sono potenti interruttori dell'ansia. Vorremmo essere sicuri ma viviamo in un universo incerto: per questo la gestione del proprio livello di attivazione è un lavoro quotidiano che richiede molta cura. Essere presenti in situazioni che possono aumentare l'eccitazione può allenarci a tollerare l'ansia molto di più rispetto alle nostre strategie di evitamento. Il problema alla radice è la nostra finestra di tolleranza delle emozioni.

* Quando Io e Sé sono scritti in maiuscolo si riferiscono a strutture psicologiche e non sono da intendersi come pronomi personali.

LA FINESTRA DI TOLLERANZA

La finestra di tolleranza[11] permette di comprendere quanta intensità possiamo sostenere rispetto agli stimoli emotivi e fisici. Se l'intensità dello stimolo supera la nostra finestra di tolleranza – indipendentemente dal fatto che lo stimolo sia piacevole o spiacevole – entrano in gioco modalità reattive di risposta che hanno due scopi. Il primo è difenderci e il secondo è dare una risposta veloce. Emozioni e impulsi sono i mezzi di comunicazione più veloci che abbiamo, resi ancora più veloci dal fatto che hanno una storia. Impariamo nel tempo come reagire a situazioni simili attraverso degli schemi che mettono insieme sensazioni fisiche, emotive, pensieri e comportamenti.

Torniamo a Piero. La depressione di sua madre ha reso la sua infanzia calma ma poco stimolante. Per questa ragione Piero ha imparato ben presto cosa fare in condizioni di bassa stimolazione, che per altri sarebbero state situazioni noiose, ma ha sempre fatto fatica a tollerare stimoli ad alta intensità. Quando Piero è all'interno della sua finestra di tolleranza integra con facilità le informazioni che provengono dal mondo interno ed esterno. Se la situazione è emotivamente troppo intensa Piero va in ansia e si ritira.

Per Piero e per tutti noi è facile comprendere cosa succede quando le cose scorrono entro il nostro livello ottimale di attivazione.

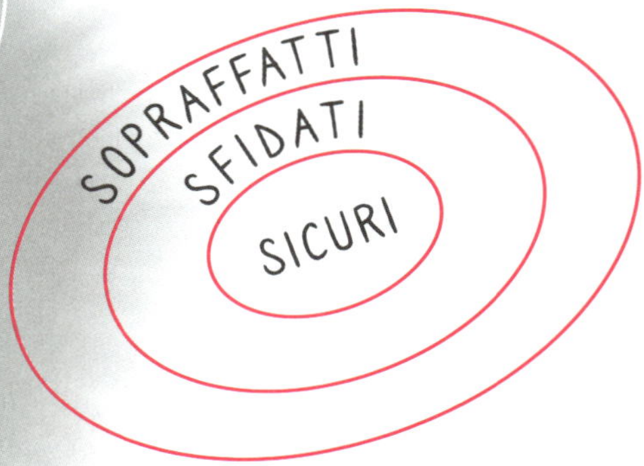

Marco invece è abituato a ricevere l'attenzione di tutti fin dalla primissima infanzia e risponde con molto piacere agli stimoli nuovi. Non ha bisogno di fare nulla per attrarre l'attenzione, la tollera benissimo e anzi la ricerca. Lucia è cresciuta in un ambiente particolarmente stimolante ma non sempre attento a lei. Per questa ragione ha iniziato ben presto a sviluppare modi per attirare l'attenzione e forme di protesta quando non veniva ascoltata. La finestra di tolleranza agli stimoli di Marco e Lucia è più ampia di quella di Piero, abituato a un ambiente meno "rumoroso". Lucia tende a usare una miscela di rabbia e tristezza per attirare l'attenzione mentre Marco non ha bisogno di essere particolarmente attivo. Per lui tutto succede magicamente, in una famiglia dove il compito principale dei suoi genitori sembra essere quello di sintonizzarsi con i suoi bisogni. A Lucia viene chiesto un piccolo sforzo in più: sintonizzarsi con i bisogni degli altri.

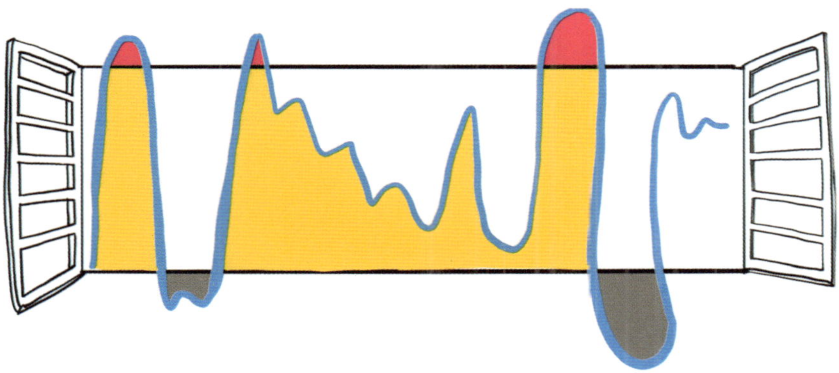

La finestra di tolleranza che vedi disegnata è definita dalle due linee parallele. I segni grafici che vanno oltre questi due limiti sono le emozioni troppo intense. Le emozioni fluttuano all'interno della nostra finestra di tolleranza e possono varcarla quando sono molto intense oppure quando, per stanchezza, sonno, fame, stress, la sua ampiezza si riduce. L'ampiezza della finestra di tolleranza racconta aspetti impliciti della nostra storia. Se la condizione depressiva della mamma di Piero si fosse protratta per molto tempo, questo avrebbe potuto ridurre in modo significativo lo spettro della finestra di tolleranza con risposte ansiose anche per situazioni molto tollerabili per altre persone. Quando gli stimoli lo iperattivano Piero diventa agitato e manifesta un comportamento rabbioso – indicato dalle porzioni in rosso sul grafico – mentre quando si spaventa si blocca ed evita qualsiasi contatto con la situazione che lo spaventa (parte in grigio nel grafico).

Lucia, specialista nell'attirare l'attenzione, è molto più attiva sia di Marco che di Piero. Tutti e tre hanno diversi livelli di timidezza che hanno influenzato l'inizio delle relazioni sociali

SENSIBILITÀ E ANSIA: LA MISURA DELLA TIMIDEZZA

La timidezza è stata considerata un'emozione come le altre fino a non molto tempo fa. Bernardo Carducci[12] ci ha insegnato a considerarla una misura della tolleranza alla novità legata al temperamento individuale e stabilita sia da fattori costituzionali che acquisiti. Quello che succede è che, non tollerando l'eccitazione legata alle novità relazionali, se siamo timidi ci ritiriamo nel momento in cui, invece, dovremmo esporci. Non è per vergogna: è per la difficoltà a tollerare l'eccitazione della relazione sociale. Più siamo sensibili agli stimoli nuovi e più sviluppiamo timidezza e ansia. Piero è stato un bambino timido che ha apprezzato il basso livello di stimolazione offerto da sua mamma. Anche se la sua infanzia non è stata delle più vivaci, è cresciuto sereno e responsabile. Lucia, curiosa e socievole, non ha mai avuto problemi di timidezza: per lei farsi vedere è una strategia vitale e uno strumento di competizione. Marco non è timido ed è da sempre abituato a un maggior livello di stimolazione. Per lui gli stimoli devono avere un volume alto prima che lo disturbino. Piero invece è sensibile e, qualche volta, ipersensibile.

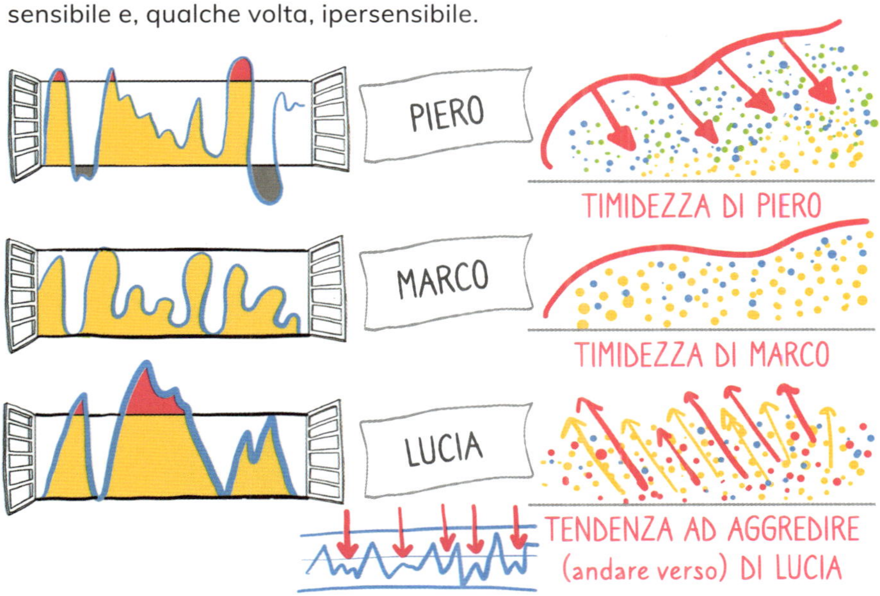

Essere sensibili significa sentire ciò che accade a noi e agli altri senza bisogno che sia ad alto volume. È una qualità, ma ci sono delle situazioni in cui la sensibilità diventa eccessiva e tutto ciò che accade tocca o ferisce in maniera troppo intensa. A quel punto la sensibilità per Piero diventa un'arma a doppio taglio: sentire aumenta il bisogno di difendersi dal dolore di aver sentito, come se fosse senza pelle. Così, se la sensibilità è preziosa, l'ipersensibilità è dannosa perché rende i rapporti tra noi e il mondo più complessi. Il rischio in questi casi è sempre lo stesso: evitare. Questo non servirà a renderci più sicuri – come crediamo –, ci renderà sempre più solitari e sempre più vulnerabili alle ferite che nascono dall'imprevedibilità dell'incontro. Perché è l'imprevedibilità che, alla fine, causa la nostra ferita. È accaduto qualcosa che non ci aspettavamo, qualcosa che ci fa sentire impreparati.

LA RANA CHE VOLEVA DIVENTARE UN BUE

In una tiepida mattina di primavera, una rana e i suoi ranocchi stavano sulle tranquille acque di uno stagno. D'improvviso arrivò un enorme bue che tranquillo si mise a brucare l'erba ai bordi dello stagno. I ranocchi stupiti cominciarono a lodare l'enormità di quell'animale. E a dir tutta la verità anche la stessa rana era molto meravigliata; tanto che le nacque in petto una certa invidia. Pensava che forse avrebbe potuto (e dovuto) diventare enorme come lui. Così disse ai suoi piccini: «Voglio diventare enorme come lui, mi gonfierò d'aria!!!». E la rana cominciò a gonfiarsi e a gonfiarsi così tanto che tutta la pelle le tirava. Chiedeva ai suoi ranocchi: «Sono grossa come il bue?». I ranocchietti rispondevano: «No, mamma». La rana raccolse tutte le sue forze e continuò a gonfiarsi. Si gonfiò così tanto che finì per scoppiare. Chi soffre d'ansia fa come mamma ranocchia: continua a fare qualcosa che, al posto di renderlo più forte, lo mette più in pericolo perché cerca di aumentare la sua forza facendolo diventare diverso da quello che è. Assomiglia a mamma ranocchia anche perché l'ansia fa saltare qua e là senza sosta. Oppure, in alternativa, rimanere nascosti. La forza della rana è diversa e necessaria al mondo quanto la forza del bue. La riduzione dell'ansia si ottiene trovando tranquillità nella misura della propria forza, accettando che per tutti la forza è misurata dalla debolezza.

CONCA DI NAVIGAZIONE: STRATEGIE PER CONTENERE L'ANSIA

Come prima cosa vale la regola della rassicurazione. Se soffri d'ansia tutto quello che è conosciuto è rassicurante. Quindi quando c'è un attacco d'ansia non è il momento di provare cose nuove ma di fare le solite vecchie cose già conosciute. Come secondo aspetto impara a regolare la tua attenzione. Quando la nostra attenzione si aggancia a uno stimolo il nostro *default mode network* – un funzionamento automatico della mente che fa emergere le preoccupazioni legate al Sé – si sposta su quello stimolo e cessano i pensieri rimuginativi e le preoccupazioni. Questo succede quando siamo concentrati. In questo modo il rumore emotivo si abbassa: se fai qualcosa che attira l'attenzione concentrandoti, stai meglio. Se hai tanti pensieri può essere difficile fermare l'attenzione su qualcosa. Per questo è utile aumentare il "volume del corpo" con una attività fisica che già conosci e che ti impegni un po' per la sua difficoltà. Alzando il volume del corpo abbassi quello della mente ed eserciti l'attenzione selettiva: stai attento ai movimenti e al loro corretto svolgimento.

RIASSUMENDO

L'ansia è l'emozione del futuro: riguarda un'ipotesi su quello che "potrebbe" avvenire.

È un'emozione che si esprime con il modo condizionale e congiuntivo (Se succedesse che...) più che con il modo indicativo (È successo che...).

Può essere legata alla paura che qualcosa di piacevole non si realizzi o alla paura che qualcosa di spiacevole accada.

È un'emozione che può assumere diverse sfumature nei diversi sistemi emotivi.

Quando è molto intensa può paralizzare.

È un'emozione che attiva le nostre risposte difensive e spesso si lega alla paura o alla rabbia.

L'ansia diminuisce la nostra capacità di concentrazione. Anche se può sembrare un paradosso, se facciamo un'attività che ci permetta di rimanere concentrati possiamo prevenire l'insorgere dell'ansia.

Spesso tentiamo di regolare l'intensità dell'ansia attraverso la procrastinazione o la distrazione: non sempre funzionano e raramente sono una buona idea.

L'ansia non è considerata un'emozione primaria e non sembra essere presente nella prima infanzia. Anche se parliamo di ansia da separazione, tendenzialmente i bambini piccoli provano paura ma non ansia perché l'ansia richiede una consapevolezza del pensiero ipotetico e dello scorrere del tempo. Il disturbo d'ansia generalizzata ha il suo esordio nella prima adolescenza.

PAURA DI VEDERE LA MACCHINA DELLA POLIZIA FERMARSI DAVANTI CASA.
PAURA DI ADDORMENTARSI LA NOTTE.
PAURA DI NON ADDORMENTARSI.
PAURA DEL RITORNO DEL PASSATO.
PAURA DEL PRESENTE CHE FUGGE.
PAURA DEL TELEFONO CHE SQUILLA NEL CUORE DELLA NOTTE.
PAURA DELLE TEMPESTE ELETTRICHE.
PAURA DELLA SIGNORA DELLE PULIZIE CON UN NEO SUL VISO!
PAURA DEI CANI CHE MI HANNO DETTO CHE NON MORDONO.
PAURA DELL'ANSIA!
PAURA DI DOVER IDENTIFICARE IL CADAVERE DI UN AMICO.
PAURA DI FINIRE I SOLDI.
PAURA DI AVERNE TROPPI, ANCHE SE A QUESTO NON CI CREDERANNO MAI.
PAURA DEI RISULTATI DEI TEST PSICOLOGICI.
PAURA DI ESSERE IN RITARDO E PAURA DI ARRIVARE PRIMA DEGLI ALTRI.
PAURA DELLA CALLIGRAFIA DEI MIEI FIGLI SULLE BUSTE.
PAURA CHE MUOIANO PRIMA DI ME E CHE MI SENTIRÒ IN COLPA.
PAURA DI DOVER VIVERE CON MIA MADRE ANZIANA, ANZIANO ANCH'IO.
PAURA DELLA CONFUSIONE.
PAURA CHE QUESTO GIORNO FINISCA SU UNA BRUTTA NOTA.
PAURA DI SVEGLIARMI E SCOPRIRE CHE TE NE SEI ANDATA.
PAURA DI NON AMARE O DI NON AMARE ABBASTANZA.
PAURA CHE QUEL CHE AMO RISULTERÀ LETALE PER QUELLI CHE AMO.
PAURA DELLA MORTE.
PAURA DI VIVERE TROPPO. PAURA DELLA MORTE.
L'HO GIÀ DETTA.

Raymond Carver[13]

2ª
PARTE

LE EMOZIONI DEL SISTEMA DIFENSIVO

Le emozioni del sistema difensivo sono principalmente rabbia e paura e costruiscono una risposta “avversativa” rispetto all’ambiente. Le motivazioni di questo sistema sono difensive, agonistiche e/o predatorie. Il colore di base è magenta per la rabbia, viola per la paura, con variazioni di intensità e saturazione per le sfumature emotive che vanno dalla leggera irritazione alla furia, dal timore al terrore.

5

capitolo

LA RABBIA

La rabbia è un'emozione di base, presente fin dalla nascita. Questa fu una delle ragioni per cui divenne oggetto di un seminario del Mind and Life Institute, con l'autorevole partecipazione di Paul Ekman*, chiamato dal Dalai Lama proprio per approfondire il tema delle emozioni primarie, ossia quelle emozioni che sembrano far parte del nostro corredo genetico e che possono diventare distruttive. Quando esprimiamo rabbia possiamo perdere il senso dell'altro perché siamo occupati, e a volte travolti, da un'emozione che porta oltre i nostri confini consueti. Le ragioni che attivano una risposta rabbiosa vengono percepite come istanze imprescindibili per la nostra difesa personale. Ci sentiamo attaccati e, se non siamo consapevoli delle ragioni per cui proviamo questa emozione, siamo portati a reagire.

Più la rabbia è intensa e più ci spinge ad agire velocemente e in modo impulsivo. La associo al magenta, un colore primario con un'impronta di rosso. La rabbia porta a compiere azioni che, a posteriori, non faremmo. La discriminante è il tempo: la rabbia ci rende veloci ma se riusciamo a non passare all'azione possiamo scoprire anche altre prospettive e, soprattutto, vedere la prospettiva altrui.

Proprio la velocità rende difficile gestirla con consapevolezza e la sua regolazione è uno dei punti centrali della pratica di mindfulness, visto che la rabbia è antagonista sia della compassione che della self-compassion. Anche se nasce come emozione rivolta a proteggerci da una minaccia esterna, in alcuni casi può venir rivolta contro di noi sia con comportamenti autolesionisti che con una incessante autocritica. Fa parte del sistema difensivo e spesso alimenta sia la paura che l'ansia, tanto che potremmo dire che

* Dalla collaborazione tra Paul Ekman e un gruppo di ricercatori nel campo della psicologia delle emozioni è nato il progetto "Atlas of Emotions" che permette di vedere graficamente lo sviluppo delle diverse emozioni e come la consapevolezza cambia la nostra percezione dell'esperienza e può modificare le nostre risposte.

rabbia e paura sono due facce della stessa medaglia. È uno dei sentimenti più frequenti ed è difficile dire di essere davvero immuni anche solo a una delle sue molteplici sfumature: può essere vendetta, risentimento, rancore, noia, ira funesta, frustrazione, amarezza. Tradizionalmente è considerata uno degli impedimenti della consapevolezza perché offre una visione limitativa della realtà: quello che ci ha fatto arrabbiare prende il primo piano e a volte addirittura elimina il resto degli elementi dal panorama interno.

La rabbia ha molte sfumature che vanno dall'irritazione alla cupa vendetta. Più siamo arrabbiati e più siamo offuscati da questa emozione che tende a occupare tutto lo spazio interiore, eliminando le emozioni del sistema affiliativo. È per questo che la pratica di mindfulness e di self-compassion possono avere anche una funzione preventiva: coltivare attraverso la pratica di mindfulness la compassione e la self-compassion ci permette di ampliare la nostra finestra di tolleranza e di limitare l'intensità della rabbia. Va ricordato che la rabbia in alcuni casi ha una funzione protettiva importante e , a volte, può essere una componente della *fierce compassion* ossia espressione di una compassione fiera e dignitosa.

LA RABBIA DI LUCIA

Per alcune persone questo meccanismo difensivo diventa una specie di cortina che filtra tutte le relazioni. Nel tempo Lucia è passata dall'essere una persona molto determinata all'essere anche una persona molto stressata. La determinazione la spingeva a essere professionalmente attiva e a cercare di fare sempre tutto al meglio delle sue possibilità. La sua ansia si esprimeva con un forte impulso alla realizzazione dei propri obiettivi. Alcuni la definivano "un piccolo panzer", una macchina da guerra che conosceva con difficoltà periodi di armistizio. Questo atteggiamento la rendeva molto combattiva anche all'interno del suo matrimonio. La rabbia purtroppo diminuisce la nostra empatia e sensibilità e Lucia non si rendeva conto che la sua modalità aggressiva stava creando dei problemi nell'affetto reciproco con il marito. Quando il suo matrimonio è terminato – dopo quindici anni contrassegnati da intensi episodi conflittuali – ha passato diversi anni a vendicarsi del marito con messaggi continui, cause legali, ritorsioni relative al rapporto con i figli. Apparentemente il suo comportamento non sembrava più legato alla rabbia ma alla rivendicazione di diritti che non venivano rispettati. In realtà lei e il marito erano in un reciproco schema di vendetta che perpetuava la rabbia e la relazione conflittuale.

Quando è riuscita ad accettare il grande dolore per la separazione e il senso di colpa legato all'idea di aver contribuito alla fine del matrimonio con la sua tendenza al conflitto, ha iniziato a diminuire l'impulsività legata alla rabbia. Non ha smesso di provare rabbia. Ha smesso di alimentare impulsivamente la sua rabbia con comportamenti che suscitavano altrettante reazioni ostili. E ha iniziato a provare vergogna per alcune situazioni che aveva creato con la sua impulsività. L'abbassarsi del livello di aggressività ha comportato una diminuzione dei comportamenti ostili anche nell'ex-marito: la rabbia infatti è contagiosa e innesca cicli reattivi.

> La rabbia è un sentimento che crea legame con il nostro nemico: non riusciamo a separarcene.

Possiamo immaginare che Lucia con la rabbia abbia fatto qualcosa di simile alla palla dello schema. All'inizio si trattava di furia e vendetta, vissute come sentimenti stabili. Poi Lucia è riuscita a riportare un po' di movimento e il sentimento provato è tornato a essere rabbia-nervosismo, e infine un misto di emozioni – che comprendevano senso di colpa, vergogna, dolore ma anche il sollievo di non essere continuamente nella lotta. Aver interrotto il ciclo distruttivo della rabbia è stato necessario per poter iniziare a occuparsi della sua vita. Quando era nel pieno del conflitto tutte le energie disponibili, dopo gli obblighi familiari e professionali, erano impiegate nella lotta.

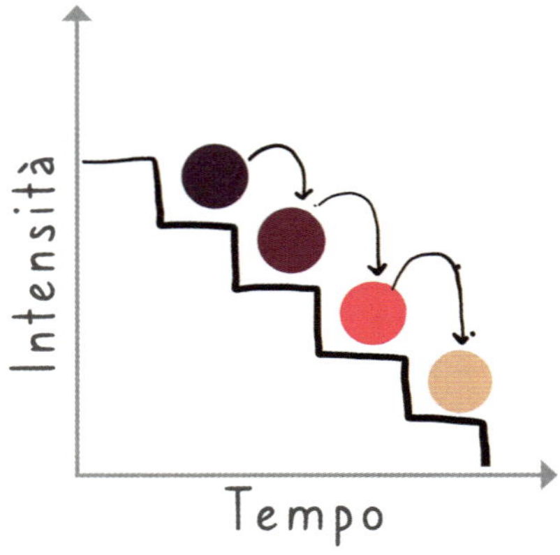

Paul Ekman[14] associa la rabbia al colore – in questo caso è il rosso – e non contempla sfumature di colore ma piuttosto variazioni nell'intensità: il fastidio (*annoyance*) è una rabbia a bassa intensità mentre la furia (*fury*) è una rabbia a massima intensità, maggiore ancora della vendicatività (*vengefulness*).

Quando ci arrabbiamo tendiamo ad attaccare chi percepiamo come causa esterna del nostro dolore, dimenticandoci di prenderci cura della ferita: questo ci fa disattendere un

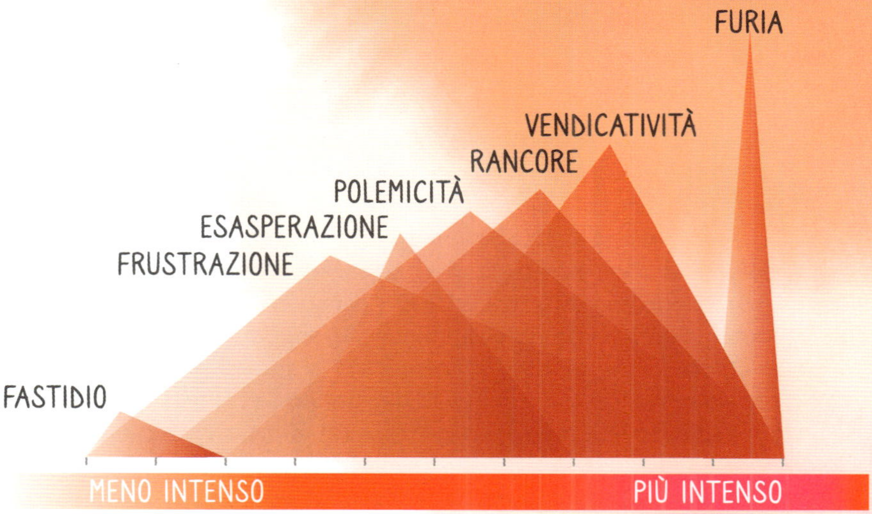

so noi stessi, per sostituirlo con una posizione difensiva. In realtà il primo punto è proprio tornare a noi stessi: se la nostra casa brucia, la prima cosa che dobbiamo fare è spegnere le fiamme e solo dopo occuparci di chi ha appiccato l'incendio.

Fermiamoci ed entriamo nel nostro incendio, proviamo ad abbracciare noi stessi come faremmo con un bambino, dedichiamoci quella cura, comprensione e compassione di cui abbiamo bisogno: questa è la nostra "conca di navigazione", l'invito della pratica di mindfulness. Dentro alla rabbia alberga spesso proprio la nostra vulnerabilità. La rabbia è il guscio più superficiale che serve a proteggere un sentimento più morbido e delicato. Se ci prendiamo cura del sentimento morbido che la rabbia protegge e nasconde, possiamo vedere diversamente anche la causa della ferita. Possiamo approfondire questo aspetto scrivendo una lettera a noi stessi, con lo scopo di dare riconoscimento alla sofferenza e non spazio alla punizione. Oppure offrirci dei gesti di consolazione e di contatto che disattivino la risposta del sistema difensivo e spostino la nostra attenzione sul sistema di accudimento e cura.

La rabbia ci rende bambini feriti e la prima cosa da fare è proprio consolare il nostro "bambino ferito" con parole che solo noi possiamo trovare.

Nella rabbia Lucia dimenticava molte cose: dimenticava che spesso aver ragione non è una garanzia di felicità. Dimenticava di lasciare ai figli libertà di pensiero: dovevano essere alleati con lei, senza possibilità di scelta, pena il rischio di essere considerati anche loro nemici.

Interrompere il ciclo della rabbia aiuta a prenderci cura della sofferenza dell'altro. Per Lucia ha voluto dire vedere com'erano stati lasciati soli i suoi figli e come fosse stato piccolo lo spazio di ascolto della loro difficoltà. Ogni volta che vedeva la loro sofferenza aumentava la rabbia verso l'ex-marito senza dedicare loro la necessaria attenzione. Ha provato a cambiare direzione comunicando con affetto il fatto che provava rabbia e che stava cercando strategie per non agirla. Stupendosi, ha scoperto che i suoi figli avevano ben chiaro in che modo si scatenavano le sue crisi e quali erano gli interruttori della sua rabbia e di quella del loro padre. Nel comunicare con più consapevolezza ha chiesto, indirettamente, aiuto invece che alleanza: è riuscita a dire quanto valore aveva per lei la relazione con loro.

Ogni volta che la rabbia torna a fare capolino possiamo fermarci, respirare consapevolmente e riprendere a parlare solo quando siamo di nuovo padroni delle nostre emozioni.

CONCA DI NAVIGAZIONE: ESSERE ZEN CON LA RABBIA

Possiamo praticare con la rabbia attraverso tre passi.[15] Il primo passo è sentirla nel corpo fino ad arrivare all'emozione sottostante. La rabbia infatti è un'emozione reattiva e, per questa ragione, nasconde sempre un'altra emozione. Il passo successivo è sentire esattamente cosa significa nel corpo la rabbia che proviamo, in modo non analitico e non storico. È il "cos'è" fisico dell'esperienza: capire quale tensione, dove, come cambia, senza rinforzare l'identificazione con l'emozione, che è quella che produce una spinta all'azione. Il terzo passo è suddividerla nelle sue tre componenti: la situazione obiettiva, l'emozione percepita nel corpo e i comportamenti che ne sono scaturiti. La strategia comportamentale permette di approfondire ed entrare in contatto con le convinzioni di fondo che alimentano la nostra rabbia e che ci intrappolano in schemi ripetitivi di reazione.

GLI INTERRUTTORI DELLA RABBIA: IL TRIGGER

Tutte le emozioni hanno degli interruttori che funzionano come il grilletto – *trigger* infatti significa "grilletto" – di una pistola. Se non premiamo il grilletto la pistola non spara. Le nostre emozioni hanno un grilletto che può essere diverso da persona a persona. Possono essere condizioni fisiche – quando siamo stanchi o stressati ci arrabbiamo più facilmente –, condizioni ambientali – sentirsi minacciati – oppure eventi che ci ricordano situazioni pericolose che abbiamo già vissuto. In ogni caso, senza trigger la pistola non spara e le emozioni non si accendono.

La causa principale della nostra rabbia è legata al significato che diamo a quello che è successo. È questo che genera rabbia e quando non sappiamo trattarla lasciamo che si diffonda attorno a noi.

Le emozioni compaiono nel nostro paesaggio interiore come semi non ancora maturi. Prima li riconosciamo e prima possiamo comprendere in quale direzione vorrebbero portarci. Per comprenderlo abbiamo bisogno di osservare in profondità che cosa succede; questo ci permette di scegliere se e come esprimere le nostre emozioni.

La rabbia è un sentimento contagioso quando è diretta: se rispondiamo aggressivamente abbiamo buone probabilità che il nostro interlocutore faccia altrettanto. La rabbia, per attivarci, deve essere sentita come una minaccia diretta e personale alla nostra incolumità, alla nostra dignità, ai valori in cui crediamo. Esiste una relazione tra la rabbia e il contatto: se siamo arrabbiati con qualcuno possiamo preferire non trovarcelo davanti. Nello stesso tempo può essere molto più facile lanciare una bomba verso sconosciuti che colpirli guardandoli negli occhi, perché la realtà della presenza dell'altro, in alcuni casi, può funzionare come disattivatore. È più difficile compiere un atto direttamente aggressivo con qualcuno che ci sta guardando negli occhi: vedere il dolore o la paura degli altri agisce come freno, a meno che non si sia sadici o in preda a un raptus (ma questo è un altro discorso).

Una ricerca sui pregiudizi[16] valutava il cambiamento in un gruppo di studenti che avevano manifestato comportamenti razzisti dopo che avevano avuto modo di conoscere e familiarizzare con la cultura che temevano. Conoscere meglio i propri "nemici" aiuta a ridurre l'aggressività. Mettersi nei panni dell'altro aiuta a diminuire la rabbia e sostiene lo sviluppo dell'empatia che spesso è attivatore del sentimento di compassione.

Rispetto alla rabbia abbiamo una soglia: ci sono atti che non faremo mai. Se li compiamo una volta però il rischio di ripeterli è molto amplificato. Possiamo ipotizzare che non picchieremmo mai il nostro partner. Se però lo facciamo una volta, reiterare le percosse ci risulterà meno difficile. Questo è vero, purtroppo, per tutti gli atti aggressivi. Agire la rabbia rinforza la possibilità – e la considerazione di liceità – della ripetizione. È importante non sottovalutare la ferita che infliggiamo agli altri così come è importante avere un percorso diretto ed esplicito verso la cura di quella ferita.

La regola che la ripetizione facilita la continuità è vera per tutto: anche per le cose positive. Il punto quindi non è tanto quali e quanti sentimenti negativi abbiamo ma quanto scegliamo di rinforzarli attraverso la ripetizione. Il problema non è arrabbiarsi una volta: il problema è fare della rabbia uno stile di vita.

La prima cosa, e la più importante, è, come al solito, non giudicarci per le nostre emozioni. Possiamo notarle, nominarle interiormente mantenendo un atteggiamento di riconoscimento e accettazione. La rabbia ha un periodo refrattario, passato il quale riusciamo a dare una diversa prospettiva alla situazione che abbiamo vissuto: le nostre emozioni sono fenomeni transitori. Le azioni che nascono nel momento di crisi o nel successivo periodo sensibile spesso sono azioni che scatenano altra rabbia. Se impariamo a praticare pausa – intesa come spazio di consapevolezza – possiamo imparare a rispondere e a non reagire in quelle situazioni che ci suscitano rabbia.

Ci sono dei pensieri che possono nutrire le nostre emozioni, aumentandone l'intensità. Molto spesso la rabbia è connessa alla sensazione di "avere ragione". Lucia aveva sempre "perfettamente ragione" ma questo non risolveva il danno che il suo comportamento provocava nelle relazioni affettive, anzi lo amplificava. Nel momento in cui è diventata consapevole di come nutriva la rabbia, proprio attraverso il suo senso di giustizia, ha potuto domandarsi che effetto le sue parole e i suoi comportamenti avevano sugli altri. Se notiamo la rabbia ma non portiamo l'attenzione alla sensazione sottostante di "diritto a essere arrabbiati" la rabbia continuerà a essere silenziosamente coltivata, senza che ce ne accorgiamo. Anche in questo caso non si tratta di giudicare ma semplicemente di vedere e riconoscere il processo in corso, aprendo uno spazio più ampio di consapevolezza.

Non si tratta di eliminare la rabbia dal nostro panorama emotivo. Piuttosto di essere consapevoli del fatto che altera la percezione e che c'è un periodo, successivo all'episodio che ha suscitato rabbia, in cui rimaniamo vulnerabili a questa emozione. Se soffriamo di attacchi di rabbia intensi è importante sapere che possono presentarsi con un crescendo. Forse è difficile non agire la rabbia quando siamo al culmine dell'emozione ma se ci rendiamo conto che siamo in fase crescente abbiamo la possibilità di evitare l'esplosione.

La mindfulness è un invito.
Ci invita a notare
come sia distruttivo
alimentare il circuito della rabbia
senza aspettare
la fine del periodo
di distorsione percettiva
causato da questa emozione.

La velocità con cui passiamo dalla fase iniziale (FASE 1) all'esplosione (FASE 4) è diversa da persona a persona. Una cosa è certa: le sostanze stupefacenti, l'alcol, la caffeina accelerano la nostra impulsività e a volte possono spingerci verso l'esplosione contraendo le fasi precedenti talmente tanto che passiamo, come se fossimo una macchina da corsa, da 0 a 100 in pochi secondi, dall'essere tranquilli a esplodere.

Il nostro modo di trattare le emozioni, e la rabbia in particolare, è appreso. Ci arrabbiamo come nostro padre e/o nostra madre – o ripetiamo a ruoli invertiti la situazione vittima/carnefice. Questa identificazione con l'aggressore è una reazione difensiva che quasi inevitabilmente si verifica per proteggerci dalle conseguenze della rabbia altrui. Da bambini non possiamo che difenderci dalla rabbia dei nostri genitori o degli adulti con cui abbiamo a che fare, e lo facciamo lasciando che una parte di noi si identifichi con quella modalità di risposta allo stress e alla frustrazione.

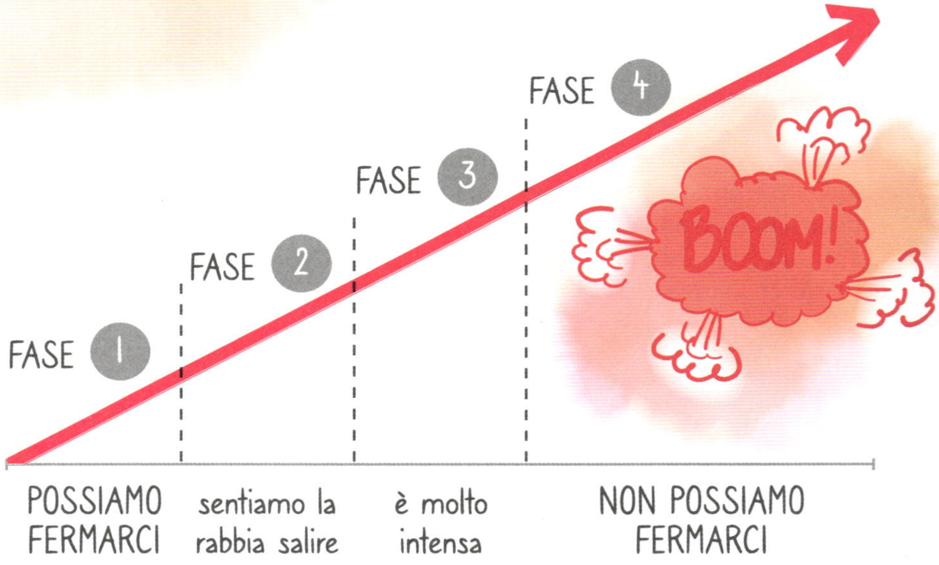

Con la mindfulness possiamo interrompere questo ciclo e finalmente liberarci dal nostro desiderio di vendetta. Un desiderio che punisce noi per primi.

IL LAVORO SULLA RABBIA E LA NASCITA DELL'EMOZIONE

Possiamo imparare a essere consapevoli del processo della rabbia facendo attenzione ad alcuni elementi. È importante riconoscere cosa alimenta la risposta aggressiva sia emotivamente che fisicamente, sciogliendo le tensioni legate al corpo che, quando siamo arrabbiati, è molto coinvolto. È altrettanto importante maturare un bagaglio di risposte comportamentali diverse e per farlo può esserci molto utile comprendere come nasce un'emozione.

Un'emozione è composta da quattro elementi – sensazioni fisiche, pensieri, sensazioni emotive, impulsi – in continua interazione tra loro.

CHE COSA PRODUCE UN'EMOZIONE?

Tutti questi elementi possono formare l'innesco – il fatidico grilletto – per qualunque emozione, rompendo così l'idea che pensieri ed emozioni facciano parte di regni separati. I pensieri sono quelli che contribuiscono a rendere l'emozione più continuativa nel tempo e la legano alla nostra storia personale e relazionale. Nella rabbia questo è molto evidente. Non ci arrabbiamo la prima volta che una persona che amiamo fa un errore. Ci arrabbiamo alla centesima volta che succede lo stesso errore. Se siamo pazienti ci arrabbiamo alla millesima volta. La rabbia nasce perché iniziamo a dare un significato ostile, riteniamo quello che accade un atto contro di noi. Nello schema che segue cerco di mostrarti questo processo.* In alcuni casi sono le emozioni che innescano la proliferazione mentale ma in molti altri casi è proprio l'opposto: nella rabbia succede spesso che siano i pensieri ad alimentarla. Ovviamente c'è stata una situazione che l'ha innescata ma il rimuginare ha fatto il resto. In tutte le emozioni del sistema difensivo i pensieri hanno un ruolo preponderante perché rinforzano la durata dell'emozione che, lasciata libera, durerebbe molto, molto meno.

* Questo schema fa riferimento al modello **ABC** di Ellis e Beck, è utile per aiutare il paziente a prendere coscienza di come si sviluppano i propri episodi emozionali, a partire da un evento che accade nel presente. La struttura logica connessa alla tecnica ABC può essere immaginata come uno schema a tre colonne:

- A (*Activating event*): identifica le condizioni antecedenti, gli eventi, le situazioni che fanno da trigger;
- B (*Belief system*): indica il sistema di pensiero, il ragionamento, la base cognitiva della persona;
- C (*Consequences*): definisce le conseguenze di queste attività mentali e identifica reazioni emotive e comportamentali.

Vedi anche Aaron Beck, *Principi di terapia cognitiva. Un approccio nuovo alla cura dei disturbi affettivi*, Astrolabio, Roma 1984.

RIASSUMENDO

La rabbia è un'emozione veloce che può dare vita a comportamenti impulsivi.

Può variare di intensità andando dall'irritazione alla furia. Inizialmente ci fa sentire più forti, successivamente più tristi o stanchi.

È alimentata dal pensiero di "avere ragione". Un pensiero che può dilatare la durata di questa emozione.

Riduce la sensibilità relazionale e sostituisce il conforto con l'attacco. Per questa ragione rallentare e consolarsi spesso è un ottimo disattivatore della rabbia.

Ha un periodo sensibile che si estende al di là della durata del singolo episodio durante il quale siamo più soggetti a riaccenderci di rabbia. Ha anche un periodo refrattario che significa che, quando siamo arrabbiati, è difficile sentire le altre emozioni presenti perché la rabbia tende a saturare tutto lo spazio di attenzione.

La rabbia si attiva quando sentiamo una minaccia – reale o percepita – rivolta contro di noi. Per questa ragione raramente è presente solo rabbia. Spesso è una reazione al dolore fisico o emotivo.

È una delle emozioni primarie, presenti fin dalla nascita. Ha una funzione fisiologica di protezione e una funzione difensiva di attacco.

6

capitolo

L'UMORE E LA MEMORIA

Prima di avventurarci nel mondo della paura abbiamo bisogno di prendere in considerazione un altro elemento. È fondamentale perché condiziona il nostro modo di entrare in relazione con le emozioni. Questo elemento è come il sale: nella giusta dose collabora alla buona riuscita di un piatto. Si tratta dell'umore, quella configurazione di base su cui appoggiamo le nostre esperienze emotive. L'umore nasce dalle emozioni più frequenti ma non è un'emozione. È influenzato dai nostri pensieri, che sono in grado di farci cambiare umore in un attimo, ma non è i nostri pensieri. È come l'impronta lasciata dallo scorrere dell'acqua di un fiume. Mobile, a volte invisibile, può tornare a riprendersi tutto il suo letto malgrado il contenimento disegnato dall'uomo, e trasformarsi in un'alluvione che non rispetta gli argini che gli abbiamo, un po' presuntuosamente, messo. Se il nostro umore è basso qualsiasi cosa può diventare una "alluvione emotiva", se è buono sappiamo rispondere anche alle situazioni più difficili. Raramente ci accorgiamo che l'umore viene costruito, giorno dopo giorno, in base ai pensieri e alle emozioni più frequenti. Se siamo tristi per un lungo periodo di tempo questa emozione è in grado di condizionare l'umore e di abbassarlo. Non succede subito. Se siamo di buon umore e accade qualcosa che ci rattrista reagiamo bene. Se accadono molte cose che ci rattristano, una dopo l'altra, anche l'umore si abbassa.

Torniamo a Piero: la depressione di sua madre è stata funzionale alla sua timidezza. Piero potrebbe essere definito come una persona con umore stabile. È stato quello che viene definito "un bambino tranquillo". La sua timidezza è diventata un problema successivamente, dall'adolescenza in poi, quando entrare nel mondo richiede a tutti di rompere la distanza e avvicinarsi agli altri. L'umore richiama emozioni e ricordi congruenti. Quindi se il nostro umore è basso ricordiamo situazioni in cui abbiamo provato tristezza. Lo stesso succede al contrario: se siamo di buon umore emozioni e ricordi lo rafforzano. Anche la posizione fisica determina l'umore. Tra umore e posizione del corpo c'è una relazione ancora più evidente che tra umore ed emozioni. Le emozioni spesso sono così transitorie e leggere che i loro effetti non sono immediatamente riconoscibili. La postura però – proprio perché più stabile – lascia segni permanenti sull'umore. Così alla fine, per cambiare umore, spesso bisogna passare dal corpo. È l'umore infatti che disegna il nostro profilo di vitalità, ossia l'energia che abbiamo a disposizione.

UMORE, EMOZIONI E MEMORIA

Proviamo a immaginarci l'umore come una rete da pescatori. Se il nostro umore è basso le emozioni rimangono a lungo e danno vita alla proliferazione mentale. Se, invece, siamo di buon umore anche le emozioni negative che arrivano filtrano con molta più facilità.

Una conseguenza dell'umore basso è che tendiamo a rimuginare e a congelare la memoria solo sui ricordi negativi che diventano previsioni sul futuro. Questa memoria si definisce "generalizzata" perché dà la sensazione che le cose siano irreversibili, o che si sia subito un danno permanente. A questo punto il gioco è fatto: abbiamo appena costruito uno schema mentale che ci farà trovare un significato "rapido", perché precostituito, a tutti gli eventi successivi. Crederemo che sia un ragionamento basato sulla nostra esperienza di vita e, invece, sono le nostre emozioni che si sono travestite da pensieri.

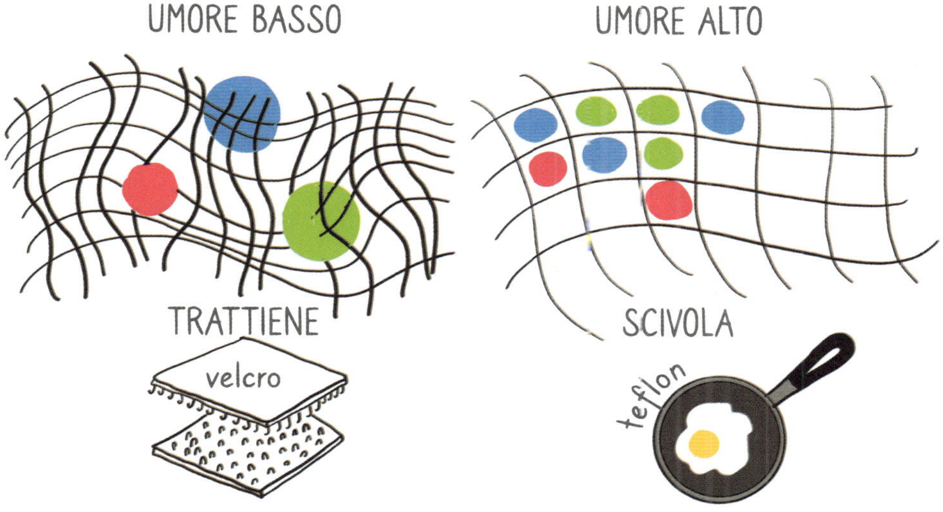

Così Piero potrebbe arrivare alla convinzione di essere troppo timido e imbranato per poter avere relazioni sociali. In realtà questa sua convinzione andrà a rafforzare la determinazione verso la riuscita negli studi prima e verso la realizzazione professionale poi. Mentre il suo coetaneo Marco si scrolla tutto facilmente dalle spalle, per Piero ogni insuccesso diventa un dramma che lo spinge a impegnarsi di più. La differenza tra Piero e Marco sta proprio nella risposta alla frustrazione. Per Piero aumenta la motivazione a impegnarsi, per Marco diventa una ragione per evitare la situazione che produce frustrazione.

I nostri schemi mentali, se inconsapevoli, sono come scogli: massicci, imponenti, occupano tutto lo spazio e sono inamovibili. Immagina adesso che quello scoglio diventi sabbia. Un cumulo, proporzionale alla grandezza dello scoglio, di sabbia. Ci vorrà un po' a spostare quella quantità di sabbia ma potremo farcela, secchio dopo secchio, con più facilità.

Questo è quello che facciamo con la mindfulness:
sgranelliamo tutti gli elementi che compongono le sensazioni fisiche, emotive e i pensieri perché possano fluire con più facilità
e riportarci al cambiamento,
la caratteristica distintiva di tutto ciò che è vivo.

L'umore deve avere una sua flessibilità: non troppo alto né troppo basso per garantirci uno sguardo realistico sul nostro panorama interno. La pratica di mindfulness amplia la nostra finestra di tolleranza e, soprattutto, ci insegna a rendere più fluidi gli schemi mentali che costruiscono il significato che diamo alle nostre esperienze.

Marco adolescente, con la sua continua ricerca di stimoli, è sempre un po' troppo su di giri. Piero sempre un po' troppo giù di tono. Nessuno dei due ha un vero problema ma il loro modo di raccontare la stessa storia può essere quasi opposto, anche se frequentano la stessa classe, hanno gli stessi amici e giocano a tennis insieme. Marco trascina Piero a uscire, Piero lo frena quando esagera. Entrambi hanno capito che il loro umore è un po' come il bollettino meteo: permette di capire cosa li aspetta quel giorno.

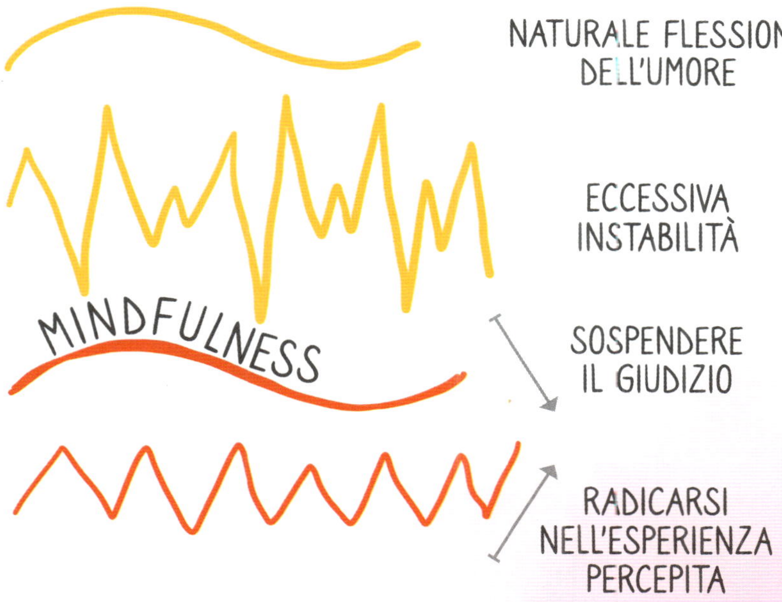

CONCA DI NAVIGAZIONE: IL BOLLETTINO METEO

Prova a portare l'attenzione al tuo umore: immagina che sia come il cielo o come il mare. Guarda se è sereno, calmo o nuvoloso. Se ci sono nuvole gonfie di pioggia oppure nuvole bianche in un cielo d'estate. Se è morbida risacca o onde forti che si frangono lungo la spiaggia.

Fai attenzione ai pensieri ripetitivi e guarda qual è la sensazione fisica che li accompagna. Esplora questo panorama interno riportando l'attenzione al respiro, in particolare all'espirazione. Non forzare il respiro, segui il tuo respiro naturale così com'è. Tenere l'attenzione sul respiro è un modo per radicarsi nel presente: l'antidoto naturale al vagare della mente.

Spesso le persone mi dicono che sono meteoropatiche: che soffrono per gli alti e i bassi del tempo. In realtà io credo che il tempo atmosferico sia un'ottima metafora di come funziona il nostro umore. Se fossimo marinai prima di uscire in mare guarderemmo le previsioni perché ignorarle potrebbe condurci a un naufragio. Se siamo di cattivo umore è possibile che vedremo il lato negativo degli eventi della giornata. Esserne consapevoli può aiutarci a dare un peso relativo a quello che accadrà sapendo che il nostro umore può distorcere la percezione degli eventi. Abbiamo bisogno di imparare a seguire le nostre "previsioni del tempo", distinguendo gli elementi che compongono l'umore per non convincerci della versione "nera" dei fatti.

E adesso, armati di tutte queste buone informazioni inchiniamoci di fronte alla regina delle emozioni: la paura.

7
capitolo

LA REGINA PAURA

Forse ti sembrerà strano che definisca la paura regina, ma la paura è un sentimento che domina: difficile non sentirla, difficile non starla a sentire. Anche in questo caso è un sentimento con molte sfumature: possiamo avere un timore reverenziale nei confronti di qualcuno che stimiamo oppure provare orrore – un misto di paura e disgusto – per qualcosa che abbiamo visto. Possiamo avere paura di pericoli inesistenti, come sa bene chi ha paura delle punture dei ragni anche in un luogo in cui di ragni non c'è la minima traccia, o avere, a buona ragione, terrore della guerra, della violenza, della cattiveria. In guerre stellari Anakin non era destinato a diventare un buon Jedi perché aveva avuto troppa paura quando era piccolo. «La paura è la via per il Lato Oscuro. La paura conduce all'ira, l'ira all'odio; l'odio conduce alla sofferenza. Ah... lo sento in te molta paura» diceva Yoda, definendo nebuloso il futuro di Anakin. Previsione che si rivelò corretta visto che divenne Dart Fener. Quella di Yoda è una valutazione giusta. Sappiamo che un neonato che abbia provato molta paura, magari a causa di una malattia fisica, può avere ritardi importanti nello sviluppo o avere dei disturbi emotivi anche molto seri. Questo non significa che ogni volta che abbiamo paura siamo destinati a un futuro nebuloso, però ci fa capire che la paura non è un'emozione da sottovalutare. Sicuramente non ha un colore luminoso. Se abbiamo dato all'ansia il nero e tutte le sfumature di grigio, alla paura darei il viola e tutte le sue sfumature. Un colore complementare al giallo che invece ho attribuito alle emozioni del sistema affiliativo. Il viola è un colore che si forma dall'unione di magenta (sistema difensivo) e ciano (sistema di ricerca delle risorse). In effetti la paura, pur essendo un'emozione così difficile, ha un ruolo centrale nella protezione e un ruolo centrale nel darci motivazione.

Il problema, con la paura, è sempre l'intensità perché una paura fortissima può arrivare a congelarci, attivando la risposta di freezing o congelamento, una risposta che condividiamo con il mondo animale. La paura di solito fa scappare, quando scappare è possibile. Quando non è più possibile scappare perché il pericolo è troppo vicino oppure perché, scappando, ci esporremmo troppo, la risposta diventa un'immobilità simile alla morte. Una cosa è certa: quando siamo nel freezing vuol dire che la paura che stiamo provando ha superato di gran lunga la nostra finestra di tolleranza (vedi capitolo 2).

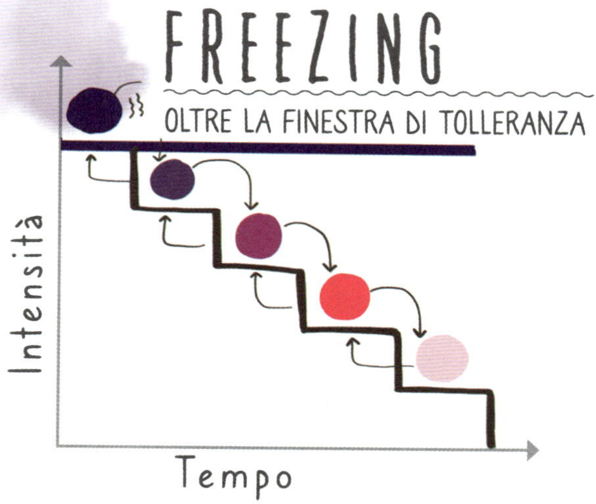

È un'emozione che attiva risposte rapide e che diminuisce quando trova rassicurazione. Siccome la paura è maestra oltre che regina, tende a rimanere più a lungo grazie ai nostri pensieri. Per questo ti presento di nuovo lo schema che ti ho mostrato brevemente nel capitolo 5. La paura può essere innescata da un evento reale ma anche da un pensiero che può produrre sensazioni fisiche e impulsi all'azione anche in assenza di un fatto concreto. La paura ingigantisce la dimensione di quello che proviamo e più ingigantisce più diventa difficile trattenere l'impulso alla fuga.

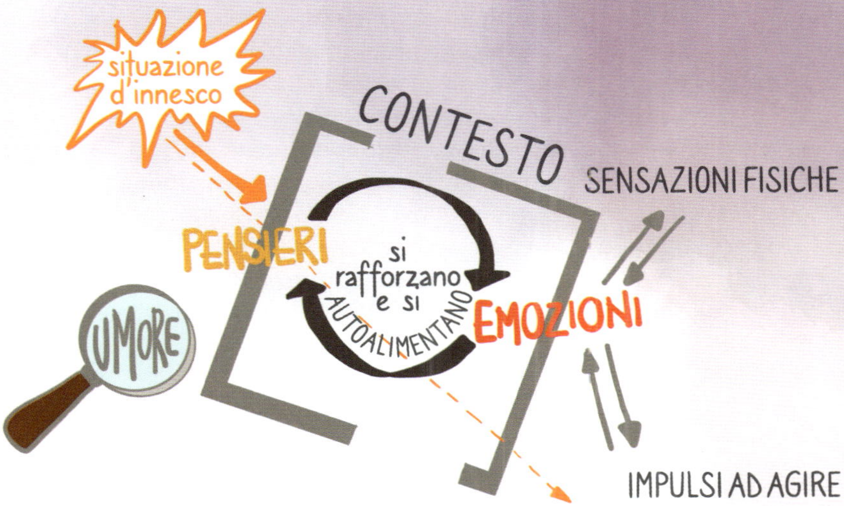

CERCARE DI CAPIRE PERCHÈ CI SIAMO SPAVENTATI

Quando ci spaventiamo cerchiamo di capire come mai ci siamo spaventati e lo facciamo ripensando all'episodio accaduto. Costruiamo un thriller: malgrado non ci sia un pericolo possiamo accorgerci di trattenere il respiro, alzare le spalle, addirittura chiudere gli occhi perché la mente ci avverte che sta per succedere qualcosa.

Meno male che nella vita non c'è una colonna sonora, altrimenti finiremmo per provare molta più paura di quella che proviamo normalmente: può bastare un suono imprevisto per suscitarla! La situazione d'innesco può seguire due vie. Diventa velocemente un'emozione percepita fisicamente, accompagnata da una spinta all'azione. Oppure diventa un pensiero – o meglio una catena di pensieri – che va a rinforzare o diminuire l'intensità dell'emozione.

I nostri pensieri hanno la capacità di mantenere attive le risposte fisiche o di riattivarle, prolungando così l'emozione della paura anche molto tempo dopo l'episodio che l'ha suscitata.

Quando arrivano i pensieri tutto quello che proviamo può durare più a lungo proprio perché i pensieri producono un'immaginazione che ha effetti molto simili alla realtà. A quel punto le sensazioni fisiche confermano gli avvertimenti di pericolo e rafforzano la minaccia. Anche i ricordi contribuiscono a costruire una predisposizione a essere paurosi o intrepidi.

Gli impulsi, la nostra reattività difensiva automatica, fanno il resto spingendoci alla fuga a volte prima di aver capito se la situazione è davvero pericolosa. La paura è spesso ripetitiva e tende a fornire risposte duplicate: facciamo le stesse cose, diamo le stesse reazioni.

È una delle emozioni che rende più difficile la creazione di un "senso di spaziosità" interno. Può spingerci verso il nostro lato oscuro: l'ansia, la depressione, la paranoia, la mania del controllo. Ovviamente la paura può avere buone ragioni per essere presente; il problema si manifesta quando è presente come un sottile sentimento di fondo che colora tutta l'esperienza. Se non ce ne accorgiamo ci può portare, silenziosamente, a vedere gli eventi, gli altri, il passato e il futuro, come spiegazione della nostra sofferenza spingendoci verso un atteggiamento di biasimo, controllo, condanna, manipolazione ed evitamento.

IL CORAGGIO E LA PAURA

Che fare se non cercare un contrappeso, un antidoto? L'antidoto – la nostra conca di navigazione – è il coraggio, emozione che non riguarda affatto non avere paura ma, piuttosto, essere consapevoli di avere paura e scegliere di agire. Coraggio e paura sono due emozioni sempre in relazione tra di loro. Un po' come rabbia e tristezza. Stanno sui due piatti della stessa bilancia e hanno bisogno di trovare, tra di loro, un equilibrio. Se la bilancia pende troppo sul piatto della paura rimaniamo in protezione e congeliamo la vita in una comfort zone sempre più piccola, perché la paura ha un effetto incrementale. Più abbiamo paura e più avremo paura.

Se, invece, il piatto pende troppo nella direzione del coraggio rischiamo di scegliere azzardi troppo grandi per le nostre possibilità. Il dialogo tra paura e coraggio è epico come tutte le grandi avventure. Inizia nel momento in cui siamo in una situazione estrema ed è il luogo in cui si decide se e come andare avanti. Molte persone che hanno vissuto l'esperienza dei campi di concentramento li hanno descritti come il luogo in cui si decide se vivere o morire. Ci vuole il soccorso del coraggio per affrontare le nostre paure, per cominciare una psicoterapia, per scegliere qualcosa di diverso, rompendo le nostre abitudini. Il coraggio non è lasciare la paura ma prenderla in braccio, sentirne il peso e procedere insieme. Il coraggio nasce dalla compassione che guarda il dolore senza negazione e senza rinuncia.

La paura è utile per valutare i pericoli. Il coraggio per affrontarli.

Paura e coraggio sono i due piatti della stessa bilancia, in equilibrio mobile e vitale. A volte sarà più forte la paura, ma se ci sarà il coraggio alcune gocce potranno travasarsi da un piatto all'altro. Possono bastare poche gocce di coraggio per non credere a quello che la paura ci grida in faccia. I consigli della paura sono buoni in rarissime occasioni. La maggior parte delle volte sono un ritornello che andrebbe aggiornato. È quando si spezza l'equilibrio tra paura e coraggio che nasce la paranoia, la forma estrema di una paura che è diventata solida e immutabile.

Anche la gentilezza è un antidoto della paura perché diventa un modo – non verbale – per dirci che non siamo in pericolo. Un modo per rassicurarci e disattivare la risposta primitiva che viene accesa con questa emozione. La gentilezza utilizza segnali opposti rispetto alla paura. Se la paura ci fa essere bruschi, la gentilezza ci rende accoglienti. Se la paura ci fa essere veloci, la gentilezza invita a rallentare. Se siamo frenetici, la gentilezza offre uno spazio di pausa che possiamo prendere ogni volta che sentiamo l'onda della paura arrivare e scuoterci. Piuttosto che chiederci l'impossibile – ossia non provare più ansia e paura – chiediamoci il possibile: addomesticare pensieri selvatici con la gentilezza, la lentezza, la pausa. Anziché alimentare l'aspetto compulsivo e inconsapevole dei comportamenti dominati dalla paura, alimentiamo la libertà di scelta della gentilezza.

CONCA DI NAVIGAZIONE: LA GENTILEZZA

La gentilezza è un sentimento rassicurante che disattiva le risposte automatiche e primitive legate alla paura. Quando abbiamo paura, ricevere atti di gentilezza ha un effetto immediatamente sedativo. Possiamo essere noi, per primi, a offrirci un atto di gentilezza. Possiamo farlo domandandoci che cosa ci renderebbe felici. Felici in modo profondo e non superficialmente, come lo si è per quella felicità che deriva da un buon cibo o da un regalo costoso. Una volta che abbiamo individuato che cosa ci renderebbe felici trasformiamo questa consapevolezza in un augurio. "Che io possa sentirmi al sicuro" oppure "Che io possa essere al sicuro dai pericoli del mondo interno e del mondo esterno" possono essere delle frasi esemplificative. Ripeterle mentalmente, con lentezza e con un tono di voce pacato può aiutarci a superare la paura che stiamo vivendo.

IL SENTIERO DEI SENZA PAURA

Nella tradizione Shambala, a cui è legata Pema Chödrön,[17] l'illuminazione si raggiunge quando si arriva a essere senza paura perché, dice Pema, ci vuole coraggio a stare seduti, fermi e incontrare qualunque cosa emerga. Richiede coraggio andare oltre il nostro modo abituale di considerare le cose e noi stessi. Magari ci riteniamo persone spiritualmente evolute. Poi ci sediamo e passiamo ore a osservare le nostre ossessioni, i nostri desideri, le nostre dipendenze: ecco perché ci vuole coraggio per guardare questo panorama senza scappare come facciamo di solito. Arriviamo a un punto di svolta, come se fosse la sommità di una collina o di un monte, e sappiamo che stiamo entrando in qualcosa di sconosciuto, che dobbiamo andare oltre le rigidità del corpo e del pensiero. In quel momento possiamo riconoscere la natura intima della paura: per qualcuno è la paura della morte, per qualcuno è il bisogno di lottare. Per altri è la paura di sbagliare oppure la paura dell'intimità, una delle paure più diffuse. Passiamo da una visione ristretta, limitata, a una visione aperta in cui lasciamo la nostra paura alle spalle.

Solitamente ci diciamo che non aver paura costa troppo e non guardiamo mai a quanto ci costa vivere in una dimensione limitata, come se quello fosse gratis. Mantenere le nostre paure ha un prezzo alto: vuol dire limitare le nostre possibilità. Non essere noi stessi ma una versione ridotta, tascabile, della nostra vita. Per essere pienamente noi stessi abbiamo bisogno di guadagnare libertà dalla nostra paura senza negarla, senza considerarla un errore, guardandola come faremmo con un compagno di viaggio accanto a cui camminare. Un compagno "difficile" perché ci farebbe rimanere sempre fermi (o sempre in fuga), ma noi, invece, lo invitiamo ad accompagnarci, rimanendo aperti e attenti rispetto a quello che emerge.

La paura non è più una scusa per scappare ma è un movimento in cui ci invitiamo a conoscere ciò che le dà forma. In aggiunta a questo dobbiamo riconoscere che la paura è inevitabile ed essenziale per permetterci di sviluppare fiducia e forza interiore. Ma cosa facciamo quando abbiamo paura? Spesso guardiamo nel posto sbagliato. Forse potremmo dire che la nostra biografia è disegnata da ciò che abbiamo cercato nel luogo giusto e da ciò che abbiamo cercato nel luogo sbagliato.

> Mantenere
> un clima di paura
> è emotivamente
> molto costoso
> perché limita
> le nostre possibilità.

Le emozioni
del sistema difensivo
sono presenti fin dalla nascita.
Oltre alla rabbia e alla paura
– con tutte le loro sfumature –
troviamo il disgusto.

Tutti i luoghi sbagliati sono luoghi in cui pensiamo di metterci al sicuro attraverso una difesa – ansia, paura o rabbia, non fa tantissima differenza – mentre quelli giusti sono luoghi in cui corriamo il rischio squisito di crescere.

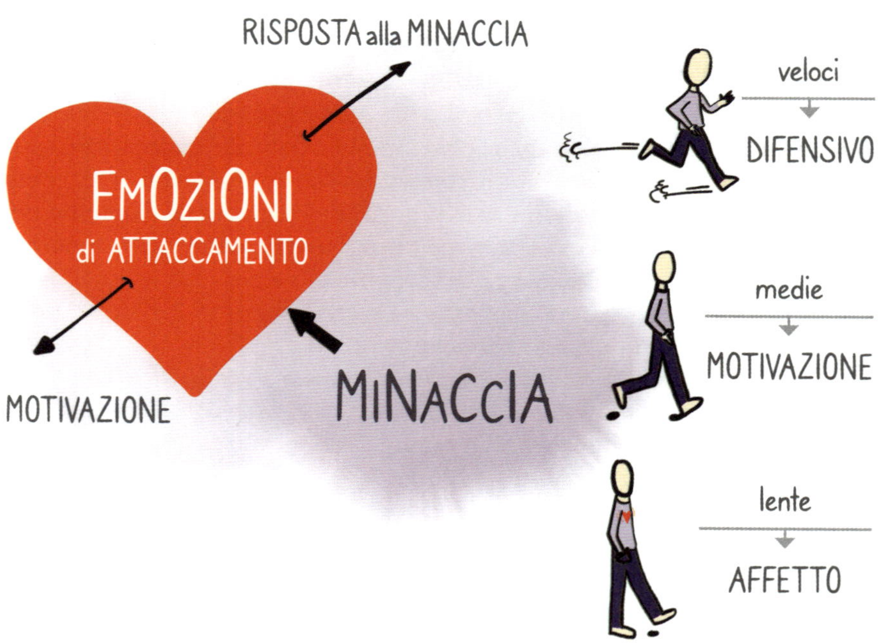

LA PAURA DI MARCO E PIERO

Torniamo a Marco e Piero perché sono un buon esempio di questo rischio. Sono arrivati nel mio studio in due momenti diversi. Marco non si era mai sforzato nella vita perché, diceva, non ne aveva mai avuto bisogno. Ed era vero. La sua ottima disposizione sociale, la sua famiglia d'origine molto supportiva, e le sue capacità l'avevano sempre fatto andare avanti senza grossi problemi, ma non aveva mai corso il rischio di crescere impegnandosi davvero in qualcosa. Poi, attorno ai cinquant'anni, l'azienda dove era diventato direttore commerciale aveva cambiato proprietà e l'avevano licenziato. Non era finito sul lastrico, ma non sapeva come ripartire. Era entrato in una sorta d'inedia da cui non riusciva a uscire. Era il primo grosso problema che doveva affrontare, con i genitori anziani e una famiglia con figli non ancora autonomi. In questo caso l'aver avuto sempre le cose facili aveva nascosto la sua paura di rischiare e, nel momento in cui doveva farlo, non sapeva come iniziare. Piero, suo coetaneo ed ex compagno di liceo, era arrivato da me dieci anni prima, spinto dalla moglie che lo trovava troppo solitario e resistente alle relazioni sociali. Era diventato professore ordinario molto giovane, era brillante, aveva una posizione consolidata eppure si comportava come se fosse ancora a rischio di sconfitta. In entrambi i casi il sistema difensivo stava condizionando le emozioni del sistema di ricerca delle risorse. Marco, che giocava facile per paura di fallire, diventava poco propositivo. Piero per paura di fallire diventava eccessivamente motivato e incapace di rilassarsi, cosa che, invece, a Marco era sempre venuta benissimo. Le situazioni contingenti avevano giocato un ruolo. Se Marco avesse incontrato prima delle difficoltà forse le cose sarebbero andate diversamente. Se Piero fosse cresciuto meno solitario forse avrebbe saputo divertirsi di più, ma con i "se" non andiamo molto lontano. Quello che importa è vedere come le emozioni di un sistema sono in relazione con quelle di un altro sistema emotivo. In questo caso, come abbiamo detto, l'emozione della paura, che fa parte del sistema difensivo, influenzava il sistema di ricerca delle risorse di cui parleremo nella prossima sezione. Piero e Marco evitavano, in modi opposti, di incontrare la paura. Una sicurezza con un costo davvero alto. Quando ho domandato a Piero che cosa sperava di ottenere lavorando così tanto mi ha guardato sorpreso. Ha fatto un lungo silenzio e poi mi ha detto: «In effetti non ho nessuna particolare speranza. Ho dei progetti ma nessuno mi corre dietro perché li realizzi». Marco, invece, non riusciva a lasciar andare la sua situazione precedente perché temeva di non trovare qualcosa di altrettanto comodo. Questa è una delle ragioni che può rendere difficile il cambiamento e che nasconde un'emozione segreta. L'emozione segreta di Marco era un mix di vergogna e senso di colpa. Non verso gli altri ma verso sé stesso. Si rimproverava di aver sempre giocato in rimessa e di non aver mai rischiato. Un'emozione nascosta sotto strati di battute umoristiche, tentativi di distrarmi con i suoi racconti, superficialità piacevole. Arrivati al nodo – ma per farlo arrivare lì ho dovuto riacchiapparlo molte volte – la sua conca di navigazione è stata dirsi la verità e perdonarsi. La verità era che davvero aveva giocato troppo in rimessa e che correva il rischio di farlo ancora grazie alla buonuscita e all'eredità dei suoi genitori; come diceva lui "poteva arrivare a ottant'anni sereno", sapendo di dirsi una bugia. Scegliere quella strada avrebbe voluto dire non lasciare risorse economiche ai suoi figli ed entrare in una spirale di silenziosa autocritica sempre più vorticosa. Perdonarsi, per Marco, ha voluto dire accettare il proprio passato, perdonare la sua pigrizia e indolenza e partire da questa accettazione – che è l'altra faccia della parola perdono – per scegliere una strada diversa.

CONCA DI NAVIGAZIONE: PRENDERE CONTATTO CON IL MOMENTO PRESENTE

Se abbiamo molta paura, abbiamo anche una segreta speranza che temiamo di non riuscire a realizzare oppure - e succede più spesso di quello che crediamo - non ci rilassiamo nemmeno quando l'abbiamo realizzata perché temiamo che svanisca. Consapevolezza significa rinunciare a scappare, magari per un minuto solo, e accorgersi di dove siamo. Piero aveva bisogno di questo: accorgersi di dove era arrivato. Pochi minuti alla volta, ogni giorno. Di più non riusciva perché appena iniziava a praticare gli venivano in mente tremila nuovi progetti: "giusto per salvarsi e giusto per sperare!". Per un minuto, ogni due ore, prendi contatto con dove sei. Non con quello che devi ancora fare ma proprio con dove sei arrivato ora. Arriva nel tuo presente e nella tua vita.

SE IL MONDO TI CROLLA ADDOSSO

Vorremmo tanto avere una terra affidabile e comoda sotto i piedi [...] eppure la terra continua a muoversi sotto di noi. È il riconoscimento dell'impermanenza e del cambiamento. Gli insegnamenti si disintegrano quando cerchiamo di afferrarli. Dobbiamo farne esperienza senza speranza. La parola tibetana per speranza è rewa; la parola per paura è dokpa. Più comunemente si usa la parola re-dok che le unisce entrambe. Speranza e paura sono un unico sentimento a due facce. Finché ci sarà l'una ci sarà l'altra... Nel mondo di speranza e paura, dobbiamo sempre cambiare canale, cambiare temperatura, cambiare musica, perché c'è qualcosa che sta diventando scomodo, che comincia a fare male e noi cerchiamo alternative. Speranza e paura provengono dalla sensazione che ci manchi qualcosa: provengono da un senso di povertà. Non riusciamo a rilassarci in noi stessi. Ci aggrappiamo alla speranza e la speranza ci priva del momento presente...

Pema Chödrön[18]

CAMBIARE STRADA

La tendenza ad aggrapparsi allo stato di benessere o a un ideale porta a entrare in allarme quando la realtà differisce dalle nostre aspettative oppure ci spinge a evitare le situazioni che producono emozioni negative e turbamento, finendo però in questo modo per restringere moltissimo il campo della nostra esperienza. Ci aggrappiamo a un piacere che, con il tempo, diventa sempre meno piacevole e sempre più grigio per sfuggire alla paura del cambiamento. Il rilevatore di piacevolezza e quello della spiacevolezza sono separati. Per questa ragione non è affatto sicuro che un evento piacevole metta il silenziatore al nostro rilevatore di difficoltà che, ben allenato, continua a rilevare problemi anche quando tutto va bene. Forte del volume più alto che assumono i problemi rispetto alle gioie, può strombazzare il suo allarme anche nei momenti migliori. L'unica cosa che possiamo fare – per riportare un po' più di equilibrio e realismo (la nostra vita molto spesso non è così drammatica) – è tenere attivi entrambi questi rilevatori. Marco teneva attivo prevalentemente il rilevatore di piacevolezza. Piero quello di spiacevolezza. Lucia invece faceva fatica a smettere la lotta, a togliersi l'armatura perché aveva paura dell'intimità. L'intimità è un sentimento che cresce quando ci permettiamo di mostrare la nostra vulnerabilità: per Lucia questo era davvero difficile. Aveva paura che, se si fosse mostrata vulnerabile, sarebbe stata ferita. Esagerava nella percezione del rischio effettivo: sopravvalutava la sua ferita e sottovalutava le ferite che infliggeva agli altri.

LA PAURA DI FALLIRE

Il fallimento ha sempre avuto un effetto positivo su di me, è stato il mio migliore maestro: mi ha costretto a fermarmi e a considerare il mio comportamento autodistruttivo. Mi ha dato la capacità di cominciare da capo con tutta la vitalità e l'entusiasmo che comporta un nuovo inizio. Accettando il fallimento mi sono liberato dalla lotta per superare il senso interiore di fallimento. Accettare il fallimento non è sintomo di rassegnazione, ma di accettazione di sé. Accettare il fallimento libera l'energia legata alla lotta per il successo e l'auto-affermazione, rendendo cosi possibile la crescita.

Alexander Lowen[19]

La paura dell'intimità non è così rara: ci sono persone che per questa ragione non riescono a innamorarsi. In questo caso la paura influenza più le emozioni del sistema affiliativo e relazionale che quelle del sistema di ricerca delle risorse, come succedeva a Marco e Piero. Anche Lucia aveva bisogno, per affrontare questa paura, di una conca di navigazione. Lucia aveva la convinzione che sua sorella fosse stata la preferita. A questa certezza aggiungeva la convinzione di avere dei difetti che andavano nascosti. Difetti fisici e un cattivo carattere, per essere precisi. Così era sempre impeccabile e generosa nella cura degli altri: trovava sempre mille modi per ipercompensare gli effetti della sua rabbia. Non mostrava vulnerabilità per paura di venir rifiutata ma la prima a non tollerare i suoi difetti era lei. La fine del suo matrimonio era stata una conferma al suo dubbio di "essere difettosa". La sua conca di navigazione è stata provare a tollerare di più l'emozione di dolore e di vergogna che sorgeva quando si sentiva messa in difficoltà. Per farlo è stato importante restituire consapevolezza corporea alla parte anteriore del corpo e sciogliere le tensioni della parte posteriore del torace, quella che si attiva e contrae quando esprimiamo la rabbia. L'attenzione al corpo le ha permesso di sentire il sorgere della rabbia e di scioglierla nel momento in cui iniziava a manifestarsi la contrazione, anziché alimentarla con il pensiero di "avere ragione".

Il suo desiderio di dimostrare di avere ragione diventava un'arma distruttiva. È vero che aveva spesso ragione ma il suo modo di affermarlo umiliava i suoi interlocutori, stabilendo una relazione di dominanza di cui non era consapevole. Il suo sistema di ricerca delle risorse era fortemente agonistico, teso ad affermare la sua superiorità.

CONCA DI NAVIGAZIONE: MEGLIO ESSERE FELICI CHE AVERE RAGIONE

Prova anche tu a portare più attenzione ai segnali corporei della rabbia e della paura e cerca di sciogliere la tensione prima che diventi una spinta all'azione. A volte ci arrabbiamo proprio perché ci siamo molto spaventati. Fai attenzione a quanto spesso ti rifugi nell'idea di avere ragione e prova a guardare le cose dal punto di vista del tuo interlocutore. Esplora quanto l'idea di aver ragione alimenta la rabbia e quanto rimani aperto nei confronti del tuo interlocutore.

RIASSUMENDO

La paura altera la nostra percezione della realtà e frammenta o congela la nostra attenzione.

La paura attiva comportamenti di fuga o di evitamento. Quando la paura è molto intensa può lasciarci congelati e incapaci di rispondere: in questo caso parliamo di freezing.

La paura può attivare anche comportamenti di eccessiva accondiscendenza.

Quando ci spaventiamo per un evento improvviso, la risposta superficiale può essere quella rabbiosa.

Spesso rabbia e paura sono le due facce della stessa medaglia.

La paura attiva molto velocemente il sistema difensivo.

Un'esposizione prolungata alla paura rende più vulnerabili all'ansia.

Un genitore che si spaventa facilmente ha più probabilità di avere un figlio ansioso.

La paura ha la funzione protettiva di metterci in salvo, ma può attivarsi anche sulla base di memorie passate.

Avere paura ed essere in pericolo sono esperienze diverse. Possiamo avere paura senza essere in pericolo e non avere paura eppure essere in una situazione pericolosa.

8
capitolo

LA MINDFULNESS E LE CONCHE DI NAVIGAZIONE

Le nostre modalità di risposta alle emozioni possono attivare distorsioni percettive stabili che abbiamo bisogno di modificare attraverso un'attività intenzionale, come la pratica di consapevolezza.

Lasciamoci alle spalle la rabbia e la paura e, prima di presentarti altri protagonisti "emotivi" vorrei soffermarmi su come mai è così importante avere una mappa per muoversi nel nostro panorama interno. Siamo convinti di conoscere le emozioni perché le proviamo, proprio come siamo convinti di saper guardare perché vediamo. In realtà la percezione non è un atto così "realistico": possiamo imparare a guardare al di là della percezione immediata e scoprire che, a volte, siamo vittime di illusioni, proprio come ti raccontavo nel capitolo 4. Le emozioni spesso ci illudono: sembra di vedere la realtà e invece vediamo la distorsione indotta dall'emozione che proviamo. Le nostre emozioni sono come i venditori di un affollato mercato orientale. A Istanbul c'è un grande bazar: moltissimi venditori che offrono esattamente la stessa merce. Alla fine ci soffermiamo a comprare quella del venditore più convincente o più insistente. Può avvenire lo stesso anche con le emozioni. Possiamo farci convincere da quelle che ci parlano a un volume più alto e tralasciare le emozioni più delicate perché la nostra attenzione è attirata altrove. Conoscere come funzionano le emozioni ci permette di scegliere senza farsi ingannare dalle illusioni. Ci permette, in una parola, di imparare a guardare e imparare a sentire. Le illusioni ottiche e le illusioni emotive si basano sullo stesso principio: rendendo automatica la percezione si guadagna in velocità ma si perde in precisione e realismo. Così siamo molto più efficienti ma, purtroppo, anche più condizionati da modalità ripetitive e illusorie.

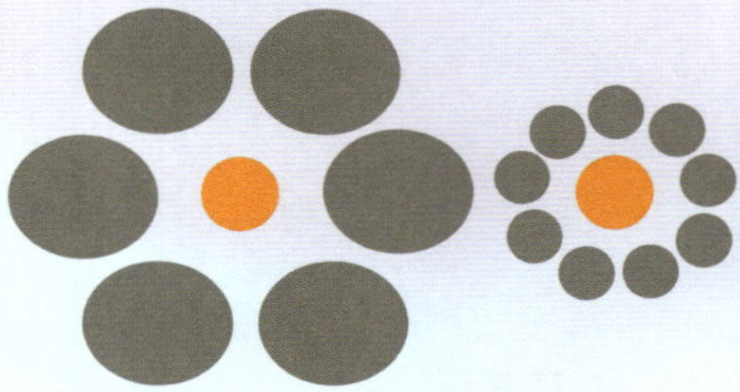

Se guardiamo i due cerchi arancioni dell'immagine possiamo avere la percezione che abbiano due diametri diversi. Questa illusione ottica è determinata dalla presenza dei cerchi grigi che alterano il senso della dimensione. Come puoi vedere qui di seguito, in realtà i due cerchi arancioni sono uguali, ma abbiamo bisogno di darci qualche elemento di misura per comprenderlo.

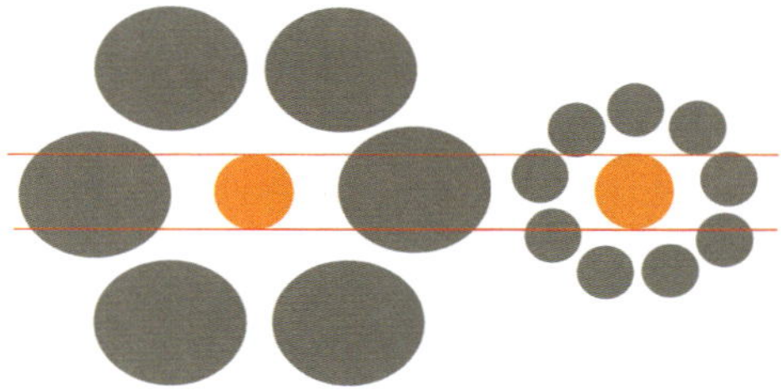

Succede la stessa cosa con le emozioni. Se non le "mettiamo in cornice", se non le inseriamo nel contesto in cui le abbiamo provate, possiamo avere una percezione verosimile ma non reale. Il cerchio arancione è una qualsiasi delle nostre emozioni e i cerchi grigi sono gli elementi del panorama mentale, la cosiddetta cornice. A seconda di come vediamo questi elementi possiamo avere una percezione emotiva diversa che può ingigantire o rimpicciolire l'emozione centrale. Possiamo fare una piccola tragedia quando ci ammaliamo, giusto per fare un esempio, ma se accade qualcosa di più grave l'impatto della nostra malattia cambia subito proporzione. Durante la prima infanzia la valutazione dell'impatto emotivo di ciò che accade è affidata alle figure di riferimento. I nostri genitori dovrebbero insegnarci a minimizzare le emozioni negative e massimizzare gli affetti positivi. Non sempre succede perché le loro emozioni interferiscono con le nostre. Così, se i nostri genitori sono stati particolarmente ansiosi rispetto alla salute, all'alimentazione, al rendimento scolastico, questo potrebbe aver condizionato in maniera rilevante la proporzione delle nostre emozioni. In quelle aree potremmo tendere, senza esserne consapevoli, all'esagerazione emotiva.

LE EMOZIONI E LA RIPETIZIONE

Spesso siamo dolorosamente consapevoli di essere in un circolo di ripetizione che fa riemergere proprio le nostre difficoltà, con la frustrazione di sentirci incastrati e incapaci di andare avanti. La mindfulness può offrirci conche di navigazione per superare questi dislivelli che ci lasciano nella reiterazione degli stessi schemi di risposta. Quando tornano le vecchie emozioni non arrivano da sole: si accompagnano agli stessi errori di valutazione o agli stessi schemi di relazione. Facciamo fatica a uscire da quelli che sembrano binari disegnati dentro di noi. La pratica di mindfulness è efficace ma è importante ricordarsi che non possiamo far sparire, con qualche ora di meditazione, aspetti coltivati per anni. La ripetizione funziona per tutto: per le scelte virtuose come per quelle dannose. La radice della ripetizione dimora nella parte più arcaica del nostro cervello, nell'area rettiliana, quella meno disponibile a sentire "ragioni", convinta di salvarci la vita, ogni volta, anche quando i fatti dimostrano che non è così. Ripetiamo tutto quello che non siamo riusciti a esplorare riflessivamente. E la rimuginazione non è un pensiero riflessivo.

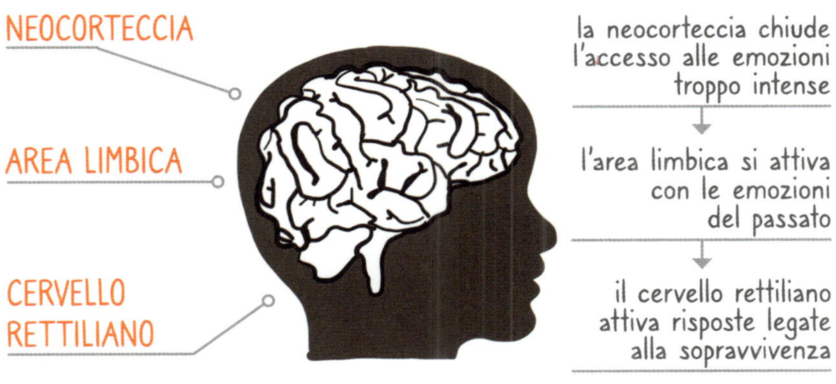

Il "cervello primitivo" è attivo fin dalla vita intrauterina, come l'area limbica, mentre la neocorteccia elabora le risposte cognitivamente più evolute e si sviluppa successivamente alla nascita. Il cervello rettiliano offre risposte istintive, legate alla sopravvivenza. Tutti gli eventi traumatici sono processati a livello dell'area limbica. Per tutti e tre questi livelli di risposte neuropsicologiche il problema è sempre lo stesso: come ridurre la percezione del dolore?

Lo facciamo prevalentemente attraverso sei modalità di difesa – descritte qui di seguito – e attraverso la rimuginazione. Nessuno di questi sistemi di anestesia è perfetto: funzionano ma, proprio come succede con l'anestesia, sono a scadenza. Prima o poi l'anestesia finisce e il dolore ritorna.

COME "ADDORMENTIAMO" IL DOLORE

NEGAZIONE:
non sento niente

REPRESSIONE:
non sento perchè ho represso la sensazione

DISSOCIAZIONE:
non sta succedendo veramente a me

PROIEZIONE:
sei tu che sei arrabbiato non io

CONVERSIONE:
il dolore si trasforma in dolore fisico (o viceversa)

MINIMIZZAZIONE:
non è niente, passa subito

La rimuginazione è un pensiero circolare in cui possiamo anche aggiungere nuovi elementi, ma non ci fa andare avanti. Spesso è un pensiero in cui la nostra attenzione è sequestrata da un solo aspetto.

I pensieri riflessivi attivano la corteccia prefrontale e nascono dall'integrazione dei tre elementi che formano la consapevolezza. La consapevolezza nasce dall'integrazione tra sensazioni fisiche (SF), pensieri (P) e sensazioni emotive (SE). Questi aspetti passano attraverso il vaglio del nostro giudizio. Ci domandiamo, molto velocemente, se sono piacevoli, spiacevoli o neutri.

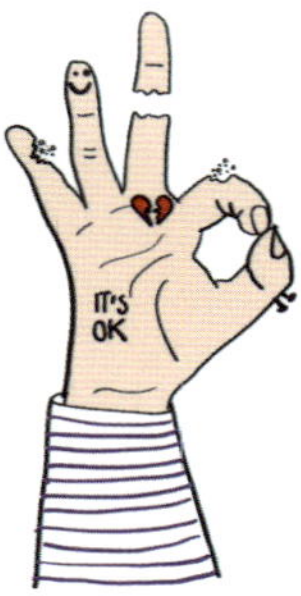

Lo facciamo in modo quasi subliminale e solo praticare pausa – intesa come spazio di consapevolezza – ci permette di diventare consapevoli di questa valutazione di base.* Se sono sensazioni spiacevoli è molto probabile che si attivi il sistema difensivo, ma non tutto quello che è spiacevole è negativo, proprio come non tutto quello che è piacevole è positivo. Fare fatica durante un allenamento può essere spiacevole ma porta un risultato che può essere positivo. Studiare per molti anni può non essere sempre piacevole ma può portarci a maggiori possibilità di scelta professionale. La storia di Marco e Piero è abbastanza efficace nel mostrarci come non sempre quello che è piacevole sia anche positivo a lungo termine.

CONSAPEVOLEZZA

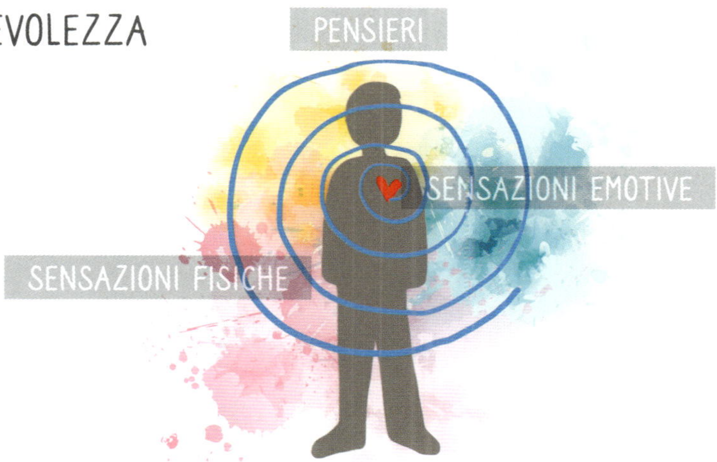

Nelle situazioni di disagio potremmo accorgerci che le emozioni e le sensazioni fisiche finiscono per essere strettamente legate ai pensieri e agli impulsi verso le azioni. Essere spaventati spesso produce pensieri di preoccupazione e sensazioni di tachicardia con aumento del ritmo respiratorio. Ma se ci fermiamo ai pensieri e disattendiamo l'esplorazione del mondo interno, rischiamo di credere alle nostre idee, senza valutare quanto sono condizionate dalle nostre emozioni e dalle nostre sensazioni fisiche. Perdiamo, in una parola, il senso delle proporzioni e cadiamo in una illusione.

---

* Nella psicologia buddista "piacevole", "spiacevole" e "neutro" sono i Vedana, categorie percettive dell'esperienza.

Spesso il giudizio piacevole, spiacevole o neutro complica le cose anziché semplificarle. Questo giudizio diventa il cancello d'ingresso al nostro mondo interiore: se riteniamo piacevole quello che sperimentiamo lo esploriamo, altrimenti cerchiamo di evitarlo, distraendoci o calmandoci, senza nemmeno aver compreso se ciò che domina lo scenario è una emozione che produce pensieri o una sensazione fisica che innesca la produzione di emozioni e pensieri o uno qualsiasi di questi elementi che si connette a una catena di reattività. Non possiamo sbarazzarci dell'indesiderato poiché riaffiora, implicitamente o esplicitamente. Possiamo esplorarlo e accettarlo e scoprire che, dovunque siamo, a prescindere dalle circostanze esterne, possiamo essere in compagnia di noi stessi. Molto spesso il nostro tentativo di sbarazzarci delle emozioni indesiderate aumenta il senso di inadeguatezza e di stress, mentre la consapevolezza offre l'integrazione tra sensazioni fisiche, emotive e pensieri e sviluppa un atteggiamento e un pensiero riflessivo rispetto a quello che accade, anche se ci rendiamo conto di non percepire uno di questi aspetti.

Se la nostra attenzione è sequestrata solo da uno di questi aspetti è importante riconoscerlo, più che cercare di percepire l'aspetto "mancante". Riconoscerlo offre validazione e restituisce spaziosità alla nostra vita.

CONCA DI NAVIGAZIONE: UNA PAUSA PERCETTIVA

Durante la giornata porta l'attenzione a quello che percepisci e verifica se la tua attenzione è sequestrata da uno solo di questi tre aspetti: sensazioni fisiche, sensazioni emotive, pensieri. Se scopri che non percepisci un aspetto guarda da che cosa viene sequestrata la tua attenzione. Porta l'attenzione e il respiro nella direzione di ciò che non percepisci: apri una pausa percettiva.

CONCA DI NAVIGAZIONE: IN CHE MODO ANESTETIZZO IL DOLORE?

Qual è il tuo modo preferito per addormentare il dolore? La prossima volta che provi un dolore fisico ma soprattutto emotivo prova a domandarti quale dei sei metodi riportati nell'immagine a pag. 102 stai usando. Considera che in genere usiamo più metodi anche se può essercene uno prevalente. Usi la negazione, la repressione, la dissociazione, la proiezione, la conversione o la minimizzazione? Che effetto hanno sulla percezione fisica e a quali emozioni si accompagnano?

IL MOVENTE E IL GRILLETTO

Se lo scopo delle nostre difese è proteggerci dal dolore, la loro attivazione è legata a sei grandi forze: curiosità, gioia, sorpresa, stress, paura e rabbia. Le prime tre riguardano il nostro sistema di ricerca delle risorse – ne parleremo nella prossima sezione – e le altre tre riguardano il sistema difensivo, di cui stiamo parlando in questa sezione. La nostra illusione – e il nostro desiderio – è reprimere solo quello che non ci piace e tenere vivo tutto il resto. Malgrado le nostre difese rendano più difficoltoso il passaggio di risorse dall'uno all'altro, i nostri sistemi emotivi sono collegati tra di loro. Se cerchiamo di ridurre gli elementi di incertezza – legati alla sorpresa e alla curiosità – riduciamo anche gli elementi legati alla gioia. Per quanto ci possa sembrare strano e pericoloso, più controlliamo e meno tolleriamo l'inevitabile incertezza, più siamo infelici. La tolleranza dell'incertezza diventa così misura dell'attività delle nostre difese e della forza del tentativo che facciamo di controllare la vita. Quando combattiamo il dolore è come se volessimo decidere noi cosa può avvenire. Lo facciamo cercando di controllare il dolore, ma questa è un'operazione paradossale perché il dolore è una risposta fisiologica che merita di essere consolata più che controllata. Tentando di diminuire lo spazio dell'incertezza diminuiamo tutte e sei queste forze: gioia, sorpresa, curiosità, stress, paura e rabbia. Nel corso degli anni questa "repressione" toglie progressivamente energia perché ha un effetto cumulativo. Un bambino recupera prima e meglio da una malattia o da un problema perché ha sulle spalle meno "repressione cumulativa" di noi!

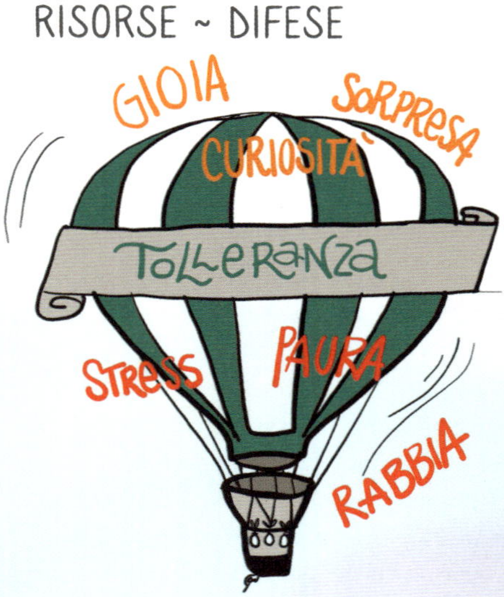

Quando lavoriamo per incontrare il dolore del passato e confortarlo – non a parole ma con una esperienza diretta – possiamo liberare l'energia emotiva che è rimasta intrappolata nelle nostre difese. Questa è la prima ragione per cui riconoscere le emozioni è importante: ci permette di confortare il nostro dolore senza alimentare le difese e, se lo facciamo con consapevolezza, ci permette di sciogliere anche vecchi dolori.

CONCA DI NAVIGAZIONE: LA DIFFERENZA TRA DOLORE E SOFFERENZA

Tutti noi conosciamo il dolore ma è importante distinguerlo dalla sofferenza. Il dolore è quello che proviamo per qualcosa che è accaduto. La sofferenza nasce, invece, dalla nostra difficoltà ad accettare che le cose siano andate così come sono andate. Puoi distinguere il tuo dolore dalla sofferenza? Puoi confortare il dolore e accettare la realtà della tua vita, così come si è manifestata?

TRE REGOLE DISFUNZIONALI

Con le emozioni difficili utilizziamo tre regole disfunzionali: "la regola del non sentire", "la regola del non vedere" e "la regola del non dire"*. Nella tradizione shintoista queste tre regole sono rappresentate da tre scimmie e in quel caso esprimono l'invito ad astenersi dal male. Nella versione attuale sembrano rappresentare un modo per evitare di soffrire: non funziona ma ci crediamo lo stesso.

Questi comportamenti ci tengono bloccati per tre motivi:

1. le nostre emozioni non vengono "validate" ossia non viene riconosciuto il diritto di sentire quello che proviamo costringendoci a un lavoro di repressione cumulativa molto costoso sul piano dell'energia vitale **(non sento)**;

2. diventa difficile dare un'adeguata espressione comunicativa per quello che proviamo **(non dico)**;

3. sperimentiamo vergogna per la nostra vita emotiva e quindi neghiamo parti di noi o le nascondiamo **(non vedo)**.

---

* Nella tradizione shintoista le tre scimmie esprimono "non vedo", "non sento", "non parlo". Il significato originale di queste espressioni si riferisce al principio del "non vedere il male, non sentire il male, non parlare del male".

Più la nostra repressione è antica, più è ripetitiva, perché è formata da emozioni che non hanno avuto accesso all'elaborazione riflessiva.

I bambini non hanno un accesso maturo alla riflessione: funzionano prevalentemente con risposte preriflessive. La capacità riflessiva si sviluppa nel tempo. Se i nostri problemi hanno una caratteristica di ripetitività è molto facile che siano modalità di risposta che abbiamo imparato nell'infanzia. Per introdurre un cambiamento non è sufficiente saperlo razionalmente. È necessario offrirci un'esperienza diversa come se fossimo ancora i bambini che eravamo. La nostra maturità non è disegnata dal diventare adulti. Inizia quando siamo in grado di essere davvero genitori di noi stessi. Ricadiamo perché curiamo con la "medicina sbagliata" – i nostri "convincenti" ragionamenti –, anziché con quella giusta. La medicina giusta è un'esperienza diversa, come quella che possono offrire la pratica di mindfulness con l'esplorazione e la self-compassion con la consolazione.

Questa è la nobile intenzione della pratica di mindfulness: interrompere la ripetizione aprendo lo spazio della consapevolezza e della riflessione.

QUATTRO DIFESE

Le nostre difese sono schematiche: mettono insieme emozioni, sensazioni fisiche, pensieri per dare vita a dei comportamenti rapidi ed efficienti, come devono essere le risposte in situazioni di pericolo. Sono quattro modalità di risposta neuropsicofisiologiche che hanno delle caratteristiche simili a quelle dei riflessi innati: possono essere attivate automaticamente, possono essere disattivate attraverso la consapevolezza.

Fino a questo momento abbiamo parlato prevalentemente delle modalità di attacco, fuga, e freezing (o congelamento). Sono le più conosciute ma, in anni recenti, le ricerche sul trattamento del trauma hanno evidenziato una quarta modalità – *tend to be friend* [23] –, ossia la tendenza a diventare accondiscendenti nei confronti di qualcuno che ha più potere o più autorità di noi o nei confronti di una persona dalla quale desideriamo ricevere approvazione.

Questa modalità difensiva è presente anche nel mondo animale. Si può osservare nei gruppi di primati oppure nei comportamenti di gioco di molte specie di mammiferi. Sarà capitato anche a te di osservare un gioco tra cani che termina con il mostrare la pancia: quello è un segnale di resa legato a questo sistema difensivo.

L'accondiscendenza può dare vita a quella che viene definita la "sindrome di Stoccolma". Questa denominazione deriva dal comportamento di un gruppo di impiegati di banca, sequestrati per giorni da dei rapinatori, che, al rilascio, manifestarono sentimenti di gratitudine nei confronti dei loro carcerieri.* Definisce una situazione in cui la vittima si identifica con le ragioni del persecutore che viene quindi percepito con caratteristiche eroiche.

Negli anni Settanta del secolo scorso questa sindrome venne ampiamente conosciuta grazie a Patricia Hearst, una miliardaria americana erede di un impero editoriale di dimensioni gigantesche. Venne rapita da un gruppo terroristico che chiese una somma ingente per il suo riscatto. La famiglia pagò diversi milioni di dollari ma, al momento della liberazione, Patricia comunicò la sua intenzione di entrare a far parte del gruppo dei

* In questa nota ti darò informazioni su una serie televisiva: non leggerla se non vuoi sapere nulla prima di averla vista. La serie televisiva spagnola *La casa de papel* (in italiano *La casa di carta*) è incentrata sulla sindrome di Stoccolma. Volutamente i rapinatori cercano di apparire buoni ai loro prigionieri e di mostrare l'iniquità del sistema.

suoi rapitori. Dopo diverse azioni terroristiche venne arrestata nel 1975, a un anno dal suo rapimento, e condannata a 35 anni di carcere.

Il meccanismo difensivo dell'accondiscendenza è strettamente legato all'intimità e all'empatia. Rimanere in uno spazio confinato, per giorni, permette di cogliere l'umanità degli altri e di identificarsi con l'aggressore anziché con il ruolo della vittima. Lo facciamo a scopo difensivo – meglio sentirsi forti che deboli – ed è un meccanismo inconscio che può essere volutamente alimentato da persone che attuano modalità manipolatorie. Nelle famiglie in cui regna un clima di violenza è possibile che le vittime si sentano colpevoli, oppure credano di meritarsi un trattamento di quel tipo. Mostrano un comportamento mite e amichevole con la speranza di rabbonire il loro persecutore. A volte funziona, a volte è disastroso. Nessuna difesa, agita indiscriminatamente, è corretta. Questo meccanismo difensivo è prevalentemente femminile ed è presente nei bambini che hanno subito molestie sessuali. In particolar modo, nei casi di violenza sessuale può scattare automaticamente, generando, a posteriori, un profondo senso di colpa. Molte donne si rimproverano di essere state troppo miti nei confronti del loro violentatore e non comprendono che era la loro paura che le rendeva arrendevoli. È un meccanismo efficace perché cerca di controllare l'escalation della tensione ma diventa pericoloso quando stabilisce una modalità di relazione costante basata sulla sopraffazione. La donna che si comporta in maniera mite durante una violenza sessuale potrebbe aver scelto la soluzione migliore per ridurre il danno oppure aver offerto una buona scusa all'avvocato del suo carnefice: valutazione che è difficilissimo fare sul momento. Vale sempre la percezione del consenso: qualunque cosa avvenga senza che ci sia reciproco e libero consenso è violenza. Vero è che questo comportamento può facilmente essere frainteso anche da chi agisce violenza. Le nostre difese, essendo automatiche, a volte ci salvano la vita e a volte ci mettono nei guai perché non comprendiamo esattamente la situazione.

Non è solo per ragioni così estreme che possiamo diventare accondiscendenti. A volte, molto semplicemente, siamo dipendenti dall'approvazione degli altri e possiamo essere accondiscendenti al fine di avere la loro approvazione o la loro ammirazione. Se Lucia utilizzava prevalentemente il meccanismo difensivo dell'attacco e Piero dell'evitamento con la riduzione dell'esposizione sociale, Marco usava spesso l'accondiscendenza. Lo faceva in maniera così automatica che non è stato facile per lui diventarne consapevole. Capiva in un lampo cosa avrebbe fatto piacere al suo interlocutore e glielo offriva con un sorriso. In questo modo era amatissimo ma, anche, poco libero perché le sue scelte dipendevano da quello che faceva piacere agli altri. Aveva una capacità empatica utile per il suo lavoro di commerciale; una capacità che gli dava molte ricompense ma che non gli permetteva di fermarsi e scegliere secondo le sue personali motivazioni. Nel momento in cui non c'era più un interlocutore da compiacere, nel momento in cui era successo quello che non era mai successo nella sua vita – qualcuno l'aveva rifiutato – non aveva le idee chiare su come muoversi e cosa fare.

QUATTRO PASSI CRUCIALI

Ci sono quattro passi cruciali da fare per riportare fluidità nei nostri blocchi, per trasformare in conche di navigazione le nostre dighe difensive che limitano la capacità di autoregolazione e ci lasciano incastrati in uno dei quattro schemi difensivi che ti ho illustrato nel paragrafo precedente.

Il primo passo, come dicevo prima, è **riconoscere** quello che proviamo. Spero che questa mappa delle emozioni ti stia aiutando proprio in questo riconoscimento utile a disattivare la regola del non sentire. Molto spesso confondiamo le emozioni con la spinta all'azione che producono. Ci ritroviamo quindi ad agirle senza nemmeno sapere che cosa ci ha mosso e come possiamo nominarlo. Se non sappiamo davvero quello che ci sta succedendo, come possiamo trovare una risposta adeguata al nostro bisogno?

Il secondo passo è **accettare**. Cresciamo in una cultura ricca di correzioni emotive. Siamo convinti che esistano emozioni che non dovremmo provare ed emozioni che dovremmo provare. Una confusione moralistica tanto diffusa quanto inutile, che aggiunge difficoltà ai problemi e infelicità all'infelicità. Le emozioni sono informazioni sulla relazione che c'è tra mondo interno e mondo esterno, costruite sulla base della nostra storia personale e mantenute nella ripetizione dalle nostre contrazioni corporee. Non è possibile immaginare il cambiamento se non partiamo da quello che c'è, nel momento in cui lo proviamo. La filosofia del miglioramento, che non tiene conto del punto in cui siamo, nasconde ostilità e manipolazione nei confronti di sé stessi. Cerchiamo di capire che informazione ci sta dando la nostra emozione e, per farlo, è necessario passare dall'accettazione. Nella pratica di meditazione qualsiasi emozione è un veicolo di consapevolezza: la noia così come la rabbia o la tristezza. Se le accettiamo, è molto più rapido e facile traghettarci verso la serenità e – qualche volta – addirittura verso la felicità che proviamo quando riconosciamo di avere un posto nel mondo così come siamo. Una volta che le abbiamo riconosciute e accettate il lavoro non è finito. E nemmeno possiamo pensare che basti accettarle perché la tensione si sciolga. Che cosa è necessario? Normalmente, a questo punto cerchiamo una soluzione, che è un modo perché quella emozione non si produca più nella nostra vita. In genere non funziona: comporta sforzo, fatica, un sacco di controllo emotivo. La pratica di mindfulness non ha niente contro la ricerca di soluzioni, anzi! Ma propone – a questo punto – altri due passi.

Investigare l'emozione, invece di scappare o cercare di reprimerla. Andare a esplorarla nella radice corporea, sospendendo per un momento la nostra reazione abituale. Questo è il momento in cui la conca di navigazione ha chiuso la barriera e l'acqua si sta alzando per permetterci di superare il dislivello. Uno degli aspetti più difficili del nostro rapporto con le emozioni è che tendiamo a identificarci con quello che proviamo. Non diciamo: "Provo rabbia" ma diciamo: "Sono arrabbiato", rendendo così la rabbia una delle caratteristiche stabili della nostra personalità. Questo produce una bella quota di infelicità perché pensiamo che per essere brave persone – e per essere felici – non dovremmo mai provare emozioni che riteniamo negative. È impossibile non provare mai emozioni negative.

Il quarto passo è **non identificarsi** con le emozioni che proviamo. Non ci identificheremmo con le caratteristiche atmosferiche del luogo in cui viviamo: le nostre emozioni sono, come il tempo atmosferico, soggette a variazioni e a diverse stagionalità. Noi siamo il cielo che ospita queste diverse condizioni e siamo più grandi delle emozioni che proviamo. Se necessario accompagniamo la non identificazione con la consolazione: spesso siamo feriti e più che di difenderci abbiamo bisogno di consolarci con affetto e gentilezza. Se impareremo a farlo avremo acquistato un vantaggio in più: l'autonomia emotiva che ci rende liberi di stare in una relazione non perché ne abbiamo bisogno ma perché la desideriamo.

Gli esercizi che hai trovato – e quelli che troverai di seguito – sono tutti esempi di buone conche di navigazione: offrono una pausa che si frappone tra la sensazione e l'azione. Quella che lo psichiatra Viktor Frankl[21] chiamava libertà di scelta. Quella pausa ci permette di esplorare ciò che accade quando l'acqua riempie la conca di navigazione. Una volta esplorato – una volta che l'acqua ha compensato il dislivello – possiamo andare avanti. Magari agiremo l'emozione ma lo faremo con una diversa consapevolezza.

CONCA DI NAVIGAZIONE: LA NOTAZIONE

Una breve notazione mentale di ciò che proviamo può servire per tre ragioni:

1. aiuta a stabilire una sfera di consapevolezza, uno spazio interiore di calma e accoglienza;
2. offre un sistema di feedback istantaneo per sentire il tono emotivo con cui riconosciamo quello che proviamo, perché anche la voce interiore ha un tono e un umore e in questo modo possiamo accorgercene;
3. ricorda, in modo rapido e incisivo, che siamo in continuo cambiamento.

Prova a definire con parole semplici, sensazioni fisiche, emotive e pensieri. Fai attenzione al tono di voce interiore che hai mentre fai la notazione: quello è il tuo umore. Definisci la sensazione emotiva dando un nome preciso all'emozione. Cerca di nominare la sfumatura emotiva e non essere superficiale. Come hai visto le emozioni hanno diverse sfumature. Rabbia non è uguale a ira, irritazione, nervosismo, proprio come magenta non è rosso, non è porpora, non è bordeaux. Fai una notazione dei pensieri: pensieri sul passato, futuro, dialoghi, pensieri di fuga o preoccupazioni relative al tuo stato fisico? Fai attenzione soprattutto ai pensieri sul passato che spesso sono collegati ad aspetti depressivi e ai pensieri sul futuro che spesso sono collegati all'ansia.

CONCA DI NAVIGAZIONE: STOP RAIN

STOP RAIN è un acronimo. Nella prima parte, **STOP**, **S** sta per fermarsi (*Stop*), **T** sta per prendere un respiro (*Take a breath*), **O** sta per osservare (*Observe*) e **P** per procedere dopo aver osservato cosa sta succedendo (*Proceed*). **RAIN** significa **R**iconoscere, **A**ccogliere, **I**nvestigare e **N**on identificarsi con una sola emozione ma guardare con equanimità a tutte le emozioni presenti. È un modo per non entrare in una modalità reattiva ma aprirci a una risposta riflessiva. Permette di praticare pausa, qualcosa di prezioso, indipendentemente dal tempo che gli dedichiamo.

CONCA DI NAVIGAZIONE: STOP RAIN IN RELAZIONE

I passaggi sono gli stessi che abbiamo appena visto ma sono orientati a esplorare la nostra modalità di risposta nelle relazioni: quando ci troviamo in uno scambio relazionale difficile bisogna fermarsi, prendere un respiro, osservare cosa sta succedendo, riconoscere le emozioni che ci sono in gioco e, prima di rispondere, consolare e confortare il proprio disappunto, il proprio dolore, la propria irritazione. È un modo per prendersi cura delle nostre emozioni. Potrebbe sembrare una modalità egoistica – ti prendi cura di te prima di rispondere all'altro – in realtà se non siamo in grado di riconoscere e accogliere quello che proviamo sarà molto probabile che cercheremo di far soffrire l'altro quanto lui o lei ha fatto soffrire noi.

CONCA DI NAVIGAZIONE: MINFUL CON IL DOLORE

Quando proviamo un dolore, fisico o emotivo che sia, molto spesso abbiamo una reazione istintiva per rimuoverlo o evitarlo. Nel momento in cui il dolore entra nel nostro campo percettivo, abbiamo anche la possibilità di portare l'attenzione a come stiamo rispondendo. Se è un dolore fisico quali tensioni, contrazioni si attivano? Quali aree spariscono dalla nostra consapevolezza? Ci è possibile lasciare andare le tensioni e ammorbidirle? Ci è possibile seguire il fluire della percezione senza aggiungere nuove contrazioni? Osserviamo se possiamo stare con la nostra esperienza senza giudicarla e senza resistenza. Possiamo mettere sul nostro salvaschermo una frase – per esempio: "Che cosa sento fisicamente?" – che, scorrendo sullo schermo a intervalli regolari, ci aiuti a praticare. Se il dolore di cui ci occupiamo è un dolore emotivo è bene ricordare che abbiamo molte – e più raffinate – barriere che limitano la sua percezione. Prima fra tutte la svalutazione. Quando ci accorgiamo di svalutare le emozioni, possiamo semplicemente ricordarci che queste sono strumenti di informazione sul nostro mondo interno, sempre adeguate. Non riteniamo una stazione meteorologica inadeguata perché prevede brutto tempo, lo stesso vale per le nostre emozioni che ci comunicano il clima interiore. Altro è, invece, identificarsi totalmente con l'emozione che sperimentiamo e agirla come se fosse un dettame divino.

CONCA DI NAVIGAZIONE: QUADERNO

Anche la parola quaderno è un acronimo che riassume molte delle indicazioni date finora. **Q** come quaderno, uno spazio dove scrivere i bagliori della mente e rileggerli ogni tanto. La mente è abituata alla dimenticanza e a imperscrutabili percorsi di memoria. Poterne rileggere i passaggi aiuta a tenere il filo della nostra crescita e, nello stesso tempo, lascia libertà. **U** come umiltà. Non si impara davvero nulla se non ci si ricorda di essere umili. Ed essere umili non è pensare a quello che manca, è rinunciare a quella grandezza che rende brusca e dolorosa la discesa nell'errore. Se si è umili gli errori sono perle. Se si è grandiosi sono crolli. **A** come amore. Non è possibile niente senza un pizzico di amore. Forse non sarà l'amore della nostra vita, ma non ci convinceremo mai a fare qualcosa se non lo considereremo anche un atto d'amore per noi stessi. **D** come dedicare. Anche se ci piace pensare che dedicare i nostri sforzi a qualcosa sia obsoleto come scrivere una lettera a mano, dedicare è un modo per dirigere l'energia verso un'intenzione chiara. Potremmo dedicare la nostra pratica a un aspetto particolare che ci mette in difficoltà, a una relazione che in questo momento ci fa soffrire. **E** come energia. Se siamo intorpiditi facciamo una camminata energica, se siamo ipereccitati facciamo una camminata lentissima. In ogni caso la qualità della nostra pratica e della nostra vita è strettamente collegata alla nostra energia e l'energia è il termometro dell'equilibrio tra riposo e attività. **R** come riconoscere. In fondo tutta la pratica – formale e informale – è un atto di riconoscimento. Riconosciamo quello che ci accade nel momento in cui ci accade, senza vagare, senza disperdersi in eccessive descrizioni. **N** come nominare. Riconoscere senza dare nome è come viaggiare nel mare senza sapere in quale posizione siamo, se non che siamo nel mare. Se nominiamo diamo vita al nostro mondo. **O** come osservare. Esercitare il nostro sguardo a osservare e soprattutto a vedere. Vedere il panorama interno ed esterno, con una curiosità aperta e affettuosa. Osservare non per giudicare. Osservare per vedere.

NEL MIO CUORE C'È UN UCCELLO AZZURRO CHE
VUOLE USCIRE,
MA CON LUI SONO INFLESSIBILE,
GLI DICO: RIMANI DENTRO, NON VOGLIO CHE
NESSUNO TI VEDA.

NEL MIO CUORE C'È UN UCCELLO AZZURRO CHE
VUOLE USCIRE
MA GLI VERSO ADDOSSO WHISKY E ASPIRO
IL FUMO DELLE SIGARETTE
E LE PUTTANE E I BARISTI
E I COMMESSI DEL DROGHIERE
NON SANNO CHE LÌ DENTRO C'È LUI.

NEL MIO CUORE C'È UN UCCELLO AZZURRO CHE
VUOLE USCIRE
MA IO CON LUI SONO INFLESSIBILE,
GLI DICO: RIMANI GIÙ, MI VUOI FARE
ANDAR FUORI DI TESTA?
VUOI MANDARE ALL'ARIA TUTTO IL MIO LAVORO?
VUOI FAR SALTARE LE VENDITE DEI MIEI LIBRI IN EUROPA?

NEL MIO CUORE C'È UN UCCELLO AZZURRO CHE
VUOLE USCIRE
SOLO DI NOTTE QUALCHE VOLTA
QUANDO DORMONO TUTTI.
GLI DICO: LO SO CHE CI SEI,
NON ESSERE TRISTE
POI LO RIMETTO A POSTO,

MA LUI LÌ DENTRO UN POCHINO CANTA,
MICA L'HO FATTO DAVVERO MORIRE,
DORMIAMO INSIEME COSÌ
COL NOSTRO PATTO SEGRETO
ED È COSÌ GRAZIOSO DA FAR PIANGERE
UN UOMO, MA IO NON PIANGO,
E VOI?

Charles Bukowsky [22]

3ª
PARTE

LE EMOZIONI DEL SISTEMA DI RICERCA DELLE RISORSE

Curiosità/soddisfazione, invidia/gelosia/competizione, tristezza sono le emozioni di questo sistema. Le motivazioni sono agonistiche, di gioco sociale, di cooperazione. Il colore di base è il ciano, che diventa azzurro o blu, verde o verde acido a seconda della tonalità emotiva.

9

capitolo

IL SISTEMA DI RICERCA DELLE RISORSE

[...] Sei come una nube
intravista fra i rami.
Ti ride negli occhi
la stranezza di un cielo
che non è il tuo.

Cesare Pavese[23]

Tutti noi possiamo fare una semplice constatazione: quando lavoriamo molto a un progetto che ci piace possiamo essere totalmente assorbiti. Tanto motivati da dimenticarci tutto il resto, incluso tornare a casa a un orario decente per passare del tempo con le persone che amiamo. Più o meno funzioniamo tutti così quando entriamo nel magico mondo delle cose che ci interessano e che esprimono la nostra creatività, realizzano la nostra curiosità e ci permettono di concretizzare qualcosa che riteniamo significativo.
Possiamo mostrare più coinvolgimento nei confronti di un collega che condivide il nostro stesso interesse piuttosto che nei confronti della persona che amiamo. Non è un tradimento intellettuale: è proprio un effetto del nostro sistema di ricerca delle risorse che tende a mettere un po' egoisticamente in primo piano i nostri interessi personali. Tante relazioni affettive muoiono sull'altare delle emozioni di questo sistema. Se entriamo in competizione e pronunciamo la fatidica frase, sempre foriera di sventura, o me o il lavoro, rischiamo di perdere amaramente. Mai entrare in competizione con un sistema che regna proprio nell'area della competizione.

Questo sistema emotivo confina con il sistema difensivo di cui ha molte caratteristiche. La rabbia può trasformarsi in determinazione, l'ansia in produttività, la paura in controllo e pianificazione. Questo accade quando le cose vanno bene perché, quando il nostro sistema di ricerca delle risorse è troppo forte, può invece arrivare a escludere la nostra vita affettiva.

Un mio ex-paziente, allora giovane e rampante avvocato, lavorava almeno 60-70 ore alla settimana, quando passava una domenica senza andare in ufficio, spinto dalle proteste della moglie, arrivava in seduta come fosse sul punto di distruggere per sempre la sua crescita professionale. Il suo tempo libero ideale era altrettanto solitario: smontare e sistemare moto d'epoca. Come potete immaginare il suo matrimonio non passava momenti facili e sua moglie si vendicava con spese insensate ed eccessive che finivano per alimentare il circolo vizioso del suo impegno lavorativo.

Questo è un esempio realistico, non un'iperbole, di come funziona questo sistema emotivo. Molto spesso finisce per essere un rifugio contro le difficoltà affettive. È difficile dire se lavoriamo 60 ore alla settimana perché è necessario o perché non abbiamo voglia di affrontare una difficoltà relazionale.

Se pensiamo a una bilancia il nostro sistema di ricerca delle risorse può essere un elemento di equilibrio o di squilibrio molto forte perché da una parte garantisce piacere e soddisfazione, dall'altra sottrae tempo all'investimento relazionale e può allontanarci dalle emozioni del sistema affiliativo.

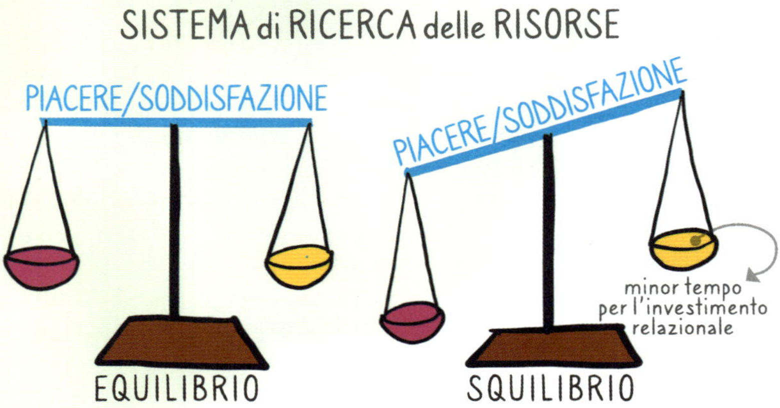

C'è un altro e significativo elemento da aggiungere. Quando proviamo rabbia, ansia e paura immaginiamo che il pericolo sia esterno. Un fallimento o una difficoltà in questo sistema si traducono invece in un attacco a noi stessi, con danni non indifferenti. Quando questo sistema è troppo attivo diventiamo il bersaglio della nostra autocritica: per stimolarci a fare di più e a raggiungere risultati più soddisfacenti. Se poi falliamo possiamo provare vergogna, senso di indegnità, tristezza, e fare autocritica in modo continuativo visto che viviamo tutto il giorno con noi stessi.

Lo facciamo per spronarci, per "metterci al sicuro", ma, spesso, in questa continua sfida con noi stessi non abbiamo un tempo sufficiente di recupero o di soddisfazione. Paradossalmente, può essere molto più soddisfatta del proprio lavoro una persona meno ambiziosa e motivata che una molto ambiziosa e molto motivata, malgrado i risultati siano nettamente diversi.

Io la chiamo "la malattia degli standard elevati" o depressione perfezionistica. Nasce da un sistema di aspettative alte nei confronti di sé stessi. Affligge le persone più dotate e mette un seme di insoddisfazione in tutto.

I perfezionisti hanno sempre in mente un obiettivo di miglioramento – "Ho fatto cento? Il prossimo anno centoventi" –, pensando segretamente che se fosse centotrenta sarebbero contenti ma, alla fine, non è così. Perché è una spirale dalla quale è possibile uscire solo con un impegno intenzionale, cercando di prendere le distanze da una spinta ambiziosa eccessiva che promette di assicurarci il paradiso e ci fa vivere all'inferno.

La depressione perfezionistica non è meno gravosa della depressione primaria. Nelle persone che ne soffrono la depressione viene alimentata dal chiedersi sempre di più. Se la depressione primaria richiede un tempo di elaborazione del lutto e di cura compassionevole, la depressione perfezionistica richiede self-compassion, un sentimento che non siamo abituati a coltivare.

Il sistema di ricerca delle risorse è retto dal nostro rilevatore di discrepanza, ossia quel criterio di valutazione che ci fa misurare la distanza tra dove siamo e dove vorremmo essere. È una specie di indicatore che rileva quanta distanza c'è tra le nostre aspettative e la realtà, ma mantiene una distanza fissa dai nostri obiettivi ideali che ci stimola a raggiungere attraverso la correzione e l'autocritica. Se diamo spazio all'esplorazione e all'accettazione possiamo evitare che il passaggio successivo sia una correzione. Questo facilita il cambiamento: lo radica nell'ampio panorama del presente e non nella ristrettezza della nostra volontà di andare in una direzione precisa. Cosa vuol dire che il rilevatore di discrepanza mantiene una distanza fissa? Vuol dire che anche quando raggiungiamo un obiettivo, contrae il tempo di soddisfazione per essere arrivati al punto desiderato e ci fa immediatamente vedere quello che dobbiamo ancora fare.

Come disattivarlo? A volte sono gli eventi della vita a disattivarlo improvvisamente. Eventi che ci catapultano, con la loro gravità, nel presente: una malattia nostra o di chi amiamo, un lutto, un improvviso insuccesso professionale ci fanno bruscamente fermare e riconsiderare i nostri obiettivi.

Il rilevatore di discrepanza è l'arma di base dell'autocritica. Ci convince che la severità sia necessaria, ma non ci fa mai arrivare davvero alla soddisfazione. Mantiene una distanza fissa dai nostri obiettivi.

GUARDARE SÉ STESSI CON IL RILEVATORE DI DISCREPANZA

La nostra cultura sostiene fortemente l'impegno individuale. In più il cambiamento radicale del mercato del lavoro ha reso molte attività professionali incerte e instabili. Bisogna avere un sogno e lottare, quotidianamente, per raggiungere quello che una volta era garantito da un impiego a tempo indeterminato. Diventiamo così il capo di noi stessi e quando ci arrabbiamo per i risultati ottenuti, non ci arrabbiamo con un capo esterno ma apriamo una lotta intestina. Siamo noi che decidiamo turni e orari di lavoro. Se ce li imponesse qualcun altro probabilmente ci rifiuteremmo, ma come dire di no a sé stessi?

Coltiviamo una logica efficiente che contrae al minimo qualsiasi senso di compassione per le difficoltà, l'errore o il fallimento. La pressione che esercitano su di noi queste spinte al miglioramento è grandissima e ha un primo effetto: la perdita rapida del sentimento di compassione nei confronti di noi stessi. Il perché è evidente: ci renderebbe meno efficienti.

La nostra è una cultura incentrata sull'autostima che non sa offrire strumenti per la riparazione del danno, della perdita e del fallimento se non attuando nuove e più complesse modalità performative. Una cultura che è cresciuta a cortisolo e stress, dove il nemico più grande della compassione è la conformità: una facilità a conformarsi a standard che non tengono conto di come siamo noi ma solo di come "dovremmo essere". Che questi standard facciano riferimento a criteri estetici, economici o di status poco importa. Facciamo quello che i nostri influencer o i nostri ideali ci dicono di fare.

In questo quadro il costrutto dell'autostima diventa un peso e una difficoltà in più. Fino a non molto tempo fa l'autostima è stata considerata una misura prioritaria del benessere psicologico. L'autostima però nasce e si sviluppa attraverso una serie di giudizi comparativi su di sé e sugli altri e presuppone delle autovalutazioni sulla bontà della propria performance e della propria importanza. Coinvolge anche quelle che sono le valutazioni che supponiamo gli altri facciano su di noi. I programmi condotti su larga scala negli Stati Uniti per migliorare l'autostima degli studenti non hanno dato i risultati sperati perché, se è vero che una bassa autostima si accompagna spesso a disturbi psichici anche seri, è altresì vero che è un costrutto interno difficile da cambiare, se non a fronte di una serie di risultati positivi che però possono sfuggire proprio a coloro che si trovano in una situazione di bassa autostima.

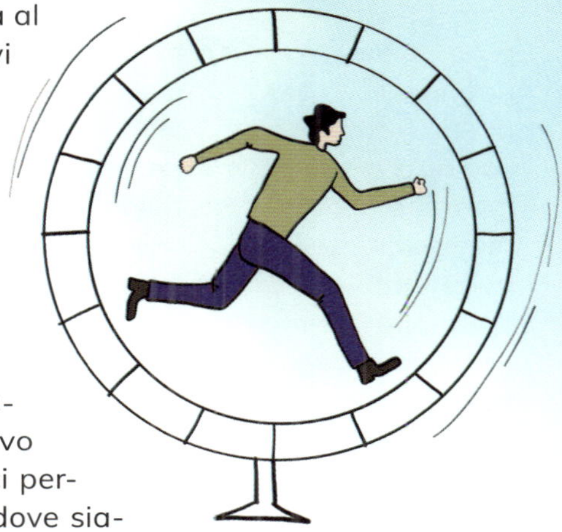

Molta della nostra infelicità è legata al mancato raggiungimento di obiettivi impossibili. Forse abbiamo bisogno di ridefinire i nostri obiettivi prima di aumentare il nostro impegno.

L'autostima ha un effetto collaterale: attiva la nostra modalità del fare, quella modalità – fatta di performance e obiettivi – che ci serve per raggiungere un risultato definito, ed è collegata al rilevatore di discrepanza di cui parlavo prima. Il rilevatore di discrepanza ci permette di verificare la distanza tra dove siamo e dove vorremmo essere. Se questa distanza supera una soglia significativa attiviamo una serie di azioni e soluzioni per compensare il divario. È una modalità utilissima in molte occasioni pratiche. Si basa sulla stessa logica comparativa che utilizziamo nell'autostima – "mi stimo perché sono superiore alla maggior parte delle persone in questo campo" – ma è assolutamente distruttiva se viene applicata in campo emotivo perché le nostre emozioni non sono "manufatti" ma informazioni dotate di significato personale. Applicando il rilevatore di discrepanza a standard elevati ci mettiamo in una ruota e, come criceti, siamo obbligati a continuare a correre. Chiederci di emulare la carriera professionale che hanno realizzato i nostri nonni nell'Italia del dopoguerra o i nostri genitori nell'Italia degli anni Ottanta, oggi, è chiederci la luna. Chiederci di essere simili ai nostri influencer è, molto semplicemente, come credere al paradiso e pensare che è colpa nostra se non ne facciamo parte.

Applicare il rilevatore di discrepanza alle nostre emozioni significa attivare un processo di ruminazione che porta a sentirci sbagliati. Pretendiamo di ottenere un risultato perfetto, con uno strumento inadeguato.

Le emozioni hanno bisogno di tempo, spazio, consapevolezza, disordine e ordine, caos e struttura, fluidità e contenimento: tutte caratteristiche che appartengono al dominio del contatto con il Sé – la moda-

dominio dell'azione – la modalità del fare. È in questa dimensione, semplicemente umana, che possiamo veder sorgere il sentimento della compassione, che altro non è che il riconoscimento della nostra comune umanità, il riconoscimento della nostra più autentica intenzione, che ha un valore di gran lunga superiore al risultato atteso. Quando attiviamo la modalità del fare disattiviamo la modalità dell'essere perché sono due registri che si autoescludono: se funziona l'uno, l'altro riduce la sua attività. Abbiamo bisogno di entrambi: è necessario utilizzarli per le azioni appropriate. Nei diversi protocolli mindfulness risvegliamo la compassione semplicemente perché ridiamo spazio alla modalità dell'essere. L'effetto equivale al dare acqua a una pianta che ha sete: come le sue foglie riprendono lucidità e turgore, noi riacquistiamo vitalità e speranza corporea, senso di dignità e fiducia nelle emozioni riflessive.

La depressione perfezionistica nasce dall'incessante rovello di non essere abbastanza e di non fare abbastanza. È una depressione resistente ai farmaci perché non è legata a una carenza di serotonina: è legata a una profonda incapacità a darsi amore e rispetto, al di là dei propri risultati. Perché il semplice fatto di essere meravigliosamente umani non sembra sufficiente a dare il diritto di esistere così come si è.

> Se sviluppiamo uno stile di autocritica stimoliamo costantemente il nostro sistema difensivo e, comprensibilmente, ci sentiremo sempre sotto minaccia. L'autocritica stimola il sistema della minaccia.
>
> (Paul Gilbert)[24]

GUARDARE SÉ STESSI SENZA CRITICA

I risultati non dipendono solo da noi e dal nostro impegno: se l'autostima e la logica performativa gonfiano il nostro Io e il nostro senso dei confini e del valore personale, la modalità dell'essere ci restituisce un'immagine più realistica. Permette di accrescere il senso di un Sé* condiviso e interdipendente tra tutte le persone, non strettamente collegato ai risultati raggiunti, significa muoversi nella direzione dell'essere pienamente umani, prima ancora che pienamente di successo. È vero però che spesso perdiamo il sentimento della nostra umanità condivisa. Nella depressione ci sentiamo disconessi, isolati, unici nel dolore, nel fallimento, ne la difficoltà. Razionalmente sappiamo che non è così ma non ci crediamo fino in fondo. Le difese nascono per proteggere e, proteggendo, chiudono e isolano. Sono pochissime le persone consapevoli degli effetti collaterali delle difese emotive o di un sistema di ricerca delle risorse esageratamente attivo, come se fosse gratis emotivamente. Non lo è. Per mantenere attivo una difesa emotiva o un'ambizione troppo alta abbiamo bisogno di un enorme impiego di energia. Per questa ragione a volte siamo molto stanchi a prescindere da quanto abbiamo fatto: è un segnale di attivazione eccessiva delle difese. Rabbia, paura, senso di allerta, pericolo, evitamento, fuga ci offrono un senso di sicurezza che ha un costo molto alto. Tanto alto che, almeno ogni tanto, dovremmo domandarci se ne vale la pena. Forse ci risponderemmo di no più spesso di quello che pensiamo.

Non possiamo difenderci e contemporaneamente essere pienamente umani, e questo dipende dal nostro rapporto con il dolore. Comprendere quello che sentiamo è l'unico modo per trasformarci, senza cercare di "purificare" o cancellare parti di noi. Chi è troppo motivato non è sbagliato: semplicemente ha una "mente che paragona" troppo operosa o una "mente di povertà" troppo attiva.

* Il Sé è la nostra identità autopercepita. Si forma a partire dalle sensazioni che ci danno le esperienze che abbiamo vissuto e costruisce una rete di percezioni relative alle proprie capacità e ai propri limiti. È una percezione intima e spesso segreta, ben diversa dall'Io, l'identità che mostriamo agli altri. L'Io è ciò che mostriamo al mondo. Il Sé ciò che mostriamo a noi stessi.

La mente che paragona – o *comparing mind* – è una mente attivata dalla competizione e invidia, e ne parleremo nel prossimo capitolo. Come la mente di povertà – che vede quello che manca e non quello che è presente – può spingerci a esagerare nell'essere attivi e a ridurre i momenti contemplativi e di soddisfazione.

CAMBIARE RAPPORTO CON IL DOLORE E L'INSODDISFAZIONE

Il dolore è una componente inevitabile dell'esperienza umana: non è solo un danno. Spesso è anche un segnale e un'informazione importante. Il nostro problema è il rapporto con il dolore e soprattutto il processo cognitivo che accompagna la sensazione stessa. Quando proviamo dolore è molto facile che emergano le etichette cognitive di "male", "sbagliato", "pericolo": sono reazioni di allarme su base fisiologica e hanno una funzione protettiva. Non sempre il dolore va cancellato: a volte ci aiuta a comprendere meglio noi stessi e il mondo. Nel sistema di ricerca delle risorse il dolore si accompagna alla frustrazione e alla tristezza.

Torniamo per un attimo ai nostri tre protagonisti Marco, Piero e Lucia (che spero ti siano cari come lo sono stati per me) per mettere in pratica la teoria.

Per Marco la frustrazione era un fantasma che aleggiava e dal quale scappava con leggerezza. Per Piero un mostro da combattere a ogni costo con un "corpo a corpo" o forse sarebbe meglio dire un "testa a testa". Questo faceva sì che Marco giocasse sempre e solo nelle aree in cui sapeva di riuscire a vincere con poco sforzo, e che Piero si addossasse solo compiti frustranti per riuscire a vincere la frustrazione con il risultato. Lucia, con un livello di determinazione molto alto, trasformava in sfida ogni situazione. Doveva vincere sempre ma sul suo podio c'era solo un posto: il suo.

Cambiare il rapporto con il dolore era indispensabile, in modo diverso, per tutti e tre. Piero aveva bisogno di sviluppare più sensibilità nei confronti del proprio bisogno di relazione. Aveva bisogno di sentire di più la stanchezza per imparare a darsi dei limiti, per riconoscere il suo bisogno di intimità e il senso di appagamento che, per qualche misteriosa ragione, considerava pericoloso.

Lucia aveva bisogno di lasciare che la frustrazione la spingesse più verso la tristezza che verso la rabbia. Aveva bisogno di entrare in intimità con l'esperienza prima di reagire impulsivamente. Invece, appena veniva sfiorata da un'ombra di disagio partiva alla carica per cercare soluzioni a problemi che non erano ancora diventati vere e proprie difficoltà.

Marco non tollerava graffi: aveva sempre tutto nuovo perché, appena qualcosa mostrava il segno del tempo, lo buttava via per ricomprarlo fiammante. Abusava di godimento nella sua vita e appena il rilevatore di piacevolezza si spingeva verso la media o verso il basso faceva subito qualcosa per aumentare la piacevolezza. Non tollerava nemmeno l'idea della tristezza, che combatteva con il piacere e non con la determinazione come faceva Lucia.

Per ognuno di loro si trattava di processi emotivi che avvenivano senza consapevolezza. Era la mancanza di consapevolezza a rinchiuderli nella ripetizione. Per loro, come per tutti noi, è la consapevolezza che offre la possibilità di uscire dalla ruota del criceto. Uscire dalla ruota significa entrare in una modalità di osservazione non giudicante e non identificata, tipica della pratica mindfulness. Osservando, insieme alla sensazione fisica di dolore e frustrazione, il processo mentale che l'accompagna e che, come tutti i processi mentali, è suscettibile di errori e storture cognitive piuttosto rilevanti.

Potremmo così accorgerci che spesso consideriamo il dolore una sensazione che durerà per sempre, mentre invece qualunque sensazione è una esperienza impermanente, anche quando si tratta di dolore cronico. Se guardiamo alle diverse componenti di una sensazione esplorandola e non soltanto reagendo, possiamo veder fiorire qualcosa di nuovo da qualcosa di vecchio, proprio come vediamo rifiorire ogni primavera. Possiamo affrontare le esperienze con gentilezza e apertura, quella gentilezza e quell'apertura che sono ingredienti fondamentali di qualsiasi sincero processo di autoesplorazione. Pretendere di rimanere sempre distanti dal dolore, dalla frustrazione, dalla tristezza ci espone a una crudeltà insapore verso noi stessi che ci rende disattenti ai bisogni essenziali, e quindi superficiali.

Solo ciò che avviene
ora avverrà poi. Se non esistono
compassione, consapevolezza
ed equanimità ora,
nell'unico momento in cui
possiamo usufruirne
e nutrirci, quante probabilità
vi sono che appaiano in seguito,
in condizioni di stress o difficoltà?
(Jon Kabat-Zinn)[25]

10
capitolo

LA CURIOSITÀ

L'azzurro non è un colore
di superficie, siamo sempre
immersi nell'azzurro e
l'azzurro è un colore che
si modifica continuamente
attraverso le radiazioni.
E quindi mi piace questo colore
che è trasparente ma
che ci è sempre,
in qualche modo, addosso.

Ettore Spalletti[26]

Credo che se dovessimo definire cos'è un trauma – piccolo o grande che sia – diremmo che è un'esperienza di disconnessione che rompe la curiosità nei confronti della vita. Produce una sensazione di isolamento e solitudine in cui, improvvisamente, ti senti diverso, ritirato e non interessato a continuare la scoperta del momento presente. Crea una situazione in cui non desideriamo più imparare perché le emozioni ci sopraffanno al punto da non permettere l'apprendimento. Non è importante la dimensione dell'evento, se ci ritiriamo vuol dire che è stata superata la nostra finestra di tolleranza. Altrimenti è un evento, magari difficile, ma dal quale possiamo continuare a imparare.

La curiosità è esattamente l'opposto del ritiro post-trauma. Ecco perché è l'emozione fondamentale del sistema di ricerca delle risorse e l'emozione cardine quando stiamo bene. L'opposto della noia, della ripetizione, della stagnazione. La curiosità motiva a imparare dall'esperienza. Ci mette o rimette in relazione perché porta a chiedere. Può essere rivolta verso il mondo esterno o verso la nostra stessa esperienza. Mostrare interesse per quello che proviamo è il primo passo per tornare in contatto con noi e con gli altri. Essere curiosi è smettere di presumere di sapere già come andranno le cose. È sviluppare una diversa motivazione rispetto alla propria esperienza. È darsi la possibilità di imparare da quello che ci è accaduto perché sbagliare non è un problema. Lo è non farne tesoro.

La curiosità è una emozione rivoluzionaria anche per la sua risonanza cognitiva. È presente in misura inversamente proporzionale alla paura e alla vergogna. Ci permette di andare incontro alle sensazioni anziché evitarle, di fidarci dell'esperienza e dell'esplorazione anziché presumere di sapere già tutto. La mindfulness è la pratica della curiosità, intenzionale e radicata nel presente.

La curiosità è azzurra come il cielo. Ci sta addosso e può essere grande come il mondo. È l'emozione principale del sistema di ricerca delle risorse.

Con spirito d'indagine e genuina curiosità, chiediamoci continuamente: "Cos'è questo? Cos'è questo?", per esplorare qualsiasi evento accada dentro di noi senza paura di sbagliare.

(Jon Kabat-Zinn)[27]

LA CURIOSITÀ E LA MENTE DEL PRINCIPIANTE

Chi è più curioso di un principiante? Chi è più aperto di una persona con la mente del principiante? Come diceva il maestro zen americano Suzuki Roshi,[28] nella mente del principiante, nella mente di una persona curiosa, ci sono infinite possibilità mentre spesso, man mano che diventiamo esperti, finiamo per limitare le strade che possiamo percorrere, fino ad arrivare a percorrere una sola strada, sempre la stessa. La pratica di mindfulness ci invita a tornare curiosi, a tornare principianti. Di fatto ogni momento è unico e lo viviamo solo una volta, ma la mente ci inganna, facendoci credere che stia accadendo qualcosa che è già stato vissuto. Tornare alla nostra curiosità iniziale, a quella mente bambina che scopriva in ogni momento qualcosa di nuovo, coltiva un diverso atteggiamento e una diversa motivazione. Ci permette di restare ricettivi verso nuove possibilità e ci evita di cadere nell'atteggiamento di routine "dell'esperto", che spesso crede di sapere più di quanto in effetti non sappia. Rompere le abitudini può essere un modo per uscire dalla noia e coltivare la curiosità. Cambiare posto a tavola, cambiare orari, cambiare lato del letto dove dormiamo, cambiare il tragitto per andare a fare la spesa, cambiare il negozio abituale sono alcuni esempi di quello che possiamo fare per ritornare all'esperienza dell'inizio con interesse e curiosità. Possiamo estendere questi disabituatori alle nostre relazioni. Quando incontri una persona che ti è familiare, prova a chiederti se la vedi con occhi limpidi, così com'è, o se la vedi attraverso il filtro dei tuoi pensieri e delle tue opinioni su di lei. Puoi fare questo esperimento con i tuoi figli, con tua moglie o tuo marito, con i tuoi amici e colleghi, perfino con i tuoi animali domestici, se ne hai. Puoi farlo con i problemi che ti si presentano quotidianamente. Puoi farlo quando sei in mezzo alla natura: riesci a vedere il cielo, le stelle, gli alberi, l'acqua, le rocce così come sono in questo momento, con mente limpida e sgombra? Oppure li vedi attraverso il velo dei tuoi pensieri, opinioni ed emozioni? Le abitudini ci permettono di muoverci con il pilota automatico, il pensiero stesso diventa sempre più abitudinario. Pensieri come "Perché non ci riesco?", "Cosa c'è che non va oggi?" " possono diventare ritornelli che il pilota automatico innesta nella nostra testa con la stessa facilità con cui ci fa lavare i denti o trovare la strada di casa. Il pilota automatico diventa così il vero antagonista della nostra curiosità: ci permette di fare una cosa e di pensarne un'altra e toglie, in modo silenzioso, il piacere della curiosità e il gusto dell'ispirazione, toglie motivazione personale nel fare gesti e compiti quotidiani. Tornare all'ispirazione è il vero percorso verso la mente del principiante. La mindfulness offre questa consapevolezza: la possibilità di imparare da noi stessi e dalle nostre intuizioni. L'intuizione è un processo singolare, è frutto della creatività e nasce dall'essere e non dal fare. Il fare incessante può nascondere l'intuizione dentro una tana profonda. E quando la nostra intuizione è nascosta attraversiamo sempre un periodo di aridità. Non possiamo procedere senza intuizioni, perché vorrebbe dire che non abbiamo più aspirazioni ma solo obiettivi. Nessuna intuizione può crescere e spingerci avanti senza curiosità.

La pratica della curiosità si articola in due fasi.

Il primo passo è diventare consapevoli di ciò che è predominante nell'esperienza. Quindi se la nostra attenzione è continuamente trascinata in alcuni luoghi, pensieri o sensazioni, notiamo questo processo. Non evitiamolo, non scacciamolo, non giudichiamolo.

Il secondo passo è portare la consapevolezza al modo con cui il corpo entra in relazione con quello che sta avvenendo. Questo significa registrare le esperienze lasciando che siano come sono, senza correzioni o critiche mentali. Un lasciar essere l'esperienza così com'è senza reagire: solo conoscere.

Questa è la base per passare da uno stato conflittuale (Non dovrei sentirmi così) a uno stato di affettuosa curiosità (Come mi sento?). Questo è fondamentale per essere curiosi e praticare in qualsiasi situazione emotiva. Ci nutriamo, senza accorgercene, di curiosità e della conoscenza che nasce dalla curiosità. Il modo in cui ci muoviamo nel mondo, le scelte che facciamo, le direzioni del nostro andare sono tutte sfumature della nostra curiosità. Una curiosità necessaria per vivere, crescere, cambiare. Nasce spesso dal desiderio di fare quello che altri già fanno – perché la curiosità è spesso stimolata da qualcosa o qualcuno di esterno – ma è alimentata dalla scintilla profonda della nostra personale motivazione. Tendiamo a nasconderla come se

PRATICA della CURIOSITÀ

fosse un'emozione da bambini. In realtà è l'emozione della crescita, quella che ci fa prendere strade personali, nuove. Quella che ci fa scoprire un'alternativa che rende la nostra vita più ricca e felice. È un'emozione ribelle: perché rimanga viva è necessario vedere fuori dalle regole, a volte anche fuori dalle righe. È necessario transitare su strade impreviste e imprevedibili. Può metterci in situazioni difficili perché spinge in territori nuovi, in cui la nostra conoscenza non è ancora consolidata. La guardiamo con sospetto per la vulnerabilità che porta con sé: ci rende principianti soggetti a errori. È questa piccola emozione ribelle che rende la pratica di mindfulness – e qualsiasi forma di autoconoscenza – una vera fonte di gioia e apprendimento. Sentire qualcosa ed esserne curiosi è l'inizio di un viaggio di scoperta che, come dice Kabat-Zinn, non porta da nessuna parte, solo a scoprire chi siamo. E quella scoperta nasce da due grandi amici della curiosità: il coraggio di farsi delle domande, di percorrere soluzioni e strade diverse, e la solitudine. Se abbiamo sempre bisogno di fare quello che fanno gli altri, se abbiamo sempre bisogno di essere in compagnia, la curiosità può diventare un'emozione scomoda, diretta più all'esterno che all'interno. Essere curiosi non vuol dire farsi i fatti degli altri: questo succede proprio quando non sappiamo usare la curiosità come strumento di conoscenza di noi stessi e la facciamo diventare strumento di conoscenza della vita degli altri. È come se avessimo una riserva di curiosità che non trova il giusto utilizzo e la giusta direzione. Se volgiamo quella curiosità verso l'interno diventiamo scienziati di noi stessi. E ci apriamo al fatto che tutte le regole sono temporanee e soggette a sconvolgimenti a causa di domande che nessuno ha ancora pensato di porre. Le nostre domande ribelli.

LA CURIOSITÀ È CAMBIARE STRADA

Non so se anche tu scrivevi una letterina di Natale. Io lo facevo a scuola ed era il compito più penoso dell'anno. Sapevo benissimo che se avessi scritto i miei veri desideri non si sarebbero avverati e che se avessi scritto delle bugie compiacenti, si sarebbero avverate ma sarei comunque rimasta senza quello che volevo. Su questo argomento però la maestra era inflessibile e non c'era modo di sfuggire alla lettera di Natale, che doveva avere una struttura precisa: si iniziava sempre ringraziando i genitori. Poi si proseguiva facendo un elenco di promesse sui cambiamenti necessari da parte nostra e infine si esprimevano delle speranze per i regali di Natale. La parola speranza non è una parola semplice perché, in qualche modo, implica un'attesa, un aprirsi del cuore e io temevo tantissimo le delusioni. Così dopo anni di letterine di Natale molto dolorose da scrivere e ancora più dolorose da mettere sotto il piatto, un anno – credo fosse l'ultimo – decisi di trovare una via alternativa. Scrissi che non avevo speranze ma che ero molto curiosa di vedere cosa avrebbe inventato Babbo Natale per me quell'anno. Nessuna pressione mi convinse a cambiare stile. Ero curiosa e non speranzosa. Punto e basta. Tanto ero in quinta elementare, a breve non sarei stata più vessata dalle pretese della maestra! Quella letterina ha fatto la differenza. Ho iniziato a pensare che la curiosità – intesa come desiderio di conoscere – è la mia salvezza. Mi ha permesso di esplorare il mondo e soprattutto mi ha salvato da tante delusioni. Non spero perché, molte volte, è pericoloso. Ma se mantengo un atteggiamento di curiosità aperta posso scoprire moltissime cose e questo mi rende molto felice. Così adesso ripeto sempre che sono curiosa di vedere cosa arriverà. Cerco di ricordarmelo anche quando propongo qualche nuova iniziativa. Cerco di essere curiosa di vedere cosa succederà piuttosto che sperare che vada tutto bene. Non sempre le cose vanno per il verso giusto, ma se rimaniamo curiosi possiamo tornare a casa con qualcosa di nuovo che abbiamo appena imparato. Se, invece, speriamo troppo e va male, portiamo a casa una delusione. E le delusioni comportano il rischio di appassire.

LA CURIOSITÀ NASCE CON NOI

La curiosità è l'emozione che, accanto alla gioia, contraddistingue i primi anni di vita. C'è una fase, che viene definita di sperimentazione e che inizia attorno all'anno d'età, in cui avvengono passaggi fondamentali rispetto al nostro sviluppo cognitivo. Il periodo di sperimentazione coincide con il momento in cui, da bambini, abbiamo anche acquisito la possibilità di esplorare attivamente e spontaneamente le novità dell'ambiente. È in questo momento che l'apprendimento è retto, in maniera quasi prevalente, da una curiosità globale. Sappiamo gattonare, camminare, arrampicarci, aprire gli sportelli e i cassetti. Possiamo assaggiare del cibo diverso dal latte, abbiamo i denti, possiamo masticare tutte le cose che troviamo in giro. Ogni giorno è pieno di incessanti, instancabili scoperte. Attorno all'anno di età, il tempo dedicato al gioco esplorativo, volto alla ricerca di stimoli, può essere di circa sei ore al giorno. L'eccitazione e la gioia si accompagnano a un'energia senza confini in un bambino in perenne movimento. C'è il "piacere del funzionamento" associato al senso di esaltazione tipico di quel periodo. Per un bambino la padronanza dei movimenti e il senso di "efficacia" sono l'equivalente dell'umore per un adulto: decide se una giornata è buona o cattiva. L'esperienza di inefficacia può rappresentare uno dei primi fattori che attivano la vergogna, di cui parleremo nella prossima sezione, quella dedicata alle emozioni affiliative. In questo caso la vergogna potrebbe essere funzionale a modulare l'eccitazione che, nel periodo tra uno e due anni d'età, può diventare eccessiva. Bambini instancabili, non ancora in grado di rispettare le regole, che vengono fermati dai primi rimproveri dei genitori. Rimproveri che suscitano tristezza e vergogna. Emozioni che, in questo caso, potrebbero essere una specie di freno naturale per una curiosità e una iperattivazione troppo indiscriminate. Nella fase di sperimentazione il ruolo del genitore è quello di "regolatore". Un genitore che fa fatica a tollerare l'iperattivazione potrebbe agire come freno eccessivo della curiosità del proprio bambino. Il bambino stesso, se abituato a tollerare poco gli stimoli, potrebbe diventare più nervoso e irritabile.

Sia Piero che Marco e Lucia hanno, di questo periodo, racconti materni molto precisi. Piero passava molto tempo in casa, in braccio alla mamma a guardare libri, era definito un bambino tranquillo e "ordinato". Uscivano poco e spesso le uscite culminavano con crisi di pianto che convincevano la mamma che Piero, come lei, non amasse uscire. Marco aveva genitori che viaggiavano molto, portandolo sempre con sé. Dormiva ovunque, mangiava qualunque cosa e si adattava facilmente a situazioni diverse. Viveva dentro lo zaino dei genitori: si muovevano loro per lui tanto che, a due anni, pur sapendo camminare preferiva essere preso in braccio dopo pochi passi. Era considerato "pigro" e di buon umore: due caratteristiche che ha mantenuto per tutta la vita. Lucia aveva, oltre ai genitori, l'esempio della sorella, che cercava di imitare il più possibile. Oltre a imitarla tendeva anche a morderla e a molestarla. Erano sempre insieme e spesso scoppiavano pianti per piccole liti. Marta infastidiva Lucia. Lucia infastidiva Marta. Secondo i loro genitori, malgrado Lucia fosse più piccola di tre anni, aveva uno sviluppo motorio, linguistico e cognitivo di gran lunga più brillante di quello della sorella. I loro continui paragoni tra le due figlie non aiutavano la gelosia di Marta e nemmeno la nascente competizione di Lucia

IL COLORE DELLA CURIOSITÀ

Il colore della curiosità è l'azzurro, come quello di un cielo sereno. Un azzurro che apre il cielo della mente e, proprio come un cielo, lo rende mutevole e ampio. Un azzurro che può diventare verde di invidia quando è una curiosità diretta verso una persona in particolare che diventa il metro di giudizio delle proprie capacità. Oppure diventare il verde acido della gelosia. Per Lucia la curiosità diventava spesso competizione: desiderava fare quello che faceva la sorella più grande e questo l'ha aiutata – come succede a molti secondogeniti – a crescere più in fretta ma ha gettato le basi di un atteggiamento competitivo che ha condizionato gran parte della sua vita. Le emozioni del sistema di ricerca delle risorse sono emozioni che si disattivano se ci permettiamo di sentire la soddisfazione, l'appagamento. Altrimenti alimentano un continuo passare da una cosa all'altra. Lucia era così: da una parte iperstimolata dai suoi genitori, orgogliosi per la sua precocità che denotava intelligenza, dall'altra rimproverata quando i suoi comportamenti sfociavano in aggressività contro la sorella. I suoi genitori non erano consapevoli che, in parte, erano loro stessi ad alimentare la competizione con l'approvazione che davano alle conquiste di Lucia. In fondo Lucia cresceva proprio grazie alla loro ammirazione ma conosceva poco il conforto dello stare in braccio, tra le coccole che, invece, erano prevalentemente rivolte a Marta, spesso afflitta da piccole malattie e molto consolata per i dispetti che le faceva Lucia. Lucia cresceva ribelle, brillante e indipendente ma, come mi disse una volta, chi corre veloce corre da solo. E lei cresceva con poche competenze relazionali e molte competenze intellettuali.

BABA YAGA E LA PAURA DELLA CURIOSITÀ

Ci sono molte favole che mettono in guardia bambini e adulti sui rischi della curiosità. In effetti curiosità significa percorrere territori inesplorati che possono nascondere pericoli. Un esempio dei rischi della curiosità "inopportuna" è narrato attraverso la figura di Baba Yaga, presente nella mitologia slava. Si tratta di una vecchia dotata di poteri magici, che a volte offre utili consigli ma in prevalenza è descritta come cattiva e pericolosa, un rischio per i bambini che le fanno domande e che possono venir addirittura mangiati.

È vero che per un bambino la curiosità può essere motore di comportamenti pericolosi. I bambini tendono a mettersi in pericolo proprio per curiosità.

Anche la curiosità di Pandora combina un bel disastro. Pandora, personaggio della mitologia greca, apre, per curiosità, il vaso dove Giove aveva chiuso tutti i mali, che finiscono per riversarsi sul mondo. Che dire poi della curiosità di Eva che, volendo assaggiare la fatidica mela, finì per essere cacciata dall'Eden insieme a Adamo con le conseguenze che ben conosciamo. La vera rivoluzione nell'atteggiamento nei confronti della curiosità si deve al filosofo John Locke che, nel 1690, con il suo *Saggio sull'intelletto umano* stabilisce per la prima volta l'importanza della conoscenza che viene dall'esperienza gettando le basi dell'empirismo e, molto dopo, del pragmatismo che contraddistingue la cultura americana. L'empirismo considera fondamentale ciò che viene imparato per esperienza diretta: proprio quello che ti propongo in questo viaggio sulle emozioni. Non possiamo parlare solo teoricamente delle emozioni, abbiamo bisogno di sentire e apprendere dall'esperienza – con gli strumenti della pratica di mindfulness – quello che le emozioni vogliono dirci. Perché questo è il vero scopo delle nostre emozioni: darci informazioni sulla relazione tra mondo interno (passato e presente) e mondo esterno. Forse potremmo dire che le emozioni sono delle gran curiose e delle gran pettegole: appena sanno qualcosa vengono a dircelo!

CONCA DI NAVIGAZIONE: LA CURIOSITÀ E LE DOMANDE RIBELLI

Per coltivare la tua curiosità prova ogni giorno a farti una domanda che ti riguarda. Dai a te stesso un oggetto di esplorazione personale. Potresti fare attenzione a come rispondi al telefono, alla posizione del tuo corpo quando guardi le mail. Oppure verificare se pensi più frequentemente al passato o al futuro. Risveglia la curiosità cambiando cibi, profumi, percorsi.

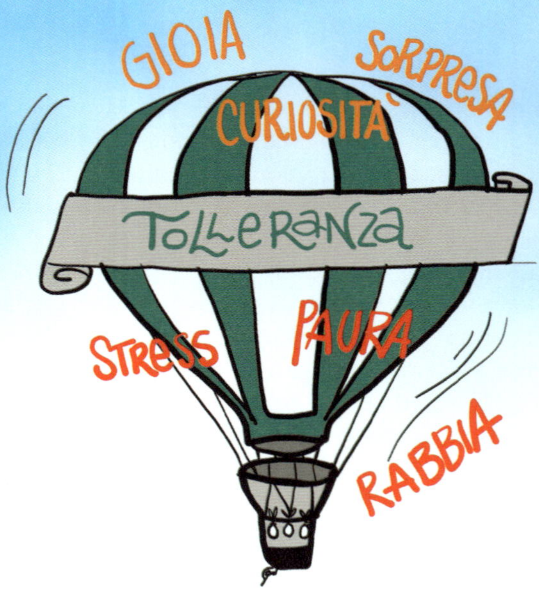

RIASSUMENDO

La curiosità è un'emozione fondamentale per l'apprendimento.

È un'emozione con forti componenti cognitive.

Si accompagna a un desiderio personale di scoperta.

Culmina con un senso di soddisfazione.

È un'emozione che ci conduce oltre i limiti di ciò che conosciamo per permetterci di scoprire qualcosa di nuovo.

È stata considerata pericolosa fino allo sviluppo del pensiero scientifico.

È un'emozione ribelle che ci libera dal pilota automatico e dall'abitudine.

11
capitolo

LA SODDISFAZIONE

Felicità non è altro che
contentezza del proprio essere
e del proprio modo di essere,
soddisfazione, amore perfetto
del proprio stato,
qualunque questo stato sia.

Giacomo Leopardi[31]

La soddisfazione, come l'appagamento e la curiosità, coniuga aspetti cognitivi ed emotivi. Quando siamo soddisfatti proviamo un gusto "interno" e siamo in grado di individuare le ragioni del nostro appagamento. Ragioni molto spesso legate all'aver soddisfatto la nostra curiosità. È un'emozione che costruisce un'immagine solida di noi e contribuisce a rafforzare la fiducia in noi stessi.

Per provare soddisfazione abbiamo bisogno di essere andati un po' oltre il nostro limite consueto ma, nello stesso tempo, abbiamo bisogno di non chiederci troppo. Sfide troppo alte rischiano di suscitare quel misto di vergogna e autocritica che può accompagnarsi al fallimento o mancato raggiungimento dei nostri obiettivi. La soddisfazione ha due aiutanti: l'attenzione e la lentezza. Spesso la velocità ci fa sentire più potenti, più bravi, più capaci. Quando andiamo veloci però consumiamo di più e gustiamo meno ciò che accade intorno a noi. La velocità aumenta il desiderio ma diminuisce il piacere, come sperimentiamo nella sessualità. L'aumento del desiderio, se accompagnato dalla velocità, finisce per portare a una diminuzione del senso di appagamento. Quindi più tempo dedichiamo alla percezione, allo stare in contatto con il momento presente, e più saremo consapevoli della soddisfazione e della sazietà oppure delle eventuali ragioni della nostra insoddisfazione.

L'attenzione può essere un utile alleato della soddisfazione perché ci rende consapevoli, consente di esplorare le sensazioni fisiche ed emotive e di imparare. Quando siamo pienamente presenti infatti siamo maggiormente in grado di apprezzare quello che stiamo facendo e come lo stiamo facendo e possiamo interrompere l'iperattività che nasce dall'insoddisfazione. Per questo è così importante curare la nostra attenzione e tenerla calibrata come la corda di una chitarra: non troppo lenta, non troppo tesa. Se è troppo lenta non riusciamo a mantenerla a lungo sullo stesso oggetto, quando è troppo tesa può farci "disperdere" come se fossimo distratti. La mente dispersa è la condizione che sperimentiamo quando siamo continuamente portati con il pensiero a ricordarci i compiti che dovremo fare nel prossimo futuro: la mail da scrivere, la telefonata da fare, gli appuntamenti da fissare. Siamo qui e la nostra mente ci ricorda – ripetutamente – cosa dovremo fare dopo. Questo non ci rende più efficienti ma solo più "dispersi" tra presente e futuro. Ci rende motori sempre accesi su due piani diversi. Non ci permette di provare la soddisfazione di aver fatto ciò che c'era da fare perché – appena abbiamo eseguito un compito – se ne aggiunge un altro nel nastro della programmazione mentale. Questo anticipare il futuro non ci rende perfetti ma esaurisce vanamente il nostro spazio di attenzione.

Se la curiosità è azzurro cielo, la soddisfazione ha la ricchezza di un blu cobalto: la stessa tinta ma con una diversa luminosità e una diversa saturazione. Torniamo per un attimo ai colori di cui abbiamo parlato all'inizio del libro.[29] I colori si distinguono attraverso tre attributi: tinta, luminosità e saturazione.[30] La tinta è quello che comunemente chiamiamo colore. La luminosità è la qualità di luce che può dare colori diversi a partire da una stessa tinta. Azzurro e blu cobalto sono una stessa tinta con una diversa luminosità, quindi la tinta è una qualità cromatica e la luminosità è invece un attributo percettivo legato alla luminosità. Se a questi due elementi aggiungiamo la saturazione possiamo avere colori con tinta e luminosità costanti ma diversa saturazione che appaiono come colori diversi.

La saturazione è la pienezza del colore, la pienezza della sensazione. Se consideriamo le emozioni del sistema di ricerca delle risorse a partire dalla tinta ciano, avremo poi diverse sfumature di luminosità e diverse intensità di saturazione. In senso psicologico, più l'emozione satura lo spazio percettivo e più siamo in grado di percepirla. Nella percezione però dobbiamo sempre fare i conti con un aspetto: la velocità, che influenza la chiarezza percettiva. Se siamo troppo veloci non riusciamo a distinguere con chiarezza tra gli stimoli in gioco e non arriviamo a provare il senso di appagamento, che è una sensazione che occupa in maniera prevalente il campo percettivo, catturando la nostra attenzione.

Le emozioni del sistema di ricerca delle risorse sono regolate da due rilevatori: il rilevatore della piacevolezza – che ci rende più lenti – e il rilevatore della spiacevolezza – che ci rende più veloci. Immagina una situazione abbastanza consueta, come sentire un senso di vuoto, una mancanza, una leggera inquietudine. In questi casi si attiva il nostro rilevatore di spiacevolezza che ci spinge a fare qualcosa per placare questa lieve inquietudine: può essere una risposta che cerchiamo nel frigorifero, nelle mail sul cellulare, nelle notifiche sui social, in una sigaretta. Se non ne siamo consapevoli però il nostro rilevatore di spiacevolezza potrebbe rimanere acceso e la spinta alla ricerca di soddisfazione potrebbe rimanere attiva anche se abbiamo dato una risposta. Ma questo rilevatore si spegne solo se si attiva l'altro rilevatore, quello della piacevolezza. Piacevolezza però non significa necessariamente che abbiamo sperimentato un piacere: significa che abbiamo ancorato l'attenzione alla sensazione e ci siamo accorti di quello che stavamo

provando. Entra nella nostra percezione il fatto che una risposta l'abbiamo data e possiamo riposarci. È un atto intenzionale che nasce dalla padronanza della nostra attenzione.

Il rilevatore di piacevolezza si accende solo se accadono eventi molto piacevoli e non eventi a bassa soglia perché siamo programmati per sopravvivere prima che per essere felici, e quindi per cogliere potenziali pericoli per la qualità della sopravvivenza e della nostra stessa vita. Fortunatamente possiamo rallentare e diventare consapevoli e basta questo perché il rilevatore di spiacevolezza si spenga. Non è quindi indispensabile provare un'emozione positiva: è indispensabile provare la soddisfazione e l'appagamento che provengono dall'aver raggiunto l'obiettivo o, più frequentemente, la soddisfazione o l'appagamento che provengono dall'essere presenti. In questo senso l'attenzione è come la porta di casa: se siamo molto concentrati è una porta chiusa a chiave in cui non entra niente dall'esterno. Se siamo accessibili è una porta dotata di campanello: suonano, chiediamo chi è e decidiamo se far entrare qualcuno oppure no. L'attenzione accompagna il processo stimolato dalla curiosità garantendo di portare a termine l'esplorazione di quello che ha suscitato la nostra curiosità. Se siamo distratti ci comunica un senso di disorientamento, un perdersi prima di arrivare a destinazione e prima di essere soddisfatti di dove siamo. L'attenzione implica la presenza di diverse capacità che collaborano per rimanere nell'esperienza con la focalizzazione necessaria. Tra le sue caratteristiche di base non c'è solo la focalizzazione, ma anche la capacità di mantenere una certa flessibilità per cogliere il mutare dell'esperienza in corso, ampliandosi progressivamente fino a includere più elementi possibili. La distrazione fa entrare in azione il *default mode network*, un sistema automatico che fa emergere le preoccupazioni relative a noi stessi o agli altri: è il re dei rilevatori di spiacevolezza, capace di scovare anche le più nascoste sfumature di insoddisfazione. È particolarmente attivo nelle emozioni del sistema di ricerca delle risorse perché è fatto proprio per trovare quello che non va. Cerca ciò che manca per orientare il comportamento verso la realizzazione e la soddisfazione. Se è troppo attivo diventa un segnale di allarme dell'insoddisfazione e della depressione. Per questa ragione va regolato attraverso una attenzione flessibile ma impegnata.

***L'attenzione ha tre diverse sfumature e gradazioni.*Può essere concentrazione, attenzione selettiva** o **consapevolezza aperta**.

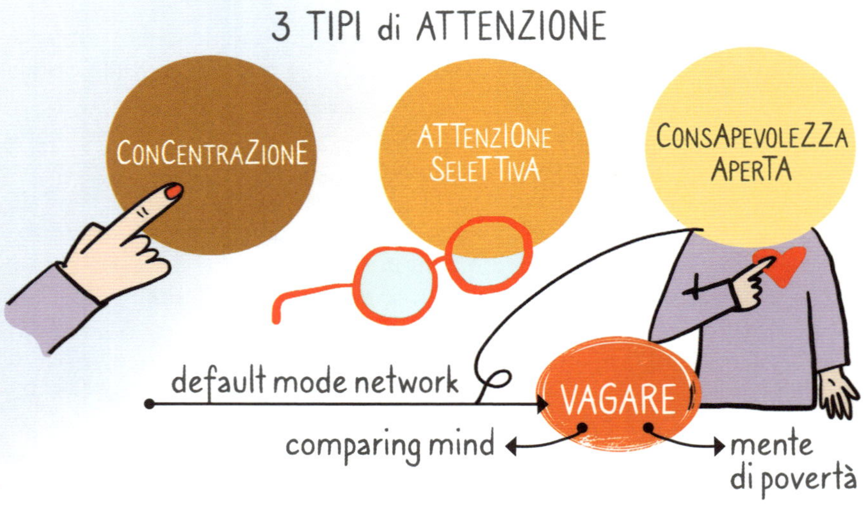

Abbiamo bisogno di tutti e tre questi diversi tipi di attenzione per essere soddisfatti di quello che stiamo facendo. Abbiamo bisogno, in una parola, di poter passare da un tipo di attenzione all'altro con flessibilità, di saperci concentrare – senza esagerare –, di sapere portare l'attenzione selettivamente ad alcuni stimoli – attenzione selettiva – e di poter lasciare la nostra consapevolezza aperta, pronta a cogliere la novità. Non possiamo usare contemporaneamente questi tre diversi tipi di attenzione ma possiamo passare con leggerezza dall'uno all'altro. Il rischio della consapevolezza aperta è che alimenti la distrazione e un senso di mancanza vago ma capace di portare inquietudine.

LA NOIA, KILLER SILENZIOSO DELLA SODDISFAZIONE

Per molti la noia è il contrario del divertimento;
e divertimento è distrazione, dimenticanza.
Per me, invece, la noia non è il contrario del divertimento;
potrei dire, anzi, addirittura, che per certi aspetti
essa rassomiglia al divertimento in quanto, appunto, provoca
distrazione e dimenticanza, sia pure di un genere molto particolare.
La noia, per me, è propriamente una specie di insufficienza
o inadeguatezza o scarsità della realtà.

(Alberto Moravia)[32]

È proprio vero che la noia è un killer silenzioso della nostra soddisfazione. Il paradosso è che alimentiamo la noia con il nostro eccessivo desiderio di sicurezza, arrivando ad avere una vita molto sicura ma poco vitale. Il modo di uscire da questa trappola non è fare qualcosa di nuovo ogni giorno; è, piuttosto, considerare la novità che c'è in qualsiasi momento, anche il più ripetitivo. La noia è solo il sopravvento della mente che ci fa dire: "Questo lo conosco già" perché l'abbiamo già fatto una volta. Spesso il bluff della noia è svelato dalla paura di perdere: quando abbiamo paura di perdere qualcosa o qualcuno improvvisamente ne cogliamo il valore, l'importanza e l'unicità. Perché l'incertezza è il vero antidoto alla noia: coglierne i segnali non è essere in pericolo, è essere vitali e dare alle nostre relazioni la qualità del cambiamento.

Oscilliamo tra i due estremi – quello della stabilità e quello dell'instabilità – per poter essere soddisfatti e vitali: instabilità è cambiamento, è lo schiudersi della gemma in fiore, il trasformarsi del fiore in frutto. Se non sappiamo stare in questa polarità prima o poi ci sembrerà che la nostra relazione sia noiosa, che la nostra stessa vita sia monotona, che la nostra pratica sia solo una semplice ripetizione. Ma la pratica non è ripetizione: è radicarsi nel presente e lasciar andare il momentc passato.

Quando iniziamo a portare l'attenzione all'interno possiamo scegliere due strade: decidiamo noi a cosa vogliamo dare attenzione oppure ci fidiamo di quello che emerge e iniziamo a esplorarlo. Non c'è un modo migliore di un altro; entrambe queste modalità possono rispondere ai nostri bisogni. Quando scegliamo un argomento da esplorare è perché sappiamo già dove "batte la nostra lingua" e "dove duole il nostro dente". A volte potremmo sbagliare misura, decidere che vogliamo sapere qualcosa in più di un argomento che sarebbe meglio lasciar andare. L'alternativa è fidarsi di quello che emerge e, senza lasciarsi trascinare, provare a esplorarlo.

È importante non lasciarsi trascinare perché quello che emerge può essere un distrattore. Qualcosa che ci consente di evitare un fastidio, un disagio, una difficoltà. In fondo molta della nostra giornata è occupata dai distrattori: il telefono, le notizie, il tenerci continuamente occupati sono tutti distrattori che hanno un peso e un rilievo nella nostra vita.

Come capiamo se quello che emerge è un distrattore o una parte di noi che richiede la nostra attenzione? Possiamo farlo in modo semplice, capendo se è qualcosa che riguarda il passato, il futuro o è un pensiero di fuga. Se sono aspetti che riguardano il passato o il futuro, proviamo a esplorare come risuonano nel corpo e quali emozioni li accompagnano. Se sono pensieri di fuga, proviamo a chiederci se siamo spaventati per qualcosa, proviamo a darci un gesto di conforto. A volte la distrazione è un modo, improprio, di darci conforto. Non tutti i pensieri di fuga sono distrazioni: possono essere il segnale che qualcosa aspetta conforto e che dovremmo muoverci in quella direzione. Accorgersi di questo ci permette di tornare al presente con una mente più aperta e accogliente. A volte la distrazione non è divertimento ma inadeguatezza rispetto alla realtà che bussa e richiama la nostra attenzione.

GLI INGREDIENTI DELLA SODDISFAZIONE

Vorremmo tutti sapere quali sono gli ingredienti che contribuiscono alla nostra soddisfazione personale. Una domanda centrale sia nella psicologia positiva di Martin Seligman,[33] che nell'approccio ACT[34] (*Acceptance and Commitment Therapy*). Passare da una situazione piacevole all'altra non basta per essere soddisfatti. La soddisfazione richiede che ci sia anche la possibilità di impegnarsi per uno scopo e che le nostre attività abbiano un significato. Barbara Fredrickson[35] ha sottolineato come le emozioni positive offrano maggiori alternative rendendoci più riflessivi, creativi e aperti a nuove idee. Quindi se abbiamo un problema tornare a un momento felice, a quell'energia e a quello spirito può essere utile per provare a far nascere delle soluzioni alternative. Un piccolo guizzo di emozioni positive amplia le nostre capacità cognitive, fornisce un rapido e potente antidoto contro ansia e stress e migliora la nostra risposta agli eventi.

Quali sono gli elementi che rendono più facile accedere a uno stato mentale positivo e quindi alla soddisfazione?

Primo ingrediente: meditare.

Moltissime ricerche hanno dimostrato che non solo la pratica di mindfulness migliora il tono dell'umore, ma produce un cambiamento duraturo a livello della corteccia prefrontale sinistra, la parte del cervello responsabile della percezione degli stati mentali positivi. Per ottenere questi risultati – per strano che possa sembrare – non servono lunghe sessioni di meditazione: cinque minuti di pratica quotidiana sono sufficienti.[36] La mente vaga e la distrazione attiva pensieri legati a rimuginazione e preoccupazione ma tornare al respiro è sufficiente. Mille volte vaghiamo, mille volte torniamo al respiro. La serenità guadagnata durante i momenti di pratica è duratura e migliora non solo il nostro senso di appagamento ma anche la nostra empatia.

Secondo ingrediente: l'attesa.

Il momento in cui si registra un picco di endorfine è quando aspettiamo di fare un'attività piacevole. Una vita ricca di soddisfazioni immediate abbassa il livello di endorfine e, alla fine, conduce più alla noia che alla felicità. Programmare qualcosa che desideriamo e che dobbiamo aspettare ci rende, nell'attesa, impazienti ma più soddisfatti perché attendere ricompense future innesca i centri del piacere nel cervello tanto quanto ottenere la ricompensa stessa. La storia di Marco ci insegna che la tendenza a cercare una soddisfazione immediata e facile può diventare un'arma a doppio taglio nel momento in cui si incontra una nuova sfida.

Terzo ingrediente: gli atti gentili.

Gli atti di altruismo fanno diminuire lo stress e migliorano la salute mentale. Sonja Lyubomirsky[37] ha scoperto che persone a cui era stato detto di fare cinque atti di gentilezza al giorno erano, alla fine della giornata, più soddisfatte delle persone che facevano parte dei gruppi di controllo ai quali non era stata data questa indicazione. Questa sensazione di benessere perdurava anche nei giorni successivi. Provare per credere, ma l'intenzionalità è fondamentale. Non vale ripensare alla sera a quanti atti di gentilezza abbiamo fatto durante il giorno. Vale scegliere intenzionalmente di fare cinque atti di gentilezza di cui siamo consapevoli nel momento in cui li facciamo.

Quarto ingrediente: trasmettere emozioni positive.

Lamentarsi, sottolineare quello che non va, non funziona. Vedere in ogni situazione l'aspetto positivo ci rende più preparati a vederne altri similmente positivi e mette i nostri interlocutori in un diverso stato d'animo. Vedere meno scene violente alla televisione – o meglio, meno televisione – contribuisce alla nostra serenità. Cerchiamo di fare attenzione alla quantità di esposizione alle lamentele degli altri. Questo non vuol dire alienarsi dai problemi, vuol dire valutare e scegliere meglio le informazioni, la loro credibilità e la loro necessità. A volte siamo inutilmente sommersi da informazioni negative che hanno solo l'effetto di alimentare una visione pessimistica della vita.

Quinto ingrediente: il corpo.

L'esercizio fisico innesca la produzione di endorfine che inducono la sensazione di benessere, riducono l'ansia, lo stress e liberano la mente. Una ricerca condotta con tre gruppi di pazienti depressi lo ha dimostrato in modo sorprendente. Ognuno di questi gruppi aveva una cura diversa: il primo gruppo assumeva antidepressivi, il secondo gruppo faceva quarantacinque minuti di attività fisica tre volte alla settimana. Il terzo gruppo entrambe le cose. Dopo quattro mesi tutti e tre i gruppi fecero registrare significativi miglioramenti. Sei mesi più tardi il 38 % delle persone che avevano solo assunto farmaci ebbero una ricaduta. Il tasso di ricaduta del gruppo che aveva assunto farmaci e praticato esercizio fisico era del 31 %. Il tasso di ricaduta del gruppo che aveva fatto solo attività fisica era del 9 %!

Sesto ingrediente: spendere soldi ma non comprare oggetti.

Le emozioni che otteniamo da oggetti materiali sono effimere, mentre spendere soldi per condividere emozioni positive con altre persone rafforza i legami sociali e genera maggiore serenità. Spendere per concerti, cene con amici, viaggi di piacere offre emozioni positive più stabili dell'acquisto di una borsa costosa. Stessa cosa vale per la spesa "pro-sociale", ossia per le donazioni libere a enti e associazioni filantropiche. In uno studio pubblicato sulla rivista scientifica "PNAS"[38] alcune persone hanno avuto la facoltà di scegliere se spendere del denaro per attività in grado di far risparmiare loro tempo (pulizie di casa, servizi di ristorazione per evitare di dover cucinare ecc.) o per l'acquisto di beni materiali. I risultati mostrano inequivocabilmente che chi spende denaro per attività immateriali è più soddisfatto perché "guadagna tempo per sé stesso".

Settimo ingrediente: i punti di forza.

Ognuno di noi sa fare bene qualcosa. Ogni volta che usiamo una nostra abilità abbiamo un'esplosione di positività. Mettere in pratica un punto di forza contribuisce alla soddisfazione.[*] Più vengono utilizzati i punti di forza nella vita quotidiana e più si è soddisfatti.

Ottavo ingrediente: la flessibilità psicologica.

Le abilità di mindfulness unite alla capacità di impegnarsi in azioni che rispettino i propri valori alimentano la nostra flessibilità psicologica e fisica. Meno siamo rigidi, sia mentalmente che fisicamente, e più è possibile accedere a una soddisfazione personale tenuta attiva dalla nostra motivazione. Le caratteristiche che ci rendono più flessibili psicologicamente sono le abilità che coltiviamo con la mindfulness unite a una azione impegnata e congruente con i nostri valori. L'inflessibilità è data da quei comportamenti che mettiamo in atto per stare lontani da ciò che ci spaventa, terrorizza, intristisce, da tutto ciò che giudichiamo spiacevole. All'opposto la flessibilità sorge nel momento in cui accettiamo quello che accade così com'è senza opporci al normale dolore che incontriamo mentre ci impegnano per andare verso ciò che desideriamo. Per usare una metafora, durante i terremoti, le case che reggono meglio sono quelle con le basi meno rigide, che hanno "gioco" intorno a loro e che possono "danzare" con le scosse. Facile a dirsi, faticoso ma non impossibile a farsi, perché la flessibilità psicologica può essere appresa e praticata.

---

[*] Vuoi sapere qual è il tuo punto di forza? Partecipa all'indagine globale www.viasurvey.org e avrai a disposizione un test che ti consente di vedere quali sono i tuoi punti di forza. Ci sono due scelte possibili: un test è gratuito e dà ottime indicazioni per capire a quali aree appartengono le tue capacità, l'altro è a pagamento e fornisce anche una relazione scritta di valutazione, ma già fare il test gratuito è sufficiente.

CONCA DI NAVIGAZIONE: NON IDENTIFICARSI CON I PENSIERI

Uno degli aspetti centrali della pratica di ACT è quello della defusione dai pensieri, ossia la capacità di non essere identificati con i propri pensieri. È l'abilità di notare il processo in corso che garantisce il passaggio dalla fusione alla defusione. La notazione di quello che accade permette di diminuire l'identificazione. Quindi quando sorge un pensiero di autocritica, inizia a nominare mentalmente quel pensiero come "autocritica" e poi successivamente ripeti mentalmente "Noto che ho un pensiero autocritico" e poi "Noto che sto notando che ho un pensiero di autocritica". In questo modo crei una distanza dall'identificazione con i pensieri che ti offre maggiore spaziosità interiore e minore inflessibilità psicologica.

CONCA DI NAVIGAZIONE: LA MENTE DI POVERTÀ E LA MENTE CHE PARAGONA

Ogni volta che ci paragoniamo agli altri finiamo per entrare in una di queste due categorie: sono migliore o sono peggiore? In entrambi i casi alimentiamo un senso di mancanza. Se ci riteniamo migliori, la consapevolezza di poter perdere il privilegio alimenta un senso di instabilità. Se ci consideriamo peggiori, alimentiamo un senso di mancanza. Prova a diventare consapevole della tua tendenza a paragonarti e cerca di tornare alla realtà del momento presente con accettazione per quello che provi senza alimentare il ciclo della comparazione. Puoi farlo portando l'attenzione ai piedi sul terreno o al contatto con il respiro, mettendo una mano sul cuore o sull'addome. In questo modo – semplice e immediato – torni alla tua unicità ma rimani aperto al mondo esterno.

CONCA DI NAVIGAZIONE: STILI DI ATTACCO

Le emozioni del sistema di ricerca delle risorse ruotano attorno alla soddisfazione e, quando le cose non vanno come vorremmo, si spostano sull'attacco. Esistono tre diversi tipi di attacco; in ognuna di queste situazioni è buona idea consolarsi ripetendo, gentilmente: "Va bene così: posso aprirmi anche con questa esperienza".

Attaccare sé stessi

Emergono alcuni pensieri come: "Avrei dovuto fare meglio. Cosa c'è in me che non va?" oppure "Perché sono così? Perché non ho insistito? Perché non ho fatto abbastanza?". Questi in realtà non sono pensieri ma sono l'espressione cognitiva delle sensazioni di frustrazione, rabbia e condanna che viviamo. E quindi vanno considerate emozioni più che idee.

Attaccare gli altri

La delusione e il gap tra la realtà che vorremmo vivere e quella che ci ritroviamo a vivere porta a percepire gli altri come una minaccia alla nostra integrità e quindi ad attaccarli. "Perché non mi ha capito? Perché non ha fatto quella cosa che sa che mi è necessaria? Perché devo sempre pensare a tutto io?" Riportare la compassione all'interno della relazione è possibile se ci permettiamo di rallentare e se ci rassicuriamo.

Rinunciare

La sensazione emotiva che emerge è quella di sentirsi affondare nella rinuncia. Una sensazione che si accompagna a pensieri come: "Non c'è più niente da fare. Faccio sempre errori. Le cose non vanno mai come dovrebbero per me. È tutto inutile". A questo punto il rischio, concreto, è proprio quello di rinunciare e di rassegnarsi. La rinuncia però è più un segno di inflessibilità psicologica che di risposta alla realtà. Chiamare in sostegno la curiosità può aprire diverse prospettive.

RIASSUMENDO

La soddisfazione e l'appagamento sono due emozioni simili ma con diversa velocità. La soddisfazione è legata al raggiungimento di un obiettivo. L'appagamento è un prolungato stato di soddisfazione.

La misura della soddisfazione sta nella quantità di frustrazione che abbiamo tollerato per realizzare il nostro obiettivo. Se abbiamo dovuto tollerare molta frustrazione il conseguimento del risultato fornisce una soddisfazione più intensa. Se la frustrazione è troppo alta però può spingerci a rinunciare.

La soddisfazione e l'appagamento sono percepiti dal nostro rilevatore di piacevolezza.

Ogni volta che concludiamo qualcosa – indipendentemente dall'esito – può essere utile soffermarsi sulla sensazione di aver concluso un'attività. Questo espande la percezione di appagamento.

12
capitolo

L'INVIDIA E LA GELOSIA

Se i bambini vivono
con la gelosia,
imparano a provare invidia.
Dorothy Law Nolte[39]

Spesso gelosia e invidia vengono confuse ma hanno significati e ragioni diverse, anche se connesse tra di loro. La gelosia è legata alla paura di perdere qualcuno o qualcosa che amiamo. L'invidia nasce invece dal desiderio di avere qualcosa che gli altri hanno e che, ci sembra, dovremmo avere anche noi o vorremmo avere anche noi per ragioni di equità. Come la gelosia, anche l'invidia ha le sue sfumature. Entrambe nascondono una profonda insicurezza sul proprio valore e sulla possibilità di venir amati o di realizzare le proprie potenzialità.

L'invidia nasce sempre da una forma di confronto sociale che si struttura intorno a una disuguaglianza che viene considerata ingiusta. Qualcuno che conosciamo, con caratteristiche simili alle nostre, per età, posizione sociale o situazione sentimentale, è in una situazione migliore: ecco che scatta l'invidia. Alimentata da una scarsa fiducia nelle nostre possibilità reali.

Invidia e gelosia sono due emozioni del sistema di ricerca delle risorse. Associamo loro rispettivamente il verde e il verde acido. Colori che nascono dall'unione del giallo (sistema affiliativo) e del blu, che è associato alla tristezza. In effetti presentano sia aspetti legati alle nostre relazioni che una sottostante sensazione di tristezza per qualcosa che non abbiamo o che abbiamo perso.

Nessuno avrebbe mai detto che questo era il sentimento più presente in Lucia, eppure era proprio così. La gelosia nei confronti della sorella era maturata e con il tempo si era trasformata in determinazione. Ma sotto la sua determinazione, sotto il suo bisogno di primeggiare, si nascondeva un sentimento di invidia nei confronti della sorella e nei confronti di tutte le persone che ricevevano più cura e attenzione di lei. La situazione era abbastanza paradossale perché da una parte Lucia cercava di non essere vulnerabile, dall'altra provava gelosia per le attenzioni che i genitori rivolgevano alla sorella che, crescendo, si era rivelata una persona insicura e fragile. A dire la verità Marta era certa che la sua insicurezza fosse causata dalla prepotenza e preponderanza di Lucia. Lucia, invece, era convinta che quelle della sorella fossero scuse per non impegnarsi davvero. In ogni caso per Lucia la vulnerabilità era intollerabile ma invidiava le attenzioni che le persone vulnerabili ricevevano.

L'invidia e la gelosia fanno parte delle self-conscious emotions di cui parleremo nel capitolo dedicato alla vergogna.

UN TEST

Il neurologo giapponese Hidehiko Takahashi ha ideato una simulazione di ruolo in cui un gruppo di soggetti veniva indotto a provare invidia al fine di valutare quali parti del cervello risultavano più attive durante l'esperimento. Durante la simulazione le persone erano messe nella condizione di desiderare un nuovo profilo professionale, senza riuscire a ottenerlo. Il lavoro, sempre nella simulazione, era attribuibile a due diverse persone: una conosciuta e con caratteristiche simili al partecipante all'esperimento e l'altra completamente sconosciuta. Naturalmente l'invidia andava verso la persona che era più simile al partecipante. L'invidia infatti richiede una forma di confronto tra noi e l'altro e si verifica in forma minore verso gli sconosciuti. L'uso dei social ha esteso la sensazione di "conoscere" anche persone che normalmente non considereremmo "amici" e ha sviluppato la tendenza a mostrare le proprie risorse, capacità e abilità alimentando proprio due degli ingredienti basilari dell'invidia: conoscersi e percepire una disuguaglianza ritenuta ingiusta. Secondo l'antropologo John Tooby,[40] l'era digitale in cui viviamo ha aumentato moltissimo i confronti sociali possibili. Prima vivevamo in comunità ristrette, definite da limiti geografici, adesso di fronte a noi, virtualmente, c'è il mondo. A causa delle informazioni che riceviamo, corrette o scorrette che siano, ci sentiamo molto più simili a persone che, forse, non avremmo mai incontrato davvero. Possiamo così sentirci simili a personaggi famosi e confrontarci sul loro stesso terreno, misurarci con cantanti, scrittori, artisti come se fossimo colleghi. Certamente per provare invidia deve esserci un terreno predisposto, un senso di inferiorità, un sentimento di incapacità di ottenere quello che desideriamo, oltre a un senso di frustrazione e alla volontà di avere la magra soddisfazione di vedere l'altro nella polvere. L'invidia infatti è l'unico tra i peccati capitali* che non concede piacere a chi lo prova. Provare invidia – anche quando la persona che invidiamo incorre in difficoltà – non suscita un senso di piacere: riduce solo un po' l'insoddisfazione.

---

* Gli altri peccati capitali sono ira, lussuria, gola, accidia, avarizia e superbia.

MA CHE COSA SUCCEDE NEL CERVELLO MENTRE PROVIAMO INVIDIA?

Le risonanze magnetiche fatte dai soggetti che partecipavano all'esperimento giapponese di Hidehiko Takahashi hanno mostrato che più i partecipanti all'esperimento provavano invidia, più si attivava la corteccia cingolata anteriore dorsale. Quest'area del cervello è coinvolta nei sentimenti conflittuali e fa parte del circuito del dolore: la partenza è quindi il dolore di sentirsi inferiori e l'invidia è la reazione a quel dolore nel tentativo di averne sollievo.[41] Anche se può sembrare strano questo è il terreno su cui si muovono le riviste scandalistiche che danno rilievo alle disgrazie dei personaggi famosi: alimentano quel malsano sollievo che deriva dalle sventure altrui. Sempre citando la stessa ricerca giapponese, è stato osservato che il piacere suscitato dalla disgrazia altrui attiva lo striato ventrale, una parte del cervello che fa parte del sistema della gratificazione. Quando viene stimolato lo striato ventrale è come se avessimo assunto una pillola dolce e amara al tempo stesso che lenisce il colpo inferto al nostro ego dal successo altrui. L'invidia è ingannevole perché non c'è modo di soddisfarla: ci sarà sempre qualcuno migliore di noi ed è un'emozione che può essere presente anche quando non è legata a una specifica persona. Anche se a volte ci sembra diretta proprio nei confronti di un competitore specifico, in realtà è "nostra" ed è dentro di noi che dobbiamo risolverla. È difficile lottare contro l'invidia se non guardiamo al dolore che le differenze di trattamento ci procurano.

L'invidia è ingannevole anche per un'altra ragione: poiché nasce nei confronti di qualcuno che sentiamo vicino a noi, spesso si nasconde proprio nei rapporti più intimi e familiari. Questa era la situazione di Lucia. L'intenzione dei genitori era stata quella di proteggere Marta dall'esuberanza di questa sorellina minore particolarmente dotata. Lucia aveva imparato a leggere contemporaneamente a Marta, con la differenza che Marta aveva 6 anni e Lucia 3. Era competizione? Difficile dirlo, quello che è certo è che Lucia leggeva bene quanto Marta e dopo due anni aveva letto più libri per bambini della sorella che, invece, faceva fatica a scuola a causa di una presunta leggera forma di dislessia. Era dislessia o era un senso di inferiorità rispetto a questa brillantissima sorella minore? Anche questo è difficile dirlo. Sta di fatto che Marta aveva concluso gli studi con difficoltà e non si era laureata mentre Lucia era stata sempre una studentessa molto brillante. Marta si era sposata presto con un coetaneo che le garantiva una vita agiata e serena. Lucia aveva avuto un matrimonio difficile culminato con un divorzio molto conflittuale. Aveva un tenore di vita alto, simile a quello della sorella, ma era frutto del suo lavoro, visto che il marito opponeva molta resistenza rispetto all'assegno di mantenimento dei figli. Lucia lavorava tantissimo, Marta era casalinga. Una "casalinga di lusso", come diceva con una punta di invidia Lucia. Marta era cagionevole di salute e quindi attirava le cure dei genitori e del marito, che le era molto affezionato. Lucia era una roccia: non ricordava l'ultima volta in cui aveva preso l'influenza. Se non fossero state fisicamente molto simili nessuno avrebbe potuto pensare a due persone più diverse. Lucia invidiava a Marta la sua felicità affettiva. Marta le faceva notare che se fosse stata meno aggressiva sarebbe stata più felice anche lei: quando diceva questo scoppiava, regolarmente, la rissa.

UNA CULTURA CHE ALIMENTA L'INVIDIA

Cresciamo in una cultura in cui ricevere approvazione è importante. Siamo cresciuti a pane e competizione e il confronto è spesso usato come strumento di stimolo educativo. Non ci rendiamo conto di costruire oggi i problemi di insoddisfazione di domani. Anche l'esibizione dei nostri successi, dei nostri amori, e dei nostri guai non è neutra: rischia di alimentare una logica di confronto sulla quale possono facilmente crescere invidia e gelosia. Una delle illusioni che sta dietro all'invidia è la sensazione di separatezza tra noi e gli altri. In realtà tutto è connesso e ciò che accade in un luogo del mondo ha influenza su tutto il mondo, come possiamo facilmente notare osservando i cambiamenti climatici e le ricorrenti crisi ambientali, sanitarie, economiche internazionali. Ciononostante, continuiamo ad avere una visione separata e distinta di noi e a nutrire la convinzione che la gioia che riguarda una persona ci possa, in qualche modo, sottrarre qualcosa. Il nostro stesso percepirci isolati è una causa primaria di sofferenza che toglie il sollievo che nasce dal riconoscimento della nostra umanità condivisa. La prima protezione dall'invidia è imparare a riconoscere quando sorge e non alimentarla. Sostituire l'invidia con la condivisione, con la gioia compartecipe è il primo passo per cambiare la cultura della competizione. Per Lucia il cambiamento è iniziato quando ha potuto riconoscere che la sua rabbia, la sua determinazione, erano alimentate dalla sensazione che il mondo non fosse stato giusto nei suoi confronti. Sapeva di avere molte risorse personali, ma queste diventavano un elemento di solitudine invece che di condivisione. Il suo dolore più grande era il dolore di non sentirsi mai guardata con tenerezza. Un dolore che lei stessa alimentava con la sua difficoltà ad accettare la vulnerabilità, a mostrare la fatica, a smettere di essere competitiva. Diceva spesso: «Nessuno prova un briciolo di compassione per la mia fatica» ma la prima che davvero non provava compassione era lei nei confronti di sé stessa e poi, per estensione, non provava compassione per le difficoltà degli altri. Una mancanza di compassione che, talora, arrivava al disprezzo.

L'INTERAZIONE DINAMICA TRA LE EMOZIONI

Come abbiamo detto più volte le emozioni sono in interazione dinamica. L'invidia è in interazione dinamica con l'ammirazione e con il disprezzo. Ammirazione e disprezzo vanno ai due estremi: provare ammirazione per qualcuno spesso significa idealizzarlo ma, come sappiamo bene, essere idealizzati può essere foriero di rovinose cadute. Possiamo continuare a essere idealizzati solo se e fino a quando rimaniamo perfetti agli occhi del nostro interlocutore, ma siccome nessuno è perfetto se rimaniamo a lungo nella sfera dell'ammirazione potremmo finire per essere invidiati. Se, invece, sbagliamo potremmo attivare sentimenti di delusione che possono arrivare fino al disprezzo. Apparentemente il disprezzo è un'emozione forte e rara. In realtà è molto facile cogliere sfumature di disprezzo nel biasimo nei confronti degli altri o nel biasimo nei confronti di noi stessi. L'etimo della parola ci aiuta a comprendere che il disprezzo altro non è che una "perdita di valore".

È un'emozione in cui guardiamo qualcosa o qualcuno con un senso di superiorità e spesso è una copertura dell'invidia, tanto che il proverbio dice: "Chi disprezza, compra". In entrambi i casi – sia nell'invidia che nel disprezzo – attiviamo la funzione del vedere. L'etimo stesso della parola invidia è *in*, prefisso negativo, e *vidēre*, ovvero "vedere, guardare". Il significato è "guardare male". Se disprezzo e invidia sono collegati al vedere, il disgusto – che a volte si accompagna al disprezzo – è collegato a qualcosa che ha un cattivo sapore. In effetti sono tutte emozioni che lasciano l'amaro in bocca.

La prima cura è sempre la consapevolezza. Nel momento in cui diventiamo consapevoli smettiamo di difenderci e apriamo l'esplorazione interiore, anziché chiudere, validiamo il diritto a sentire quello che proviamo. Forse può non essere lecito agirlo, ma spesso non facciamo questa distinzione. Cerchiamo di reprimere l'emozione con la convinzione che questo eliminerà il comportamento negativo a essa associato. In realtà se non sentiamo quella che è la nostra spinta motivazionale non possiamo che esercitare una forma di controllo che, prima o poi, rivelerà tutti i suoi limiti.

Finiremo cioè per agire senza aver chiare quelle che sono le nostre motivazioni. Come abbiamo visto le motivazioni del sistema di ricerca delle risorse sono agonistiche e quindi basate molto sul paragone e sulla prestazione. L'invidia di Lucia era centrale nel tenere attiva la sua determinazione e competitività ma nasceva dalla gelosia nei confronti della sorella. Il comportamento visibile non era caratterizzato da invidia ma, piuttosto, da aggressività. Un'aggressività che diventava rabbia e conflitto con le persone che erano più intime. Lucia era generosa e particolarmente supportiva con i suoi clienti. Sapeva vincere le cause e muoversi per ridurre il danno quando non riusciva a vincere. Era motivata e competente. L'aspetto più complicato per lei erano le relazioni affettive e non quelle professionali. L'invidia esplodeva in particolare quando il suo umore era basso e portava con sé lamentele e irritabilità che la rendevano obiettivamente "un personaggio difficile". Farla fermare sul suo dolore, sulla sua stanchezza, sull'assurdità di alcuni comportamenti era necessario per aprire la porta della consapevolezza e dell'affetto nei confronti di sé stessa. Lucia si voleva bene solo quando vinceva e si disprezzava quando perdeva, in senso ampio e in senso letterale. Non avrebbe potuto provare comprensione per le difficoltà delle persone che amava se prima non fosse riuscita a ristabilire un'amorosa accettazione di sé stessa. Equanimità, gentilezza amorevole, gioia compartecipe e compassione, le qualità che coltiviamo attraverso la pratica di mindfulness, sono state per lei il modo per imparare a fermarsi prima di reagire. Queste emozioni funzionano come uno sciame e, se praticate con regolarità, sono antidoti nei confronti delle nostre emozioni difficili. Le emozioni del sistema di ricerca delle risorse chiedono risultati per non correre il rischio che sorga la pericolosa e lesiva autocritica. La pratica di compassione aiutava Lucia a riparare le sue ferite. Comprendere che tutti siamo soggetti a dolore e perdite, che il mondo non è sempre e solo "giusto" ma è a volte ingiusto e difficile, a volte pacifico e giusto, è stato, per Lucia, fondamentale per aprire uno spazio riflessivo tra il sorgere della reattività e l'azione. Altrettanto fondamentale è stato cogliere la differenza tra equità ed equanimità. L'equità vuole che ci sia una "giustizia distributiva" in cui riceviamo nella stessa misura dei nostri pari. L'equanimità è, invece, una posizione equilibrata di fronte alle alterne vicende della vita. È sapere che tutti siamo soggetti a guadagni e a perdite e che il risultato finale dipende da molti fattori, non tutti sotto il nostro controllo. L'equanimità ci aiuta a non farci trascinare nella spirale della reattività emotiva, coltivare la gentilezza amorevole ci mette di fronte alle emozioni che proviamo, sotterraneamente, per gli altri.

EQUITÀ
GIUSTIZIA DISTRIBUTIVA

EQUANIMITÀ
POSIZIONE EQUILIBRATA

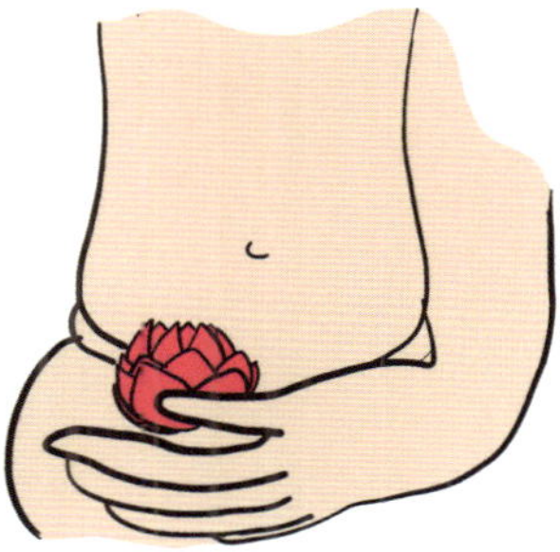

IL GRUPPO DEI PARI

Il gruppo dei coetanei costituisce il primo passaggio alla socialità fuori dalle relazioni familiari. Spesso suscita emozioni che stanno a cavallo tra le emozioni del sistema di ricerca delle risorse e quelle del sistema affiliativo. Facile che tra fratelli o amici ci sia un grande affetto. Altrettanto facile che, in mezzo all'affetto, ci siano anche competizione, invidia e gelosia.

Le relazioni tra fratelli e sorelle sono condizionate da due elementi: i sentimenti di invidia e gelosia e l'ordine di nascita. Se si superano efficacemente questi due ostacoli, questo tipo relazione può essere una fonte di affetto molto più duratura rispetto a quella con i genitori visto che, data l'età, il rapporto può essere molto più longevo. Se, invece, non si superano questi due ostacoli spesso sono relazioni che si interrompono o si raffreddano. Eppure, è all'interno della relazione con i fratelli che impariamo a gestire la competizione e a sviluppare la generosità e la solidarietà tra pari. In queste relazioni incontriamo il primo *open space* della nostra vita: un luogo in cui lottare per avere il proprio spazio tenendo conto della presenza degli altri. Impariamo che l'amore ha componenti non sessualizzate che rientrano nella categoria "affetto". Lo sviluppo di sentimenti anche di amicizia rende molte coppie più stabili di quelle esclusivamente basate sull'attrazione sessuale.

Nel rapporto con i fratelli
– o tra amici –
impariamo come sviluppare
le nostre abilità sociali.

Amici e fratelli ci insegnano quali sono i comportamenti socialmente accettabili e quelli che suscitano esclusione e rifiuto. Esistono diversi test che valutano la relazione attuale e quella passata tra fratelli adulti.[42] Test che valutano la reciprocità, la critica, l'indifferenza, la competitività e il desiderio. La relazione fraterna può essere suddivisa in cinque stili relazionali: supportivo, bramoso, apatico, competitivo e ostile. Non è difficile immaginare che questo possa condizionare le nostre relazioni nel gruppo dei pari. Tra Lucia e Marta c'era una relazione competitiva che diventava, a tratti, decisamente ostile. Piero e Marco erano, invece, amici che, pur nella loro diversità, si sostenevano reciprocamente in modo fraterno: è più facile avere amici se sei stato figlio unico che se hai avuto relazioni difficili con i tuoi fratelli o sorelle. Nella relazione tra fratelli impariamo anche che abbiamo delle qualità e che possiamo attirare l'attenzione proprio grazie alle nostre qualità personali perché le relazioni sono basate su preferenze. Anche se i genitori tendono ad ammetterlo con difficoltà l'amore genitoriale non è scevro da favoritismi. Troviamo degli esempi nella Bibbia – Giuseppe e i suoi fratelli, la parabola del figliol prodigo, la primogenitura di Esaù – che dimostrano che essere il favorito non è detto sia la situazione migliore del mondo, anche se, dentro di noi, esiste il segreto desiderio di occupare un posto speciale nel cuore dei nostri genitori e dei nostri superiori. In uno studio longitudinale sulle differenze familiari,[43] le domande venivano poste in modo che le madri potessero parlare del figlio nei confronti del quale si sentivano più vicine emotivamente, più orgogliose e, viceversa, dei figli con i quali avevano avuto più conflitti e dai quali sentivano di essere state più deluse. A distanza di sette anni dalla prima intervista le loro scelte rimanevano stabili e venivano accompagnate da rassicurazioni in cui sostenevano di amare tutti i figli nello stesso modo, ma qualcuno lo amavano nello stesso modo "con qualcosa in più". Quel maggiore senso di affetto e vicinanza era legato alla condivisione, all'ordine di nascita, alla presenza o meno di conflitti, al successo e alla realizzazione personale raggiunta dai figli. Nella ricerca i racconti delle madri sono stati confrontati con i racconti dei figli. La visione dei figli aveva parecchie distorsioni e i racconti coincidevano solo per il 50 % per quanto riguardava il conflitto, per scendere a un 39 % quando si trattava di riconoscere cosa rendeva orgogliose le madri o da che cosa potevano essere state deluse.

La percezione della presenza di un favoritismo aumenta la conflittualità familiare e fa crescere la tendenza a sviluppare aspetti depressivi. Se abbiamo la sensazione di essere stati i figli sfavoriti potremmo sviluppare aspetti di ipercompetitività, come dimostra la storia di Lucia. Questo offre un'ulteriore conferma del fatto che le emozioni dei diversi sistemi hanno un equilibrio dinamico. Qualcosa che nasce nella storia delle emozioni del sistema affiliativo può condizionare le emozioni del sistema di ricerca delle risorse e quelle del sistema difensivo. Non accade solo per Lucia ma, in misura variabile, accade per tutti noi. Ecco perché molte emozioni sono emozioni di confine tra un sistema emotivo e l'altro. Lo sono gelosia e invidia e anche la prossima emozione: la tristezza

RIASSUMENDO

Invidia e gelosia sono due emozioni che attivano i comportamenti del sistema motivazionale agonistico e quindi le emozioni del sistema di ricerca delle risorse.

Sono emozioni stimolate dalle relazioni sociali, anche se possono produrre comportamenti antisociali di eccessivo agonismo.

L'invidia attiva la mente di paragone: il paragone tra noi e l'altro.

La gelosia attiva la mente di povertà: la paura di perdere qualcosa che riteniamo nostro e prezioso.

Una quota minima di invidia può essere considerata salutare. Ma più è alta la quantità di invidia e più rischia di essere patologica e di bloccare l'espressività personale.

L'invidia è un'emozione influenzata dal contesto sociale di appartenenza ed è storicamente determinata da fattori culturali.

L'ammirazione può essere la versione positiva dell'invidia. Il disprezzo può essere la protezione estrema dal riconoscimento del fatto che proviamo invidia.

13
capitolo

LA TRISTEZZA

Abbiamo perso ancora
questo tramonto.
Nessuno stasera ci vide
con le mani unite
mentre il vento azzurro
cadeva sopra il mondo.

Pablo Neruda[45]

La tristezza è un'emozione che non gode di buona fama eppure è un regolatore fondamentale delle emozioni ad alta carica, quelle che si accompagnano a una eccessiva attivazione. Immagina un bambino di diciotto mesi, nel pieno del suo entusiasmo motorio e della sua onnipotenza. Non conosce ancora regole, confini e pericoli. Fortunatamente paura e tristezza gli consentono di abbassare la sua grandiosità. Ogni tanto non riesce a fare qualcosa e magari si spaventa e piange; inizia così a considerare, con gradualità, in modo più realistico, le sue reali possibilità e capacità.

Questa è la prima funzione – basilare – della tristezza: restituirci il senso del limite e quindi proteggerci da una eccessiva onnipotenza. Raramente la tristezza viene accolta in modo entusiastico perché siamo dipendenti dal piacere e dalla felicità e vorremmo che tutto andasse bene. Così quando arriva la tristezza invece di salutarla, accoglierla e imparare da quello che ci dice, facciamo esattamente l'opposto. La consideriamo sbagliata e, soprattutto, agiamo in modo inadeguato per farla andare via. Gioia e dolore sono due stati emotivi che, inevitabilmente, si alternano. Più sviluppiamo un atteggiamento consapevole rispetto al loro avvicendamento e più siamo in grado di considerare ogni emozione per quello che è: una informazione arrivata da lontano. La tristezza è un'emozione che ci connette con il dolore, esprime, senza parole, che qualcosa di quello che è avvenuto ha suscitato infelicità.

La tristezza è un'emozione del sistema di ricerca delle risorse ed è presente fin dalla nascita.

Il vero punto non è la tristezza, ma cosa facciamo con l'infelicità, con il dispiacere, con la delusione. La tristezza può essere un'emozione che apre le porte alla compassione verso di noi o verso gli altri, chiamandoci a un'azione di cura. Oppure può ristagnare e produrre un senso generale di abbattimento e depressione. La differenza sta in quanto ci permettiamo di lasciarla fluire. La tristezza infatti può innescare una catena di ricordi spiacevoli, emozioni negative e giudizi. Questi ricordi ne rafforzano la sensazione e la consolidano, abbassando il nostro umore. Così invece di farci andare avanti, come accade con le conche di navigazione che abbiamo incontrato nei capitoli precedenti, diventa una diga che disegna il senso di identità e la fiducia che proviamo nei confronti del futuro.

I pensieri di autocritica, collegati al fallimento di qualche obiettivo, sono una fonte tipica di tristezza nel sistema di ricerca delle risorse. In questo caso la tristezza è innescata più che da ciò che è realmente avvenuto, da come noi giudichiamo quello che è successo. Possiamo giudicarci un fallimento anche quando ci siamo dati un obiettivo irraggiungibile.

Qualche anno fa venne condotta una ricerca sui processi di memorizzazione legati ai contesti ambientali. In questa ricerca venivano fatte memorizzare delle parole ad alcuni subacquei prima di entrare in acqua, e altre quando erano sott'acqua. La memoria risultò essere molto collegata al contesto. Quando erano in spiaggia ricordavano le parole che avevano imparato in spiaggia e quando erano sott'acqua quelle imparate in quel contesto. Anche la tristezza funziona così: andare nel bar dove pranzavamo con un ex-collega può far riemergere molti ricordi legati a quella situazione lavorativa, e la stessa cosa può avvenire con una canzone o con un vecchio post. A quel punto possiamo lasciar scorrere l'emozione oppure trattenerla iniziando a rimuginare sul fatto che siamo sfortunati nelle vicende lavorative, che abbiamo avute molte delusioni e così via. Se niente ci distoglie da questo pensiero rimuginativo possiamo sviluppare un abbassamento dell'umore da cui possono scaturire episodi depressivi: la cattiva fama della tristezza è confezionata!

È importante riconoscere i ricordi e i pensieri dannosi nel momento in cui insorgono. Non sono reali e non sono previsioni sul futuro. I pensieri non sono fatti ma giudizi basati su eventi passati ed emozioni collegate a questi eventi e sono condizionati dal nostro umore. Immagina di veder evaporare sti pensieri come nuvole bianche in un cielo d'estate oppure di vederli svanire come se scolorissero piano piano. Entra nella natura inconsistente dei pensieri: non sono pietre miliari ma giudizi condizionati dal nostro umore. La nostra mente non è solo una macchina per produrre pensieri. Possiamo anche semplicemente sentire, percepire, osservare, stare nell'esperienza come scienziati e non come giudici, curiosi e soddisfatti del processo di scoperta.

NON TUTTO È DA RISOLVERE

I pensieri non sono fatti.

Con la tristezza quello che complica di più le cose è la nostra convinzione che tutto debba avere una soluzione. Ma non è così e molte volte la cosa migliore è proprio accettare che le cose siano andate così come sono andate, tristezza inclusa. Questo ci permette di proseguire più leggeri, senza cicli di reattività che rischiano di autoalimentare la tristezza invece di risolverla.

La separazione di Lucia ne è un esempio. Per lei la decisione del marito di separarsi era stata intollerabile: le sembrava una conferma di un vecchio ritornello familiare che la descriveva come una persona difficile da sopportare. Aveva portato avanti una causa di separazione ineccepibile con l'intenzione di mettere i figli in una condizione di sicurezza economica ma il marito, poco tempo dopo la separazione, aveva subito un tracollo finanziario importante che aveva reso la sua condizione economica piuttosto precaria e aveva chiesto una riduzione dell'assegno di mantenimento in via transitoria. Lei non l'aveva creduta necessaria, aveva disprezzato il marito ritenendolo incapace di gestire la situazione e aveva iniziato una controffensiva. Forse era vero che non sarebbe stata indispensabile la riduzione dell'assegno di mantenimento, ma il miscuglio micidiale di disprezzo e offensiva legale ha esacerbato una situazione già molto tesa.

La separazione spesso viene scelta con l'illusione che riduca il conflitto matrimoniale ma, frequentemente, prolunga in modi diversi la stessa conflittualità. La controffensiva aveva portato a periodi di sospensione dell'assegno di mantenimento e, a volte, anche delle visite ai figli. Se Lucia avesse accettato la momentanea sospensione molto probabilmente le cose si sarebbero sistemate con meno tensione. Quando ha iniziato la psicoterapia con me veniva da dieci anni di battaglie legali e da una precedente psicoterapia che era stata fondamentale per mitigare l'intensità dei suoi attacchi di rabbia ma non per attivare un pensiero riflessivo. E la capacità riflessiva è il regalo più grande che ci fa la tristezza. Portando la nostra attenzione all'interno possiamo vedere il filo che unisce le nostre emozioni e le emozioni dell'altro. Lucia non si rendeva conto di alimentare l'escalation di aggressività. Era convinta di stare semplicemente difendendo i diritti dei "suoi" figli come se non fossero anche i "loro" figli.

LE OSCILLAZIONI VERTICALI DELL'UMORE E LA TRISTEZZA

Tutti noi abbiamo picchi di energia e buon umore e brusche cadute, magari legate a qualcosa che ci ha sorpreso. Per Marco il licenziamento era stato davvero un evento inaspettato. I suoi risultati come direttore commerciale erano ottimi, era molto conosciuto ed era una figura di spicco dell'azienda. Ma la nuova società che li aveva acquisiti desiderava tagliare i ponti proprio con la vecchia immagine aziendale ed erano state licenziate tutte le figure chiave associate alla precedente gestione. Non era finito sul lastrico, ma aveva 50 anni e, soprattutto, era francamente in difficoltà a cercare un nuovo lavoro. Provava tristezza e vergogna per la perdita di quello che considerava il suo "posto" e che era convinto sarebbe stato il luogo dove arrivare alla pensione. Aveva avuto un'ottima buonuscita ma si era dovuto rivolgere a un avvocato del lavoro per la trattativa: era troppo paralizzato per gestirla diversamente. Questa buonuscita gli dava tempo per trovare tranquillamente un'alternativa ma, come diceva lui, si sentiva una balena spiaggiata. Non riusciva a riprendere la via del mare. Si svegliava in preda all'ansia, faceva fatica ad alzarsi dal letto, aveva paura di ammalarsi e a volte era convinto che tutti questi elementi fossero sintomi di una malattia non ancora diagnosticata. Per la prima volta nella sua vita capiva cosa volesse dire Piero quando diceva di essere triste. Era stanco anche se non faceva nulla e nessuna notte di sonno era davvero riposante. Passava da un accertamento medico all'altro e tutti riscontravano che aveva un'ottima salute. Lui però stava male lo stesso. Era venuto da me per seguire un protocollo mindfulness e, visto il buon effetto che la pratica aveva avuto sul suo stato emotivo generale, aveva iniziato la psicoterapia. Piero l'aveva consigliato, perché, come diceva Marco, Piero era sempre stato un po' depresso. Lo diceva ironicamente ma, nello stesso tempo, non poteva fare a meno di considerare Piero troppo sensibile. Adesso era lui che era diventato "troppo sensibile" e non se lo aspettava proprio. Piero era più consapevole delle proprie emozioni e maggiormente in grado di parlarne. Considerava Marco un fratello con il quale giocare a tennis e divertirsi ma anche uno a cui confidare le proprie pene. Marco era sempre stato in grado di riportarlo al buonumore e vederlo così demoralizzato era davvero doloroso. Marco, a differenza di Piero, era incapace di dare nome alle sue emozioni. Per lui c'erano solo sintomi fisici e un senso di preoccupazione e allarme per la sua condizione. La maggior parte di noi attraversa momenti simili. Piero li conosceva bene ma trattava l'ansia e la tristezza come occasioni per impegnarsi di più. Era abituato a fare così da sempre, mentre Marco era convinto che non sarebbe mai stato triste. Così la prima volta che gli era successo qualcosa di inaspettato e sgradevole non aveva saputo reagire ma era andato sempre più avvitandosi nella depressione.

L'Organizzazione Mondiale della Sanità valutava che nel 2020 la depressione sarebbe stato il secondo maggior problema di salute al mondo. Non si aspettava la pandemia, che ha aumentato l'incidenza della depressione. La depressione è un disturbo innescato dal permanere di una sensazione di tristezza con conseguente abbassamento dell'umore. Può durare del tempo e questo tende a innescare un circuito di pensieri rimuginativi e autocritici. Marco era convinto che sarebbe passato tutto in poco tempo. Il protrarsi di questo stato di abbattimento aveva peggiorato ulteriormente la sua condizione. In realtà un episodio depressivo per il 30 % delle persone dura almeno un anno e il 20 % delle persone rimane depressa per due o più anni, ma a Marco le statistiche non importavano. Lui era sempre stato bene e se adesso non recuperava voleva dire che c'era "qualcosa di serio": una malattia oncologica era la sua ipotesi più frequente. L'unico dubbio era quale malattia oncologica, visto che i suoi sintomi erano talmente vaghi che non si potevano ricondurre a nessun organo. Non si rendeva conto che queste paure ipocondriache erano legate alla depressione e che aveva alimentato la caduta depressiva con un comportamento fortemente evitante. Per anni aveva vissuto senza allenarsi ad affrontare le difficoltà. Era stato fortunato ma aveva sottovalutato che le difficoltà prima o poi arrivano. Per lui si erano concentrate sulla soglia dei cinquant'anni. Si sentiva vecchio (e non dimostrava affatto la sua età), disoccupato (e non era certo in condizione di indigenza economica), presto orfano (i suoi genitori erano poco più che settantenni e in una buona condizione di salute generale) e probabilmente anche separato. Sua moglie non aveva affatto l'intenzione di separarsi, ma lui era convinto che, date le condizioni elencate, lo avrebbe lasciato per qualcuno di più prestante di lui. Piero, l'amico depresso, come lo chiamava lui, era il suo unico punto di riferimento. Anche in questo Marco esagerava: semplicemente, siccome non si sentiva bene, preferiva non incontrare nessuno. Era il più lungo e devastante capriccio della sua vita fortunata. Aveva sempre giocato facile, le persone gli avevano sempre offerto condizioni di privilegio, era sempre stato amato per il suo spirito leggero e un po' superficiale e adesso tutto questo sembrava perduto per sempre.

LE EMOZIONI E IL CORPO

Le nostre emozioni non sono solo sciami di sensazioni e pensieri. Sono anche e soprattutto sensazioni fisiche. La mente non è una parte separata e isolata dal resto ma è un elemento integrante del corpo con il quale è in reciproca e continua interazione. Atti minimi come sorridere, contrarre le spalle, cambiare posizione possono avere un impatto sull'umore e sui pensieri; questo è vero per tutto ma soprattutto per la tristezza. Prova a stare seduto accasciato su te stesso per un minuto e vedrai che inizieranno ad arrivare emozioni di tristezza oppure impulsi a cambiare posizione del corpo. Marco non era una persona particolarmente riflessiva, ma era molto attento ai segnali fisici. Non si era accorto che, dopo il licenziamento, il suo corpo si era letteralmente "sgonfiato". L'azienda internazionale per cui aveva lavorato gli consentiva frequenti spostamenti in Europa, meeting in cui era al centro dell'attenzione, nutrito dall'ammirazione e dall'approvazione che sapeva suscitare. Adesso tutto questo non c'era più e lui si sentiva un sacco vuoto. Da qui a pensare che le sue sensazioni fossero il prodromo di una malattia il passo era stato breve, brevissimo. Era iniziato un circolo vizioso di preoccupazione, tristezza, paura. La cosa più semplice da fare era cominciare da dove tutto era iniziato: non dal lavoro, come diceva lui, ma dal corpo, come dicevo io. Era stata proprio la consapevolezza corporea* che aveva funzionato nel suo coinvolgimento con il protocollo mindfulness.

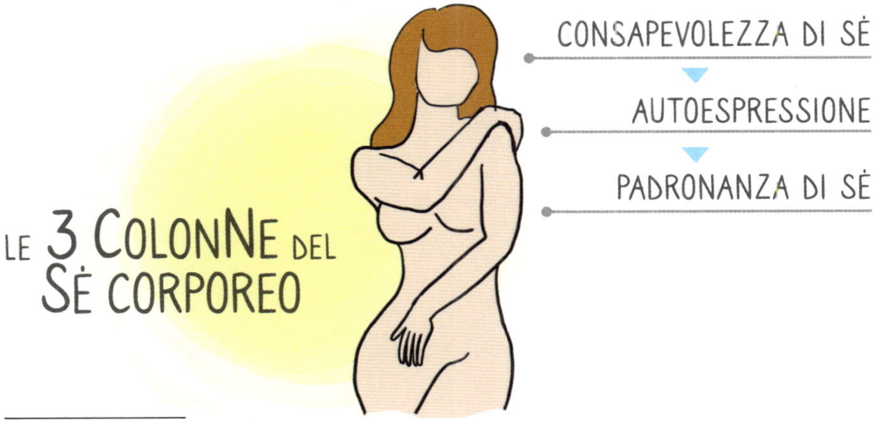

* La consapevolezza corporea nasce dall'interazione dinamica tra le tre colonne del sé corporeo come sono state definite da Alexander Lowen: consapevolezza delle sensazioni fisiche, capacità di esprimerle e padronanza nell'agirle.

All'inizio evitava le pratiche di meditazione ma tutto il lavoro corporeo di movimento consapevole aveva un effetto immediato sul benessere percepito. Solo così si era accorto che la tensione alle spalle, lo stomaco contratto, la mascella serrata non erano segni incipienti di malattia ma l'effetto del peso stratosferico dei suoi pensieri. Il lavoro corporeo, semplice e basilare, lo risollevava e il *body scan** faceva il resto. La profondità della riflessione lo spaventava: aveva semplicemente bisogno di riprendere a muoversi. All'inizio lunghe camminate, poi corsa, poi di nuovo tennis.

L'ancoraggio al corpo, inteso come attenzione alle sensazioni fisiche, non è facile quando si hanno paure ipocondriache. È qualcosa che va fatto con gradualità e leggerezza ma porta un sollievo emotivo che rappresenta un significativo passo avanti verso la regolazione delle emozioni. L'attenzione smette di vagare alla ricerca di possibili soluzioni o alla ricerca di possibili ulteriori sintomi. L'altro passo necessario per regolare le proprie emozioni è smettere di evitare, perché la strategia di evitamento, che sembra portare risultati immediati, a lungo termine non funziona e peggiora la situazione generale. Se neghiamo un'emozione questa non sparisce. Ne rimane traccia nella nostra posizione fisica che induce uno stato emotivo di cui non riconosciamo più l'origine ma che è, di fatto, attivato dalla nostra postura e dalle contrazioni muscolari croniche che, nel tempo, diminuiscono fortemente la percezione nitida del corpo.

Ogni emozione corrisponde a uno schema di attivazione corporea, ma spesso siamo consapevoli solo dei pensieri. Riportare l'attenzione al corpo restituisce una percezione più tangibile e reale di noi stessi. Spesso i pensieri seguono un modello stabile di dialogo interno o ammonimento:

1. non mi piace questa emozione;
2. vorrei non provarla;
3. non dovrei provare proprio questo;
4. provo questa emozione perché sono inadeguato;
5. sono inadeguato!

---

* Il *body scan* è una pratica di consapevolezza del corpo che si attua da sdraiati. Non ha lo scopo di rilassare ma di portare l'attenzione progressivamente a tutto il corpo, imparando a spostarla da una zona all'altra. Quando c'è un atteggiamento ipocondriaco spesso il problema è che l'attenzione rimane ancorata a una sensazione fisica e non si riesce a spostarla ad altre parti del corpo, riprendendo quindi contatto con la reale dimensione della percezione corporea.

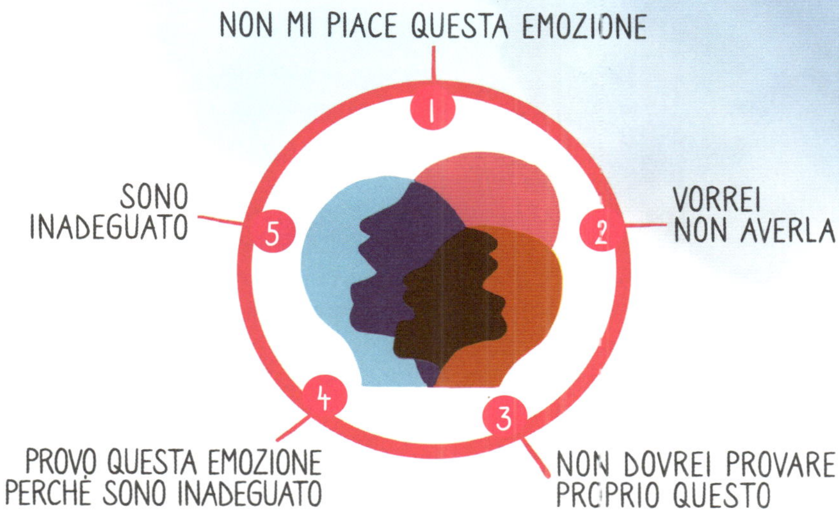

Questi pensieri nascondono un'emozione e un relativo schema di attivazione del corpo. Prova a ripetere mentalmente i cinque passaggi precedenti e osserva cosa succede nella percezione fisica. A ogni passaggio il corpo diventa più abbattuto e accasciato. Se riusciamo a riconoscere la qualità di risposta corporea che i pensieri attivano possiamo evitare di finire invischiati in un circuito di rinforzo tra corpo, pensieri ed emozioni.

QUANDO ANCHE IL CORPO È TRISTE

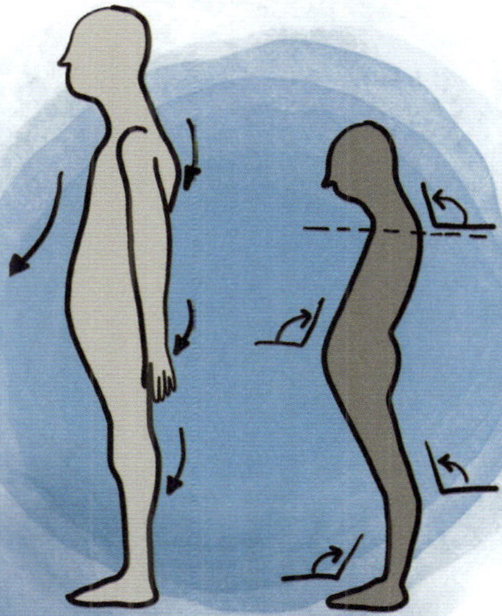

Nell'immagine seguente possiamo vedere le principali aree di tensione che limitano la consapevolezza corporea.[44] Se la nostra consapevolezza corporea è presente e "allenata" è più semplice cogliere i segnali fisici senza farsi trascinare dai pensieri. Essere consapevoli del corpo può essere più facile perché il corpo è più lento e tangibile. Le emozioni sono percepibili in più parti del corpo, spesso non connesse tra di loro. Per mantenere l'attenzione sul processo corporeo in corso può essere d'aiuto nominare, con un semplice esercizio di notazione, le sensazioni provate (vedi capitolo 7).

Questo nominarle interiormente ci permette di comprendere anche se si stanno attivando giudizi o atteggiamenti difensivi: il tono emotivo della notazione ci offre questa informazione. Come sappiamo, la regolazione delle emozioni ha tre scopi principali: permetterci di comprendere il significato di ciò che accade, confortarci o stimolarci. Se siamo consapevoli del corpo possiamo facilmente comprendere se abbiamo bisogno di attivazione o conforto o di tutti e due. Non possiamo saltare la ricerca di significato, ma non sempre è opportuno partire da lì. Per Piero era la via maestra, per Marco era disastrosa: aveva bisogno di passare dal corpo e non dalla mente.

Notare le sensazioni fisiche significa essenzialmente rivolgersi con consapevolezza alla propria esperienza interiore, oscillando tra la percezione del processo corporeo in corso e l'attenzione al respiro che attiva i processi corporei rilassanti. L'attenzione focalizzata sul corpo diventa la base sicura a cui ritornare se le sensazioni sono troppo difficili da gestire. Lo spostamento dell'attenzione alle varie parti del corpo ci permette di non rimanere troppo coinvolti in una specifica sensazione ma piuttosto di ampliare il campo della consapevolezza.

Aree di tensione

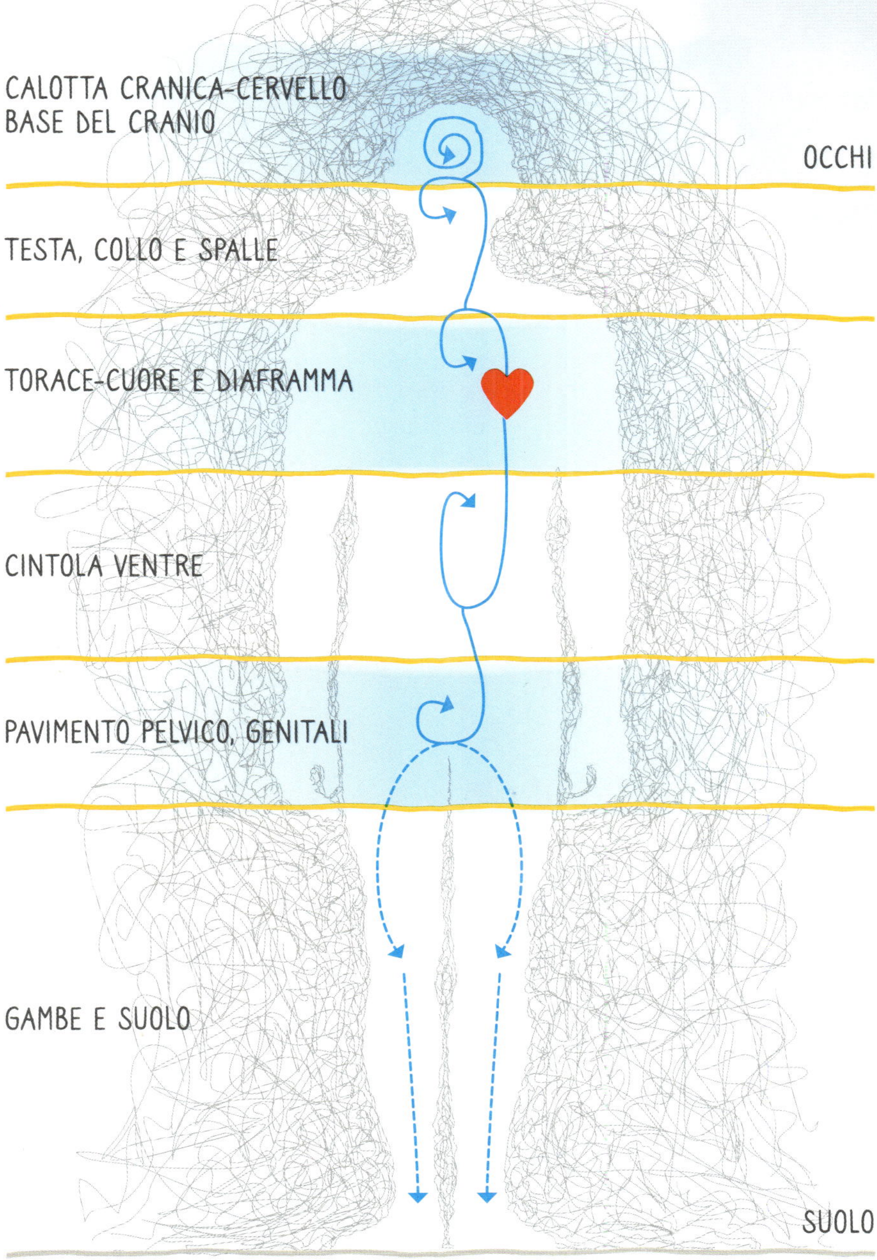

EMOZIONI, COLORI E CONSAPEVOLEZZA

Per Marco meditare con le pratiche di consapevolezza della mindfulness era difficile. Resisteva pochi minuti e la maggior parte delle volte scappava con mille giustificazioni. Tutte plausibili e nessuna vera. La difficoltà era data dal fatto che la sua attenzione vagava e, soprattutto, che si rendeva conto che quello che aveva lungamente evitato tornava a galla in una sorta di repertorio morale della sua vita. Marco si rimproverava la pigrizia, il suo amore per la comodità, e durante la pratica questi rimproveri comparivano sotto forma di istantanee capaci di suscitare rimorso. Non è insolito che la pratica porti a galla ciò che abbiamo evitato. Non è una buona ragione per evitare: è un'ottima ragione per praticare. Se guardiamo alla stella a dodici punte dell'immagine possiamo vedere che, man mano che ci avviciniamo al centro l'intensità dei colori diminuisce perché aumenta la luminosità

Questo è, visivamente, l'effetto della consapevolezza. Meno siamo consapevoli e più l'intensità emotiva è alta e satura il campo percettivo. La consapevolezza ci riporta al centro, a quella mente in cui emozione e ragione si uniscono per dare significato all'esperienza. Ci aiuta a chiarire il senso di quello che abbiamo fatto e, con maggiore chiarezza, a tornare all'essenziale verità del nostro essere imperfettamente perfetti così come siamo.

Le emozioni del sistema affiliativo sfumano in quelle del sistema difensivo, a destra, e in quelle del sistema di ricerca delle risorse, a sinistra. Il verde dell'invidia può diventare il ciano della chiarezza rispetto a chi siamo e alla direzione espressiva che vogliamo percorrere. L'incupirsi del blu ci sposta verso le modalità difensive primarie, ma nessuno di questi colori è sbagliato.

Sono sfumature della nostra vita e sono la strada che percorriamo per uscire dalla mente chiacchierona, una mente che ci tiene prigionieri della ripetizione e dell'inflessibilità psicologica. La via d'uscita, più che essere data da una soluzione, è data dal tornare a percepire il presente nella sua immediatezza e lasciare che sfumi, momento per momento, in qualcosa di diverso.

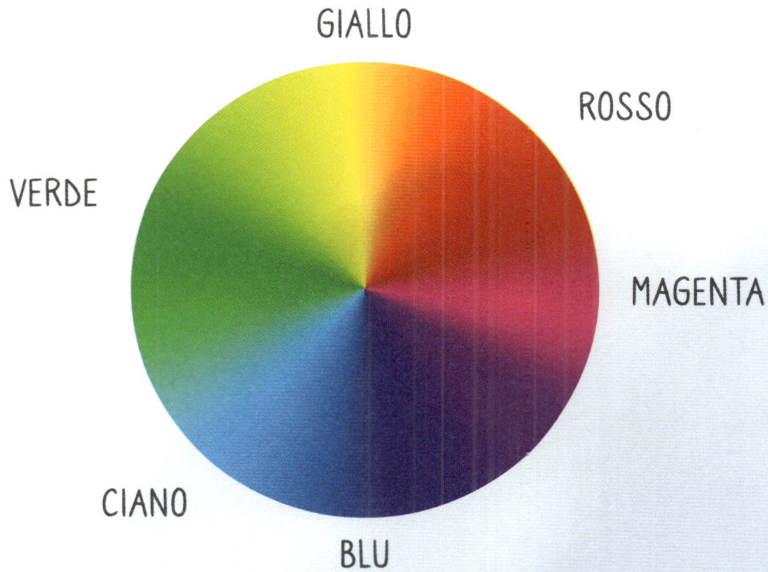

CONCA DI NAVIGAZIONE PER LA TRISTEZZA

La tristezza è un'emozione che può diventare stagnante. In questo caso può essere opportuno fare qualcosa di attivo che permetta di mitigarla con il movimento. Prova a darle espressione e cerca un modo per comprendere le ragioni che hanno fatto sorgere il sentimento della tristezza. Guarda se puoi accettare l'emozione del lutto senza rimanere invischiato inutilmente nella sfiducia: dietro a ogni fine c'è un nuovo inizio. Se si è formato un nucleo intrecciato di rabbia e tristezza, porta l'attenzione al corpo e alle aree di tensione, esplora la sensazione fisica. Ammorbidisci la tensione (questa è compassione del corpo), conforta la tristezza (questa è compassione del cuore) e lascia che le cose siano così come sono (questa è accettazione e compassione della mente).

RIASSUMENDO

La tristezza è un'emozione fondamentale che agisce come regolatore degli stati di attivazione eccessiva. Può ridurre l'intensità della rabbia e la sua grandiosità.

È l'emozione che consente di dare profondità all'esplorazione interiore.

È un'emozione lenta e pervasiva che tende a saturare il campo percettivo.

Unita alla rabbia si trasforma nell'emozione della protesta.

È considerata una delle emozioni presenti fin dalla nascita.

Quando si riferisce a eventi del passato può assumere la forma della malinconia o della nostalgia.

Spesso è un'emozione silenziosa: quando siamo tristi possiamo piangere ma non sentiamo un forte impulso a comunicare verbalmente.

Una condizione prolungata di tristezza può portare a un abbassamento dell'umore.

È ASSURDO
DICE LA RAGIONE
È QUEL CHE È
DICE L'AMORE

È INFELICITÀ
DICE IL CALCOLO
NON È ALTRO CHE DOLORE
DICE LA PAURA
È VANO
DICE IL GIUDIZIO
È QUEL CHE È
DICE L'AMORE

È RIDICOLO
DICE L'ORGOGLIO
È AVVENTATO
DICE LA PRUDENZA
È IMPOSSIBILE
DICE L'ESPERIENZA
È QUEL CHE È
DICE L'AMORE

Erich Fried[56]

4[a]

PARTE

LE EMOZIONI DEL SISTEMA AFFILIATIVO

Tenerezza, amore, compassione e self-compassion, vergogna e self-conscious emotions. Dal giallo cromo all'arancio con tutte le sfumature calde. Compassione e self-compassion aggiungono luce bianca.

Le motivazioni sono legate al sistema di attaccamento, a quello di accudimento, alla sessualità, al gioco sociale e alla cooperazione e sono in parte condivise con il sistema di ricerca delle risorse.

14

capitolo

IL SISTEMA AFFILIATIVO

Le emozioni sono centrali per la crescita della nostra vita relazionale e per la nostra sopravvivenza. Prima ancora di nascere un bambino è desiderato nella mente e nel cuore dei suoi genitori. L'amore inizia a lavorare nel momento in cui hanno scoperto che sarebbe arrivato o arrivata. Nessun bambino sopravviverebbe senza questa possibilità di suscitare amore e di provare affetto. Le emozioni del sistema affiliativo consolano nel dolore e attivano nei momenti di torpore, regolando così in modo naturale anche la nostra relazione con il mondo esterno. Forse sarà capitato anche a te di vedere un genitore che cerca di svegliare il suo bambino, che si è addormentato succhiando il latte, oppure che cerca di consolarlo durante un pianto dovuto alle coliche dei primi mesi di vita. È un'immagine semplice ma è quello che le nostre relazioni possono fare durante tutto il corso della vita. Possono nutrirci, stimolarci, consolarci. Fin da subito le emozioni dei tre sistemi emotivi sono in relazione tra di loro. Il dolore – un'emozione del sistema difensivo – può attivare una risposta del sistema affiliativo o del sistema di ricerca delle risorse, in un gioco continuo tra appagamento e insoddisfazione, fame e sazietà, gioia e dolore. Da bambini le nostre emozioni richiedono una modulazione esterna e crescere significa anche imparare, progressivamente, a confortarci e motivarci da soli. Nonostante la progressiva autonomia rimaniamo sensibili rispetto al senso di appartenenza: vogliamo far parte di un gruppo. Che sia la famiglia, il gruppo di amici, la tifoseria di una squadra di calcio o il tennis club, fare parte di un insieme di persone che condividono uno stesso sentimento rimane un elemento cardine della nostra salute emotiva che garantisce un senso di sicurezza e appartenenza che può dare appagamento e serenità. Quando siamo sereni possiamo rallentare e gustarci l'esperienza del momento presente. Possiamo beneficiare degli stimoli che ci arrivano attraverso i sensi e sentire la connessione e l'appartenenza che diventa via via più ampia. Non siamo più solo parte della nostra famiglia ma diventiamo parte di tutta l'umanità in un progressivo allargamento della disponibilità a essere aperti verso noi stessi e verso gli altri. In fondo quello che coltiviamo attraverso la mindfulness è proprio la possibilità di rallentare e di lasciar emergere le emozioni legate a questo sistema emotivo. Sentimenti ed emozioni spesso schiacciati dalla nostra velocità e dalle pressioni messe in atto da un sistema di ricerca delle risorse troppo competitivo o da un sistema difensivo troppo acceso. L'appagamento che questi sistemi emotivi possono offrirci è diverso. L'appagamento del sistema di ricerca delle risorse è dopaminergico, connesso al piacere e alla velocità nella realizzazione degli obiettivi. E se siamo costretti a rallentare la tabella di marcia possiamo provare disorientamento e agitazione. Quando abbiamo un tempo lungo e dilatato per sperimentare le emozioni di affetto, tenerezza e amore del sistema affiliativo possiamo essere più soddisfatti e appagati, rassicurati e stabili nel nostro umore.

Malgrado questo tendiamo a essere più consapevoli dei nostri bisogni di realizzazione personale che del nostro bisogno di intimità e affetto perché il volume delle emozioni è diverso. L'ambizione grida mentre l'affetto sussurra. A meno che non si crei un senso di vuoto e mancanza possiamo essere molto disattenti rispetto al nostro bisogno di intimità e connessione, anche se non è scontato che chi ci ama aspetti che siano finiti gli impegni lavorativi per avere intimità.

Il sistema affiliativo
realizza le motivazioni
del sistema di accudimento,
del sistema di attaccamento,
del sistema sessuale,
del sistema di gioco sociale,
del sistema cooperativo.

SISTEMI EMOTIVI	NEUROMEDIATORI
• Sistema di ricerca delle risorse	• Dopamina – Emozioni che richiedono impegno
• Sistema affiliativo	• Ossitocina – Emozioni lente
• Sistema difensivo	• Cortisolo – Emozioni rapide e reattive

Ho associato queste emozioni al giallo cadmio e alle sue sfumature per il senso di calore e di gioia che l'accompagnano. Anche in questo caso più ci allontaniamo dalla consapevolezza e più aumenta la saturazione del colore. Quando siamo molto identificati con l'emozione che proviamo – a qualunque sistema emotivo appartenga – siamo saturi ossia siamo identificati con l'emozione e questo rende difficile avere una visione chiara di tutto il panorama interno ed esterno. Vediamo solo l'emozione che campeggia nel mondo interiore. Senza la luce della consapevolezza l'emozione diventa un *drive*, una spinta all'azione, e questa è una delle principali ragioni dei nostri pregiudizi sulla pericolosità delle emozioni.

Siamo convinti che sentire un'emozione sia diventarne preda e, soprattutto, che significhi essere spinti ad agire d'impulso. Ovviamente non è così: ogni emozione ha diritto di esistere e di essere riconosciuta perché offre un bagaglio di informazioni di inestimabile valore. Se ne siamo consapevoli possiamo scegliere quale comportamento agire. Immagino che non ti sia sfuggito che il colore chiaro è associato a tre aspetti: compassione, self-compassion e consapevolezza. Se la self-compassion è il regolatore delle emozioni difficili, la compassione è il regolatore delle relazioni difficili. In entrambi i casi la consapevolezza è essenziale per sapere cosa sta succedendo dentro e fuori di noi.

Le emozioni del sistema affiliativo sono calde come il giallo e tutte le sue sfumature verso l'arancione.

I PASSI DELLA REGOLAZIONE DELLE EMOZIONI

Quali possono essere i passi utili per regolare le nostre emozioni attraverso la consapevolezza?

Il primo passo, il più importante, è imparare a riconoscere le emozioni nostre e altrui, non solo con l'espressione verbale ma anche, e soprattutto, attraverso i segnali non verbali. Molte delle incomprensioni comunicative sono collegate al fatto che non siamo in grado di riconoscere le emozioni con precisione. La consapevolezza corporea ci offre una conferma di quello che proviamo. Una volta che abbiamo riconosciuto le emozioni, possiamo prendere confidenza con gli interruttori che le hanno attivate e osservare se hanno condizionato il nostro comportamento, ossia se siamo passati all'azione magari con schemi di risposta appresi nel passato. Possiamo anche imparare a valutare quanto è forte la spinta all'azione delle nostre emozioni. Già semplicemente esplorare l'intensità della spinta all'azione contribuisce ad aumentare la nostra riflessività e a diminuire l'impulsività. A questo punto possiamo essere in grado di definire con ricchezza espressiva quello che proviamo. Le emozioni hanno moltissime sfumature e altrettante possono essere le sfumature percettive che le esprimono. Trovare un modo per dare il nome a queste sfumature ne regola l'intensità. Saper esprimere le proprie emozioni migliora la sensibilità sociale e culturale. Ci sono emozioni che possono essere troppo difficili da tollerare per il nostro interlocutore: se siamo sensibili ce ne accorgiamo, con notevole vantaggio per la qualità delle relazioni. In questo senso le emozioni del sistema affiliativo sono eccezionali maestre: se amiamo qualcuno non desideriamo ferirlo e, nello stesso tempo, chi ci ama può avere una migliore tolleranza e comprensione per le nostre necessità emotive. Le relazioni possono essere i luoghi in cui impariamo reciprocamente a calmarci oppure i luoghi in cui ci esasperiamo a vicenda e sapere come uscire dai circoli viziosi relazionali può darci serenità.

Ricordi le tre regole disfunzionali con le nostre emozioni?

NON VEDO,
NON SENTO,
NON PARLO.

VOLERSI BENE

Le emozioni del sistema affiliativo non riguardano solo la relazione con gli altri. Riguardano anche la nostra relazione con noi stessi e la possibilità di volersi bene almeno un po'. Cosa che non è affatto scontata. In genere ci vogliamo bene quando siamo capaci di affrontare positivamente la vita. Ma cosa succede quando siamo in difficoltà? Spesso non siamo più tanto gentili con noi stessi! Siamo come i timonieri di una barca nella cui stiva dormono dei demoni che rimangono calmi fino a che la nostra vita procede senza ostacoli.

Quando facciamo qualcosa di diverso dal solito, qualcosa di nuovo, possiamo percepirlo come pericoloso e così i demoni salgono sul ponte di comando per convincerci a tornare sulla rotta consueta. I demoni sono nati dalle esperienze negative e hanno lo scopo di proteggerci facendoci paura. Occuparsi di noi stessi può essere vissuto come una faccenda piuttosto pericolosa. Richiede di allentare il controllo sugli eventi esterni, di guardare con attenzione quello che accade nella nostra vita. Richiede spazio e tempo e non sappiamo che risultato potrà portare. Potremmo aver paura ed evitare proprio quello che ci fa bene, come può succedere con la pratica di mindfulness; sappiamo che ci nutre ma, nello stesso tempo, praticare ci mette in ansia ed evitiamo o rimandiamo. Tutte le volte che vorremmo prenderci del tempo per noi i demoni che dormono nella stiva salgono in coperta e ci invitano a proseguire nella rotta consueta, che sembra offrire una vita tranquilla e rassicurante. Una vita nella quale non c'è tanto spazio per volersi bene perché i demoni sono convinti che sia pericoloso e convincono anche noi della stessa cosa. Il mare però è grande e vediamo altre barche in cui il timoniere fa delle cose diverse. Cose che vorremmo fare anche noi, se non avessimo quei demoni che ci spa-

La sequenza di emozioni del sistema motivazionale di accudimento è: sollecitudine ansiosa – tenerezza - compassione.

ventano. Per esempio, potremmo desiderare di arrivare in un porto e riposarci, proprio come vediamo fare ad altre imbarcazioni. E invece, costretti da questi demoni, continuiamo a navigare. Fino a che il timoniere decide di obbedire ai demoni – che poi vuol dire obbedire alla paura – siamo costretti a procedere in questo modo. Ma, a un certo punto, decidiamo di correre questo rischio e di arrivare in porto e attraccare come vediamo fare ad altre barche. I nostri demoni fanno un gran baccano ma stavolta non ci facciamo condizionare. Scopriamo così che volersi bene non è una tragedia. Che non significa diventare dei fannulloni. Che prendersi del tempo per sé non comporta nessun dramma.

Uomini e donne fanno la stessa fatica a volersi bene, a prendersi cura dei propri bisogni, a darsi attenzione staccando dalle necessità della vita quotidiana. Come se occuparsi di sé stessi fosse un atto egoistico. Invece, è un atto essenziale. Se non lo facciamo entriamo in una modalità "avversativa" nei nostri confronti che, con il tempo, diventa una modalità ostile anche nei confronti degli altri. Dare attenzione non può essere un movimento a senso unico. Si accompagna al ricevere attenzione. Se diamo attenzione agli altri senza darla a noi stessi finiamo per esaurire le nostre risorse. Come occuparsi di sé stessi, come volersi bene senza sentirsi in colpa?

Volersi bene è un percorso che inizia con la consapevolezza e arriva alla compassione. Un sentimento che è ben diverso dalla pietà. Se la pietà ci mette in una posizione di superiorità, la *heartfulness** esprime compassione verso noi stessi e nasce da una posizione di intimità e fiducia. Intimità con il nostro bisogno e fiducia nella possibilità di rispondere al nostro bisogno. È un percorso, anche perché i sentimenti sono come il pane, vanno fatti e rifatti ogni giorno e ogni giorno sono diversi. Proprio come accade in una relazione sentimentale, volersi bene non succede in un attimo: ci vuole del tempo per imparare a volersi bene e vedere questo affetto crescere e fiorire.

---

* Mindfulness è un termine che si può tradurre con "piena presenza mentale". Heartfulness ha la stessa struttura semantica e significa "piena presenza alla vita affettiva".

TEMPO VERRÀ
IN CUI, CON ESULTANZA,
SALUTERAI TE STESSO ARRIVATO
ALLA TUA PORTA, NEL TUO PROPRIO SPECCHIO,
E OGNUNO SORRIDERÀ AL BENVENUTO DELL'ALTRO

E DIRÀ: SIEDI QUI. MANGIA.
AMERAI DI NUOVO LO STRANIERO CHE ERA IL TUO IO.
OFFRI VINO. OFFRI PANE. RENDI IL CUORE
A SÉ STESSO, ALLO STRANIERO CHE TI HA AMATO

PER TUTTA LA TUA VITA, CHE HAI IGNORATO
PER UN ALTRO E CHE TI SA A MEMORIA.
DALLO SCAFFALE TIRA GIÙ LE LETTERE D'AMORE,

LE FOTOGRAFIE, LE NOTE DISPERATE,
SBUCCIA VIA DALLO SPECCHIO LA TUA IMMAGINE.
SIEDITI. È FESTA: LA TUA VITA È IN TAVOLA.

Derek Walcott[46]

C'è un'altra ragione che ci spinge a evitare l'intimità con noi stessi per sostituirla alle mille attività del sistema di ricerca delle risorse. È la paura di accorgersi che c'è qualcosa che non va. Fino a che siamo impegnati in progetti lavorativi ci sentiamo adeguati e certi delle necessità a cui stiamo rispondendo. Quando iniziamo a esplorare il mondo interno invece di quello esterno, abbiamo paura di incontrare altri demoni, quelli che raccontano solo i nostri errori. Quelli che vedono solo i nostri difetti. Quelli che facciamo tacere mostrandogli quanto siamo capaci sul lavoro, nella gestione dei figli, nella vita quotidiana. Quei demoni lì, prima o poi, vanno incontrati. Se non li incontriamo saremo costretti a vivere una vita dedicata solo all'azione, senza porti in cui attraccare. E per incontrarli non basta la consapevolezza. È necessario l'affetto. La consapevolezza è un'arma a doppio taglio: ci mostra quello che c'è e, a volte, non fa per niente piacere vedere quello che c'è. È per questo che evitiamo di vederlo. È per questo che la mindfulness non può essere solo un'esperienza di consapevolezza ma deve essere anche un'esperienza di heartfulness, di pienezza di affetto. Perché altrimenti ci sembrerà troppo cruda la verità su di noi e, per quanto consapevoli che meditare ci faccia stare meglio, cercheremo di sfuggire alla pratica per paura di guardare in faccia noi stessi. Lo straniero che abbiamo dimenticato e che ci conosce perfettamente. Quello straniero che aspetta di tornare a casa, di vederci attraccare in porto. Quello straniero che non aspetta altro che di diventare conosciuto e amato.

15
capitolo

L'INNAMORAMENTO, L'AMORE E GLI EFFETTI POSITIVI

L'attenzione al ruolo degli "affetti positivi" nasce negli Stati Uniti dopo gli anni Novanta del secolo scorso. Le neuroscienze affettive e le nuove metodiche di indagine del panorama cerebrale hanno dimostrato che gli affetti positivi hanno un ruolo importante nei processi di sviluppo e apprendimento e nei processi di cura. Il primo anno di vita – un anno in cui i bambini hanno una straordinaria crescita psicofisica – è totalmente dedicato agli affetti positivi. Queste emozioni hanno un ruolo centrale nella crescita e nello sviluppo. In effetti le conseguenze di un clima emotivo precocemente attraversato da affetti negativi sono oramai evidenti a tutti. Mentre le emozioni positive hanno un potenziale di apertura e trasformazione immediatamente accessibile, le emozioni difensive sono più difficili da elaborare e digerire. In ogni caso è abbastanza spontaneo provare tenerezza e amore nei confronti di un neonato ed è esperienza comune che genitori e bambini abbiano interazioni prevalentemente orientate all'amore, all'affetto o alla consolazione soprattutto nei primi due anni di vita. È solo dopo la seconda metà del secondo anno che nella relazione iniziano ad apparire più frequentemente anche emozioni legate alla disapprovazione, al rimprovero o alla rabbia.

L'amore è l'emozione principale del sistema affiliativo ed è giallo sole. Ne fanno parte anche la gioia, spesso collegata all'amore, il piacere e l'eccitazione.

CHE COSA SIGNIFICA POSITIVITÀ?

Barbara Fredrickson[47] ha affrontato il tema dell'amore dal punto di vista della scienza delle emozioni. In questo approccio l'interesse nei confronti delle emozioni riguarda l'esplorazione degli aspetti corporei e mentali associati agli stati emotivi positivi. Per positività si intende quella condizione psicologica suscitata da una emozione che si accompagna a molti effetti fisici che vanno dal rallentamento del battito cardiaco al rilassamento dei muscoli facciali, al rilassamento muscolare. La positività emotiva permette apertura relazionale, crescita personale e trasformazione della reattività nel presente e garantisce un miglior atteggiamento verso il futuro. Le emozioni positive sono il nostro "motore" oltre a essere ingredienti attivi della nostra messa in moto. L'amore ne fa parte ed è un sentimento duraturo ma anche uno stato momentaneo che risuona nella risposta corporea e mentale come gioia ed eccitazione. Come tutte le emozioni si accompagna a un modello di sensazioni precise e individualmente determinate, tutte piuttosto piacevoli. Non solo piacevoli però, perché l'amore può accompagnarsi anche alla gelosia, al senso di colpa o alla vergogna. L'amore è il frutto di tre elementi intrecciati tra di loro: il primo è la condivisione di una o più emozioni positive, il secondo è una sincronicità tra la propria esperienza e quella dell'altro e il terzo è il reciproco interesse per il benessere del nostro interlocutore.

L'intrecciarsi di questi tre elementi – sincronicità, condivisione, interesse reciproco – crea una risonanza positiva che espande l'intensità e la forza del legame. Più proviamo sincronicità di esperienze positive, che normalmente chiamiamo sintonia, più aumenta l'affetto. Questa risonanza è qualcosa di più di un rispecchiamento. Non basta essere presenti e in grado di offrire una generosa reciprocità. Anzi, la reciprocità non basta. È necessario che in ogni scambio ci sia una aggiunta personale, un aroma dell'altro, che va a costruire il "gusto" del legame. Il rischio dell'amore "da rispecchiamento" è quello di cadere in una relazione narcisistica in cui l'altro esiste solo nella misura in cui rispecchia i nostri bisogni, le nostre aspettative e la nostra stessa visione delle cose.

Il sistema motivazionale legato alla sessualità ha come scopo il piacere erotico e la riproduzione. In questo caso nella sequenza emotiva può emergere gelosia: desiderio-piacere-gelosia.

IMMAGINE ALLO SPECCHIO

La risonanza include la novità che la presenza dell'altro comporta aiuta a sviluppare un sentimento d'amore libero da gravami narcisistici. Il mito di Narciso offre una efficace metafora di come la reciprocità non sia sufficiente per far crescere l'amore. Narciso si innamorò della propria immagine riflessa nell'acqua tanto da cadere nel fiume in cui si specchiava e annegare nel tentativo di abbracciarsi. Questo mito ha un'altra silenziosa protagonista costituita dalla ninfa Eco, condannata dagli dei a ripetere ciò che gli altri le dicevano. Se Narciso, di cui era perdutamente innamorata, le avesse detto "ti amo" lei avrebbe potuto ripeterlo, ma non avrebbe potuto dirlo per prima. Narciso non lo fece mai e lei non poté mai esprimere il suo amore. Non so se questo ti ricorda qualcosa: io ho sentito molti racconti incentrati su chi avrebbe detto per primo la fatidica frase, "ti amo". Eco e Narciso non sono solo personaggi mitologici: sono espressione della nostra difficoltà rispetto al sentimento – meraviglioso e difficile – dell'amore. Esprimere l'amore può voler dire correre il rischio del rifiuto o dell'abbandono.

LE CONDIZIONI DI PARTENZA

A questo punto potremmo chiederci qual è la scintilla che accende l'amore.

Ce ne sono diverse, la prima è una sensazione di sicurezza. Se siamo spaventati o abbiamo la sensazione di essere in pericolo, sarà molto difficile che si sviluppi un sentimento di amore. Le emozioni del sistema difensivo sono antagoniste naturali delle emozion del sistema affiliativo anche al di là della nostra consapevolezza conscia. Il nostro cervello è abituato a sintonizzarsi con le fonti di pericolo e a entrare in modalità difensiva, anche in modo non pienamente consapevole. Ovviamente la percezione della minaccia può non essere realistica ma ciononostante attiviamo una modalità di reazione. Se siamo ansiosi o depressi tutto ci sembra più minaccioso e ci innamoriamo più difficilmente. L'altra scintilla è il contatto e la capacità di stare in contatto; un contatto reale e non virtuale. Ma non riusciamo a stare in contatto con chiunque indiscriminatamente. Abbiamo bisogno di percepire un elemento di attrazione, interesse e apertura. Lo manifestiamo con lo sguardo, la vicinanza, l'espressione del viso. Gli occhi sono finestre sul mondo, senza contatto visivo la sincronicità che possiamo sperimentare diventa un "gioco parallelo" che può essere anche molto piacevole ma non fa approdare alla stessa spiaggia. Guardarsi sviluppa la sintonia – *l'attunement** – nei fatti e non solo a parole e permette, in seguito, di guardare nella stessa direzione. Si costruisce così un legame che può affrontare le inevitabili tempeste della vita e dell'amore. L'amore richiede connessione, e, se è vero che possiamo pensare e desiderare chi amiamo anche in sua assenza, è vero che quel sentimento per nascere e consolidarsi richiede presenza fisica ed emotiva. La sola presenza fisica non è sufficiente: è necessario che ci sia anche condivisione emotiva. Ecco perché è importante rallentare, come ci insegnano i bambini, così lenti nelle interazioni relazionali e così veloci in altre situazioni. Sono lenti quando assimilano l'amore. Sono veloci quando, con un bel rifornimento affettivo, possono esprimere tutta la loro energia. Se impariamo a rallentare ogni volta che ci sentiamo soli – anziché metterci a correre dietro una qualunque attività distraente – possiamo accorgerci che c'è molto più amore a nostra disposizione di quello che pensiamo. Come tutte le altre emozioni anche l'amore conosce alti e bassi. A volte possiamo avere una sor-

* L'attunement è un processo non verbale di sincronizzazione relazionale che nasce primitivamente nella relazione madre-bambino. È la capacità di "sentire" dov'è l'altro non per quello che esprime verbalmente ma per la sua qualità di presenza, attenzione disponibilità al contatto. Costruisce quella che viene definita "la conoscenza implicita dell'altro". Vedi: Daniel Stern, *Il mondo interpersonale del bambino*, Bollati Boringhieri, Torino 1992.

ta di barriera al contatto che fa sì che ci sia possibile sviluppare intimità solo a certe condizioni. Altre volte possiamo avere il cuore "stretto in una cintura", ossia una difficoltà a stare nell'intensità emotiva. Nel momento in cui ci innamoriamo riusciamo ad andare veramente al di là delle nostre tensioni nei confronti delle relazioni.

L'AMORE NON BASTA

Abbiamo la convinzione che l'importante sia voler bene. Meglio ancora amare. Poi scopriamo che non basta. Lo scopriamo quando le cose non vanno bene. Lo scopriamo quando malgrado la compagnia della persona che amiamo ci ritroviamo infelici a fantasticare una via di fuga. Allora ci domandiamo come mai, visto che tutti ci dicono che l'importante è volersi bene. L'importante è volersi bene ma l'amore è un'emozione che naviga in mezzo a tutte le nostre emozioni e, soprattutto, a tutti i nostri stati mentali. Gli stati mentali* – quando agiscono inconsapevolmente – sono molto convincenti. Molto più convincenti di qualsiasi sentimento. Così, se non siamo consapevoli, potremmo entrare in una modalità di relazione basata più sulle nostre esperienze passate che sul presente, innescando una ripetizione che avvera le nostre paure più antiche. Molte storie di gelosia iniziano così, con una memoria del passato, con un'impronta non più attuale ma ancora fastidiosa. Abbiamo imparato ad amare in famiglia, un luogo dove ci sono stati distanza e vicinanza, contatto e calore, insieme a lodi e rimproveri. I

---

* Uno stato mentale è l'insieme di sensazioni fisiche, emotive e pensieri connessi con la memoria. Dà vita a una risposta e a un comportamento sulla base di esperienze precedenti. Più siamo in grado di rimanere radicati nel presente più il nostro stato mentale è contraddistinto da attenzione e consapevolezza. Più il nostro comportamento è automatico e inconsapevole più facciamo riferimento a modalità precostituite di risposta.

nostri fratelli, genitori, nonni ci hanno insegnato come consolarci quando qualcosa non funziona. Hanno contribuito a definire i nostri gusti. Da lì siamo partiti con un bagaglio ricco anche quando questa ricchezza non è stata solo benefica. Poi le neuroscienze affettive hanno chiamato tutto questo con il nome di un neurotrasmettitore: l'ossitocina. Un ormone che regola le relazioni attraverso una diversa propensione al contatto, alla vicinanza e alla cura sia negli uomini che nelle donne. Nelle fasi iniziali di una relazione si riattiva uno stato mentale simile alla simbiosi sperimentata con una buona madre. È questo che rende l'innamoramento così gratificante ed è questo stato "simbiotico" che ci aiuta a mettere le basi per un legame di attaccamento reciproco. Quando l'innamoramento si trasforma in una storia d'amore arriva la memoria. Se in passato abbiamo avuto difficoltà a sentirci conosciuti e compresi saremo sospettosi nei confronti dei segnali ambivalenti del partner e inizieremo a sentirci in pericolo. Una parte di noi continuerà a investire nella relazione e un'altra parte inizierà a stare in guardia temendo una ripetizione della storia passata. È così che il passaggio dall'innamoramento all'amore diventa uno dei periodi più fragili della nostra vita relazionale.

IL MATRIMONIO DI LUCIA

L'inizio della relazione sentimentale di Lucia era stato un felice intermezzo in una vita molto attiva. Un amore cresciuto velocemente che aveva portato a un bellissimo matrimonio. In quel periodo la sua tendenza al conflitto era svanita e tutto le era sembrato favoloso. I primi cinque anni di matrimonio, senza figli, erano stati spensierati. Dopo l'arrivo dei figli erano cresciute le situazioni di tensione. Temeva di venir relegata al ruolo di madre e di non avere la possibilità di un'equa suddivisione delle responsabilità familiari. Nel giro di poco tempo la sua vita affettiva le era sembrata una minaccia per la crescita professionale. La sintonia che aveva sperimentato nei primi anni si era trasformata in competizione e in una rigida suddivisione dei turni familiari. Anche se l'amore è un sentimento, non è l'unica motivazione che ci anima. I nostri stati mentali guardano verso il passato per decidere cosa fare nel futuro. E se siamo incerti tra un'emozione che ci dice di andare in una direzione – stare a casa e gustarsi figli e marito – e uno stato mentale che ci dice di andare in un'altra direzione, la maggioranza delle volte scegliamo lo stato mentale. Lucia era innamorata del marito e dei figli ma non voleva sentirsi relegata a vivere uno spa-

Uno stato mentale
è un mix di pensieri,
sensazioni fisiche, sensazioni
emotive che ci informa
sull'opportunità
di coinvolgerci o ritirarci.
È influenzato dall'umore.

zio fertile solo in famiglia. Il suo stato mentale era identificato con le emozioni del sistema di ricerca delle risorse: si sentiva al sicuro solo quando era professionalmente soddisfatta. Uno stato mentale è un mix di pensieri, sensazioni fisiche, sensazioni emotive che ci informa sull'opportunità di coinvolgerci o ritirarci. Lo stato mentale è influenzato dall'umore che, se è basso, attiva le difese. È così che, nel passaggio dall'innamoramento all'amore, la nostra storia può precipitare nell'abitudine o nel conflitto. L'abitudine non è data dal fatto che abbiamo a che fare sempre con la stessa persona: è data dal fatto che più che entrare in relazione con la persona che abbiamo davanti entriamo in relazione con le paure che la relazione suscita. Anche se può sembrare strano una fase conflittuale è sana nel passaggio tra innamoramento e amore: aiuta la coppia a stabilire un diverso equilibrio, a consolidare regole implicite di relazione. A conoscere limiti e confini reciproci: meglio litigare prima che dopo. Il problema non è litigare. È non saper smettere di litigare e non usare il conflitto per costruire un'intimità più solida e profonda. Lucia aveva cercato di farlo ma l'intensità della sua rabbia aveva umiliato suo marito. Sembrava che lui accettasse i suoi periodici scatti di rabbia. In realtà stava accumulando tensione e trasformando l'umiliazione in risentimento. Quando il marito aveva aperto la crisi, ormai non c'era più spazio per la riparazione e si erano separati due mesi dopo.

L'umore si costruisce
sulla base delle emozioni
prevalenti nelle nostre
giornate e "decide"
se attivare o no
le nostre difese.
In caso di dubbio, le attiva.

Questo schema di gestione del conflitto è tutt'altro che insolito. Uno dei due è verbalmente aggressivo e ottiene una risposta accondiscendente che non è una reale accettazione. È una modalità difensiva che porta a una improvvisa rottura, quasi inspiegabile anche per la persona stessa. Le separazioni più dolorose che ho seguito erano collegate a questa modalità disfunzionale di gestione della rabbia. È disfunzionale perché rende impossibile il processo di riparazione e difficile quello di separazione. Lucia e suo marito ne erano un esempio. La loro passata intimità era il terreno che usavano per farsi male: sapevano dove colpire e lo facevano senza scrupoli.

L'accondiscendenza – *tend to be friend* – è una delle modalità difensive e può essere agita senza consapevolezza.

DUE ARMATURE CHE SI INCONTRANO

Il passaggio dall'innamoramento all'amore non è sincrono: procediamo diversamente a seconda del nostro carattere e del nostro desiderio di stabilità. Più desideriamo stabilità e più abbiamo fretta di passare alla fase dell'amore, ma questo è anche il luogo dove incontriamo le nostre difese. In modo comico potremmo dire che l'amore sono due armature che si incontrano (e si scontrano)! C'è sempre una via d'uscita, che non è cercare la fatidica anima gemella ma è essere consapevoli dei propri bisogni e delle proprie modalità relazionali. La consapevolezza è sufficiente per aprire uno spazio di pausa, una riflessione, e scegliere in quale direzione andare. I secondi matrimoni di solito sono più duraturi dei primi matrimoni. Abbiamo imparato dall'esperienza e siamo più disponibili a riconoscere gli errori fatti nel passato, più desiderosi di non ripeterli. In fondo sono la dimostrazione che la consapevolezza aiuta. Ma allora è necessario cambiare partner? Non lo sarebbe se fossimo disponibili a riconoscere gli errori e a non ripeterli. Meglio non rifare un errore che chiedere mille volte scusa. Qualche tempo dopo l'inizio della psicoterapia con me Lucia si è innamorata di nuovo. Forse dovrei dire ri-innamorata visto che il partner era stato un amore di gioventù, incontrato casualmente a distanza di più di vent'anni. L'esperienza matrimoniale passata ha giocato a favore della loro relazione: sapevano cosa era il caso di evitare. Avevano il desiderio di uno spazio affettivo che fosse esclusivo: niente figli insieme e i propri figli ormai sufficientemente adulti da non richiedere un'attenzione quotidiana. Nel momento in cui Marta, la sorella di Lucia, sperimentava il dolore e la depressione del nido vuoto, costituito dall'uscita di casa dei figli, Lucia si trovava a costruire un nuovo nido con un vecchio partner senza i rischi e le responsabilità della genitorialità. Una parte considerevole della "guarigione" di Lucia è stata la possibilità di vedere, in pratica, come era diventata capace di stare in relazione senza diventare competitiva. Poteva lasciar andare la sua armatura e rimanere spogliata delle sue difese: invecchiare non era poi così male, come aveva sentenziato in un incontro.

PRENDERE DECISIONI

Le emozioni hanno una grande influenza sulle nostre decisioni. Quando dobbiamo scegliere lo facciamo immaginando come ci sentiremo emotivamente in una situazione piuttosto che in un'altra. Se stiamo scegliendo un investimento economico, essere di buon umore può portarci a sottovalutare i rischi mentre le emozioni negative possono essere più funzionali alla cautela. D'altra parte, le emozioni positive ci fanno sentire che la vita sta andando nella direzione che vogliamo. Il ruolo delle emozioni nei processi decisionali è stato studiato in diversi modi. Per esempio misurando la soddisfazione di due gruppi di persone rispetto al proprio stile di vita, un gruppo era in una stanza scomoda e un gruppo si trovava invece in una stanza confortevole. Le persone che erano state esaminate in una stanza comoda erano mediamente più soddisfatte della propria vita di quelle che erano state messe in un contesto ambientale scomodo.

Altri due gruppi dovevano valutare l'altezza di una montagna dopo che era stata creata una disposizione d'animo serena in un caso e una disposizione d'animo triste nell'altro. Le persone che avevano fatto parte del gruppo "triste" vedevano la montagna come più alta e più faticosa da percorrere. Sono pregiudizi basati sull'umore o *incidental mood bias* e sono determinati da emozioni che risalgono alla nostra storia di vita. Lucia sarebbe stata una madre affettuosa e una compagna passionale, ma la lunga storia di competizione e gelosia con sua sorella aveva lasciato una traccia molto forte.

Tra riposarsi tra le braccia di suo marito e studiare una causa, finiva per scegliere la seconda opzione, soprattutto dopo che erano nati i figli. Le sembrava che senza il suo impegno professionale non avrebbero potuto avere le opportunità che meritavano. Non era consapevole che questo nascondeva una sfiducia verso le capacità professionali del marito. La rabbia era il suo carburante, un carburante funzionale. Quando siamo arrabbiati tendiamo a essere più ottimisti rispetto alle nostre capacità. E Lucia era proprio così: ottimista, determinata e incline alla rabbia. Cambiare il suo stato mentale ha significato prendere atto del fatto che non c'era più da competere per l'affetto e l'ammirazione dei suoi genitori. C'era piuttosto da gustare quello che aveva faticosamente costruito accettando, qualche volta, di perdere. Le emozioni non offuscano la nostra capacità decisionale: l'inconsapevolezza sì. Quando siamo consapevoli di quello che proviamo possiamo scegliere senza farci influenzare dal nostro umore. Sono le decisioni più semplici e familiari quelle che finiscono per farci entrare in un circolo vizioso che rinforza le nostre convinzioni negative. La consapevolezza ha la forza di interrompere questa ripetizione. Quando ci sentiamo emotivamente sostenuti da qualcuno il nostro stile decisionale cambia. Più grande è questa differenza, più il nostro modo di funzionare è dipendente dalle relazioni. Inutile dire che nessuno può dirsi davvero indipendente dalle emozioni che sono portate in campo dalle relazioni significative. Ci leghiamo più profondamente con le persone che "tirano fuori la parte migliore di noi". Il problema è che quando amiamo possiamo entrare in uno stato di fusionalità emotiva che può spaventare: temiamo di perderci nella relazione con l'altro anziché trovarci. Le persone che urlano "Voglio essere me stesso" – come faceva Lucia – non sono davvero autonome.

Hanno paura di scomparire nella relazione e si comportano in modo da ridurre il coinvolgimento emotivo con il partner. Alcuni creano una distanza, altri tengono la relazione costantemente in ebollizione. Lucia era così: aveva tenuto la relazione con il marito in uno stato costante di ebollizione per paura. Paura di perdersi. Poi, con la separazione, aveva proseguito l'ebollizione per un'altra paura: paura di perdere.

Il sistema motivazionale agonistico ha una sequenza emotiva tipica: collera – scambio di segnali di sfida – paura se l'altro è più forte – resa o dominanza. In Lucia il sistema agonistico era sempre acceso.

CONCA DI NAVIGAZIONE: TORNARE A CASA

Quando rientri a casa, porta l'attenzione al gesto dell'aprire la porta per cogliere com'è entrare in casa e salutare. Ogni volta che torniamo a casa, ripetiamo il tornare all'origine. Come nella meditazione: ogni volta che riportiamo l'attenzione al respiro approfondiamo il sentiero che ci riporta a casa. Lo rendiamo più forte, più semplice, più essenziale. Il problema non è il vagare della mente, la nostra mente è ricettiva e vagare è una delle sue attività. È dimenticarsi di tornare a casa il vero problema. Vagare senza sosta e senza meta, allontanandosi tanto da entrare in una sorta di trance. La trance dei nostri pensieri, la trance del nostro umore. Allora, proprio nell'attimo in cui diventiamo consapevoli del nostro vagare, è importante la gentilezza con cui torniamo a casa. Tornare a casa non può essere un rimprovero. È un atto di accoglienza. Perché la felicità sta nel tornare. Per questo soffermati sul rilevatore di piacevolezza che si attiva nel tornare a casa. Registra se si accende un rilevatore di spiacevolezza.

IL RUOLO DELLE RELAZIONI TRA PARI

Quando parliamo di emozioni del sistema affiliativo rischiamo di limitare la prospettiva alle relazioni sentimentali o familiari. In realtà l'amicizia – quella particolare qualità di relazione che possiamo avere con persone di diversa età e provenienza – è un aspetto importante nella vita. Stiamo diventando sempre di più una società di figli unici e sempre di più coltiviamo una cultura in cui il gruppo dei pari assume un ruolo rilevante. È la nostra prima esperienza nella sfera della socialità. La palestra nella quale impariamo i comportamenti più adeguati nel gruppo dei pari.

Anche la pratica di mindfulness coltiva, in modo implicito, la centralità della relazione tra pari. Tradizionalmente i protocolli vengono condotti in gruppo e l'apprendimento è facilitato dai momenti in cui vengono condivise l'esperienza e l'esplorazione successiva all'esperienza. Impariamo in modo collettivo che i nostri dolori non sono solo nostri. Le nostre paure vengono ridimensionate dallo scoprire che altri possono provarle. Il coraggio di un'altra persona diventa stimolo per il coraggio personale e un'occasione per crescere insieme.

Nella tradizione vipassana theravada, da cui la pratica di mindfulness deriva, questo aspetto di socialità corrisponde a una delle qualità della mente originaria. È Mudita, la gioia condivisa con gli altri. La gioia per la buona sorte degli altri.

Marco e Piero sono stati, in questo, un ottimo esempio per tutti i partecipanti al protocollo. La loro amicizia era solida ed evidente. Nessuna smanceria ma un giocoso prendersi in giro che diventava solidarietà e affetto quando necessario. Vederli insieme spiegava, senza bisogno di nessuna parola aggiuntiva, che si può essere "fratelli" anche se si è solo amici. Forse è ancora più facile essere fratelli quando si è solo amici perché si è naturalmente protetti dalla competizione per l'affetto dei genitori. Questa relazione di amicizia tra uomini è definita *bromance*. Una parola che unisce *brother*, fratello, e *romance*, relazione affettuosa.
Non è una relazione sessualizzata. È una relazione in cui l'affetto condiviso è forte e reciproco e più semplice che nella relazione tra fratelli e sorelle. Anche le donne conoscono la sorellanza tra amiche. A volte è più facile la relazione con gli amici che con i familiari.

Il sistema di gioco sociale è collegato alla sequenza gioia-divertimento. Non c'è una ragione specifica per cui inizia ma è fondamentale per l'apprendimento.

Distinguere il nostro modo di stare in relazione con le persone che amiamo dal nostro modo di stare in relazione con gli amici o nelle relazioni sociali restituisce un'immagine più sfaccettata della parola intimità. Esistono gradi diversi di intimità che, come i cerchi disegnati da un sasso che entra nell'acqua, partono da un centro comune: l'apertura o la chiusura del nostro cuore. Se il nostro cuore è difeso, la vita emotiva ne risentirà non solo nel rapporto con gli altri, ma anche in quello con noi stessi.

Nella mindfulness questi diversi gradi di intimità sono coltivati attraverso delle pratiche narrative, i Brahmavihāra (le quattro dimore divine), che esprimono quattro qualità della nostra mente originaria. Sono virtù affettive in grado di portarci al cospetto di Brahmā, in "paradiso", non nel futuro ma nel momento stesso in cui le evochiamo. Ognuna corrisponde a un diverso stato mentale e una diversa intenzione. Nella pratica di gentilezza amorevole coltiviamo l'intenzione di felicità, nella pratica di compassione coltiviamo l'intenzione di libertà dalla sofferenza, nella pratica di accettazione guardiamo con equanimità agli alti e bassi della nostra vita e, condividendo la gioia che provano le altre persone, ci liberiamo da invidia e gelosia.[48] Nella pratica di gentilezza amorevole usiamo quattro frasi che possono variare ma che, tendenzialmente, sono: "Che io possa essere sicura/o", "Che io possa essere sana/o", "Che io possa essere in pace", "Che io possa essere felice". Di queste quattro frasi ci sono infinite variazioni che possono nascere dal nostro personale bisogno. Sono frasi che iniziano con un congiuntivo, un modo verbale che esprime desiderio, intenzione ma non certezza (e che solitamente è subordinato a un verbo principale).

In ogni Brahmavihāra
si parte con un augurio
rivolto a noi stessi, poi
alle persone che amiamo,
agli sconosciuti,
a qualcuno con cui abbiamo
una relazione difficile e,
infine, a tutta l'umanità.

Il primo momento della pratica è cercare quali sono le intenzioni che abbiamo rispetto alla felicità, al dolore, all'equanimità e alla gioia condivisa. Il secondo momento, quando si pronunciano le frasi al congiuntivo, è mettere le intenzioni perché queste condizioni si realizzino. Il terzo momento è scoprire le loro diverse declinazioni affettive a seconda dei diversi cerchi di intimità.

Queste pratiche riservano sorprese: così Lucia ha scoperto di sentirsi poco meritevole di essere felice mentre Marco era convinto che fosse un suo personale diritto di nascita. Piero non sembrava molto interessato alla felicità sociale ma solo a quella delle persone che amava. Ognuno di loro ha provato affetti diversi e propensioni diverse che, infine, hanno restituito una dimensione ricca e varia alla parola affetto e alla parola intimità. Che sorpresa per Piero scoprire che poteva amare senza essere molto intimo, anzi tenendo per sé molto di più di quello che condivideva. Che scoperta accorgersi che questa riservatezza, quando superava certi limiti, diventava un vero e proprio stress relazionale per le persone a lui care.

Queste pratiche possono sollevare il tema dell'autenticità visto che invocano uno stato mentale che potrebbe non essere presente. È per questo che l'invito è a poggiare le parole sul cuore perché lo predispongano al risveglio. Se non sono sentite scivoleranno via ma, giorno dopo giorno, lasceranno un'impronta. Quell'impronta è il risveglio di qualcosa di sopito. Sono parole che entrano, prima o poi, dentro di noi e ci cambiano con la dolcezza dell'acqua, goccia dopo goccia. Nascono dall'intimità presente tra la calma della mente e il conforto delle parole giuste e chiamano ciò che manca e ciò che desideriamo. Nascono in un vuoto che a volte è silenzio e a volte è assenza. Richiedono un atteggiamento di ascolto.

Ci aiutano a rimanere fedeli anche quando la rabbia e la paura ci gridano in faccia di scappare o di attaccare. Lucia ha praticato a lungo gentilezza amorevole per il suo ex-marito e per sua sorella. All'inizio con cautela, poi assaporando lo schiudersi di un sentimento di maggiore comprensione affettuosa verso queste due persone che le erano, contemporaneamente, care e avverse.

Una partecipante al Programma di Mindful Parenting mi ha raccontato di praticare la sera, insieme al suo bambino, quando lo accompagna a dormire. Un modo per chiudere la giornata senza lasciare conti in sospeso nelle relazioni. Un atteggiamento che rende a ogni cosa il suo valore.

RIASSUMENDO

Innamoramento e amore sono due emozioni diverse. A volte l'una è il preludio dell'altra ma non va dato per scontato che all'innamoramento faccia seguito l'amore.

Seguono linguaggi espressivi diversi. L'innamoramento ha bisogno della fusione. L'amore ha bisogno di saper regolare distanza e vicinanza.

Nell'innamoramento i difetti dell'altro sono coperti dalla vastità dell'affetto. Nell'amore possono essere elementi di conflitto.

Perché si sviluppi un sentimento d'amore sono necessari tre elementi: la condivisione di una o più emozioni positive, la sincronicità tra la propria esperienza e quella dell'altro e un reciproco interesse per il benessere del nostro interlocutore.

Nell'innamoramento si sviluppano capacità di rispecchiamento che ci aiutano a comprendere lo stato mentale dell'altro.

Nell'amore si sviluppano capacità di sintonizzazione che ci permettono di regolare gli affetti negativi del partner minimizzandoli ed espandendo gli affetti positivi.

Le emozioni del sistema difensivo e di ricerca delle risorse possono interferire con le emozioni del sistema affiliativo riducendone la possibilità espressiva.

Le emozioni di affetto e amore si sviluppano a partire dal sistema di accudimento e di attaccamento costruiscono i nostri "modi di stare con l'altro".

L'amicizia può sostenere lo sviluppo della vita emotiva, facendo da mediatore tra gli affetti familiari e quelli sentimentali.

La pratica di mindfulness coltiva i diversi livelli di intimità e aiuta a riconoscere i diversi stili relazionali.

Le pratiche delle quattro dimore divine o Brahmavihāra offrono la possibilità di esplorare la relazione tra intimità e affetto.

16
capitolo

LA TENEREZZA, LA GRATITUDINE E LA CURA

Un giorno così felice.
La nebbia si alzò presto, lavoravo in giardino.
I colibrì si posavano sui fiori del quadrifoglio.
Non c'era cosa sulla terra che desiderassi avere.
Non conoscevo nessuno che valesse la pena d'invidiare.
Il male accadutomi, l'avevo dimenticato.
Non mi vergognavo al pensiero di essere stato chi sono.
Nessun dolore nel mio corpo.
Raddrizzandomi, vedevo il mare azzurro e le vele.

Czesław Miłosz[50]

Tutte le emozioni hanno la forza di produrre un cambiamento, quando proviamo tenerezza sappiamo che questo cambiamento è in corso: le difese si allentano, siamo più disponibili a prenderci cura di noi e degli altri, ci sentiamo sicuri.

La tenerezza chiama altre emozioni, come la gentilezza, la compassione, il calore e la simpatia. La nostra stessa attenzione può avere una qualità di tenerezza che permette di sperimentare gratitudine per il senso di curiosità e novità che accompagnano la nostra esplorazione. Possiamo provarla in qualsiasi situazione perché esprime accettazione, senza richiesta di miglioramenti o cambiamenti.

La tenerezza fa parte del sistema di accudimento, un sistema di regolazione delle emozioni reciproco a quello dell'attaccamento, attivato dai segnali di richiesta di conforto e protezione. Quando curiamo proviamo emozioni di sollievo, tenerezza protettiva e gioia e se il nostro protetto sfugge alle cure possiamo provare una forma di collera o irritazione. Quanti genitori si riconoscono in questo tipo di rabbia?

La tenerezza è accettazione senza condizioni.

Le nostre emozioni, oltre a far parte di tre sistemi emotivi, sono anche parte di tre diversi sistemi di regolazione emotiva. Quando ci sentiamo minacciati, per strano che possa sembrare, le emozioni del sistema difensivo realizzano uno scopo: proteggerci. Le emozioni del sistema di ricerca delle risorse realizzano un'altra motivazione: attivarci e suscitare interesse e curiosità verso uno scopo. Le emozioni del sistema affiliativo realizzano un obiettivo relazionale: confortarci.

Questi tre sistemi sono in relazione dinamica tra di loro.

Provare tenerezza è un modo per spostare la regolazione delle nostre emozioni dalla difesa alla compassione e alla self-compassion, di cui ti parlerò più approfonditamente nel prossimo capitolo. Questo spostamento ha un incredibile valore sia per la nostra salute fisica che per quella emotiva: arrabbiarsi non fa affatto bene e lo stress prolungato che ne deriva può portare anche patologie fisiche. Ci sono moltissime evidenze scientifiche che mettono in relazione alti livelli di ostilità e aggressività con i disturbi cardiaci. Le persone che provano molta rabbia sono più esposte alla possibilità di un evento cardiaco acuto come un infarto. Una lite intensa con una persona che amiamo rallenta i processi cicatriziali. Se il conflitto è ripetuto il rallentamento può addirittura raddoppiare e questo vale non solo per le situazioni di lite violenta ma anche per l'irritabilità, l'impazienza, la scontrosità.

I sentimenti di gratitudine invece accelerano i processi di guarigione, aumentano il livello di ossigeno nei tessuti e rafforzano il sistema immunitario. Innamorarsi aumenta il livello dell'ormone della crescita e gli effetti durano per circa un anno. Anche se spesso associamo la tenerezza a una mancanza di assertività, in realtà ci permette di aumentare la resilienza e migliorare la guarigione fisica.

Non possiamo togliere le emozioni del sistema difensivo dalla nostra vita, e farlo non sarebbe nemmeno produttivo, ma è importante rompere il pregiudizio che abbiamo nei confronti del fatto che essere aggressivi significhi essere forti. Essere aggressivi funziona per un breve lasso di tempo. Una condizione prolungata di rabbia può danneggiare la nostra salute, mentre un atteggiamento di tenerezza, gratitudine, accudimento si rivela, alla lunga, molto più produttivo e positivo.

Nella mindfulness il coraggio più grande è non aver paura di aprirsi al mondo. In effetti confrontarsi con il fatto che proviamo dolore, non trasformarlo in sofferenza attraverso la non accettazione, richiede di rimanere autentici e, contemporaneamente, aperti e vulnerabili. Quello che irrigidisce e chiude i nostri cuori ci lascia spaventati e non responsivi nella relazione, tutt'altro che teneri. Come possiamo avere un atteggiamento di tenerezza senza perdere la forza e il senso di giustizia? Questo era il vero conflitto di Lucia. Aveva bisogno di diventare forte in modi nuovi. Nel mezzo delle difficoltà ha imparato che rallentare, fermarsi, le permetteva di tornare alla sua bontà e non solo al suo senso di giustizia.

Con la tenerezza ci diamo la possibilità di essere aperti alla vita senza armature. Ci vuole tolleranza per l'incertezza oltre che tenerezza. Non possiamo sapere come andrà a finire.

Martin Luther King diceva: «Non soccombere alla tentazione dell'amarezza. Quando chiedi giustizia, muoviti con dignità e disciplina, usando solo gli strumenti dell'amore».[49] Questa frase per Lucia aveva voluto dire molto. Aveva capito che chiudere il cuore in uno strato di odio non le sarebbe servito. Aveva riconosciuto che la vita è piena di ingiustizie ma, insieme, aveva capito che ogni perdita è anche una opportunità, una scelta tra chiudersi o aprirsi con dignità e rispondere con il cuore.

A volte facciamo confusione tra timore e tenerezza perché entrambe rendono tremolanti. Solo che nel timore rimaniamo bloccati e nella tenerezza, invece, desideriamo avvicinarci.

Nel mezzo delle difficoltà possiamo ripetutamente fermarci e tornare alla forza della nostra compassione e della nostra vulnerabilità condivisa. Possiamo avere fiducia nel coraggio e nella vulnerabilità del nostro cuore per incontrare la vita così com'è. Per trovare in noi stessi il potere dell'amore e della verità e rispondere a un mondo che ha così tanto bisogno della nostra cura.

CHE COSA SUCCEDE NEL CERVELLO SOTTOPOSTO A STRESS CRONICO

Nel nostro cervello l'asse ipotalamo-ipofisi-surrene coordina le risposte allo stress acuto o cronico stimolando il rilascio di ormoni come l'adrenalina e il cortisolo. Se nella primissima infanzia questo asse è stato sovrastimolato da condizioni avverse questo può avere un effetto sulle nostre capacità future di regolazione delle emozioni. Siamo fisiologicamente attrezzati per rispondere a stress intensi ma brevi, molto meno capaci, invece, di sostenere uno stress prolungato. Quindi come possiamo coltivare il sentimento della tenerezza? Possiamo farlo attraverso la cura di noi stessi e poi delle nostre relazioni. Non è solo un atto di generosità: è anche un atto salutare.

LA GRATITUDINE

La gratitudine è un'emozione che si accompagna spesso alla tenerezza. Potremmo dire che l'una è il precursore dell'altra. Ci apre nei confronti degli altri come poche emozioni sanno fare. Siamo grati quando riceviamo un gesto di tenerezza e grati anche quando proviamo tenerezza perché siamo, in qualche modo misterioso, debitori agli altri della nostra crescita. In modo diretto e indiretto le persone che siamo, le persone che diventeremo sono frutto anche della matrice relazionale in cui abbiamo vissuto e nella quale stiamo vivendo.

Perché non esserne grati? Cosa ci porta a essere arrabbiati nei confronti degli altri quando non ci forniscono quello di cui abbiamo bisogno, quando non soddisfano le nostre aspettative, quando non ci offrono la cura e l'attenzione che ci sono necessarie? Quando la gratitudine sparisce dal panorama interiore sostituita dalla ribellione o dalla sottomissione, dalla rivendicazione e dalla protesta può sembrare impossibile provarla di nuovo. Vediamo i limiti delle nostre relazioni, ci sembra che quello che riceviamo rientri in una logica di giustizia distributiva e niente più. La gratitudine, riconoscendo la natura buona dei nostri scambi con il mondo, aiuta a sintonizzarci con gli altri, sposta l'attenzione sul nutrimento anziché sul materiale di scarto e ci consente di separare il grano dalla crusca, la buccia dal frutto. Ci ricorda che il nutrimento esiste sempre e noi ne siamo la prova vivente. Spostando l'attenzione sul nutrimento non neghiamo la difficoltà, semplicemente non permettiamo che la rabbia o la paura, con la solita prepotenza, prendano tutta la scena, siano sempre sotto i riflettori. Non sono i protagonisti di quell'atto unico che è la nostra vita.

Passiamo molto del nostro tempo oscillando tra approvazione e disapprovazione. Ne diamo a noi e agli altri a piene mani come se fosse un cibo da dispensare con generosità, ma approvazione e disapprovazione velano la nostra esperienza: la fanno classificare come se fosse un compito scolastico e non ci permettono di apprendere fino in fondo. Soprattutto, non ci permettono di arrivare a sperimentare la gratitudine. Quando ci sentiamo approvati siamo orgogliosi, soddisfatti, raramente però sperimentiamo gratitudine, perché sappiamo che la gratitudine nasce dalla pienezza dell'aver imparato, a proprie spese e attraverso i propri errori, e non dall'essere stati approvati. Approvazione fa rima con ammirazione; gratitudine con amore. Forse siamo silenziosamente convinti che la disapprovazione motivi a impegnarsi di più. Veniamo educati così fin da piccoli, impariamo a giudicare la nostra vita con il termometro dell'approvazione che riceviamo: se ne riceviamo molta la nostra autostima aumenta. Se ne riceviamo poca diminuisce. La gratitudine nasce quando siamo stati accompagnati a imparare fino in fondo, fino alla fine del processo. Non siamo stati abbandonati perché avevamo sbagliato. Siamo stati amati perché stavamo imparando.

La gratitudine porta l'attenzione al tessuto del ringraziamento: un tessuto delicato che si presta a essere un insieme di belle parole. Può diventare formale, un atto di cortesia imparato con facilità e sentito con difficoltà, un atto che ha una relazione intima con il dare valore all'intenzione e non ai risultati. Forse direi che la radice della gratitudine è proprio lì, remota e interiore, nell'intenzione con cui facciamo qualcosa, nell'intenzione che coltiviamo nelle nostre relazioni e nella sincerità di questa intenzione.

Perché dedicare tanto tempo a un sentimento così delicato e fragile? Perché è qui che nasce la gioia. Quella leggerezza che ci accompagna quando sentiamo che, anche in mezzo alle difficoltà, può esserci una bellezza, una grazia, una luce. Quell'espansione che ci fa avvicinare nonostante le nostre paure, oltre le nostre difese. Quel senso di accettazione che ci rende liberi, al di là delle condizioni limitanti della nostra vita. Ci sono emozioni che sentiamo poco perché hanno un volume basso. Emozioni come la tenerezza, la gratitudine, sono spesso presenti ma silenziose, coperte dall'energia di emozioni ad alto volume, come la rabbia o la paura, sopraffatte dalla velocità e dalla fretta, dalla tensione o dall'ansia. Richiedono più attenzione e uno sguardo rivolto all'interno perché sono presenti ma ricoperte dalla nostra iperattività che ci fa correre tra passato e futuro, tra ansia e rimpianto. La nostra mente sembra magneticamente attratta in una corsa che fa riemergere memorie difficili cercando di cambiare il risultato. "Se solo avessi fatto così allora sarebbe andata diversamente..." Il passato è passato. Non possiamo cambiare gli esiti, possiamo solo cambiare noi stessi e questo può essere fatto solo nel presente. La mente si occupa di tutte le catastrofi che possono accadere nel futuro: "Cosa accadrebbe se ci fosse un collasso economico, non ci fosse cibo, le persone arrivassero a prendere le armi...?". Crediamo che questo sia il compito della mente e che ci protegga dai pericoli ma, di fatto, ci fa solo sentire più tesi e spaventati. È come se la mente ripetesse un ritornello: "Cosa importa delle cose positive che accadono? Le cose positive non possono ferirci. Il mio lavoro è pensare a tutte le eventualità negative". Questa ossessione per gli aspetti negativi può diventare pervasiva, creando uno stato ansioso e depressivo. Ci aspettiamo di soffrire e, di fatto, questo accade come una triste profezia che si autoavvera.

La pratica della gratitudine, alla fine di ogni giornata, è un antidoto alla tendenza a "pensare per disastri". È una abitudine che porta la luce sui molti aspetti positivi della nostra vita e ribalta – in una direzione positiva – questa tendenza della mente.

CONCA DI NAVIGAZIONE: GUARDARE ALL'AGENDA CON GRATITUDINE

Come ci sentiremmo se guardassimo alla nostra agenda non dal punto di vista del carico ma della gratitudine? Se prima di incontrare qualcuno ci sintonizzassimo sull'opportunità di quell'incontro, sulla fortuna di poterlo fare, di poterci essere. Sulla fortuna di avere un corpo che ci porterà lì e che ci accompagna da quando siamo nati? Non è un invito a essere educati ma a coltivare – attraverso l'attenzione – i sentimenti delicati, quelli che non urlano ma che hanno lo stesso dimora nel corpo. Quelli che nutrono l'appagamento, la soddisfazione, la consapevolezza di ciò che è stato fatto invece che del tanto che ancora dobbiamo fare. Come sarebbe se i nostri movimenti fisici ed emotivi partissero da questo luogo, il luogo della gratitudine, che non dà mai per scontato che tutto rimarrà come prima?

CONCA DI NAVIGAZIONE: GRATITUDINE IN PRATICA

Metti in pratica la gratitudine scegliendo tra questi suggerimenti.

- Ogni settimana scegli un'azione che sostenga l'ambiente, la bellezza del mondo che ci è dato, un'azione che migliori la sostenibilità ecologica.
- Pratica la pazienza. L'impazienza è un segnale di rifiuto o di allontanamento. Quando emerge questo impulso aspetta e pratica la fiducia. Una risposta prematura può ferire o ferirci, osserva cosa fa nascere la pazienza e cosa produce l'impazienza.
- Passa un'ora all'aperto ogni giorno per aumentare il benessere e la salute. Più tempo passiamo nella natura e più ci è facile entrare in contatto con la nostra natura interiore.
- Offri gratitudine per quello che la natura ti ha insegnato in questo mese o per aver coltivato le tue qualità naturali.

RIASSUMENDO

La tenerezza è l'emozione che apre al sistema di accudimento sia quando è rivolta verso di noi che quando è rivolta verso gli altri.

Consente di sperimentare le emozioni di apertura verso la relazione e verso l'ambiente sociale.

La possibilità di provare tenerezza è inversamente proporzionale all'attivazione del nostro sistema difensivo.

La tenerezza e la gratitudine consolidano il legame e attivano comportamenti pro-sociali.

Sono emozioni che hanno un effetto positivo sul sistema immunitario.

La gratitudine è libera rispetto all'approvazione e alla disapprovazione. Crea riconoscimento per ciò che è stato possibile imparare dall'esperienza.

17
capitolo

LA COMPASSIONE

Che ci possa essere gentilezza
nel tuo sguardo quando ti guardi dentro.

John O'Donohue[52]

La compassione e la self-compassion[51] – che è provare compassione verso sé stessi – sono emozioni lente, che nascono dalla nostra disponibilità a farci toccare dal dolore e dalla tristezza. Non riusciamo a sentirle quando abbiamo fretta e raramente la fretta è costruttiva. Se fuggiamo da queste emozioni perché ne abbiamo paura o perché ci fanno sentire falliti saremo meno capaci di essere compassionevoli. Non si tratta di ristagnare nella tristezza o nel dolore, quanto di riconoscerle per lasciarle fluire senza cristallizzarle con i nostri pensieri rimuginativi.

Provare self-compassion significa provare affetto e gentilezza per le proprie difficoltà. Provare compassione significa avere un'attenzione affettuosa per le difficoltà degli altri. Siamo abituati ad associare queste emozioni ad aspetti più spirituali che emotivi vista la confusione, non solo terminologica, che facciamo tra pietà e compassione.

Il sentimento della pietà nasce da una sensazione di superiorità e separazione nei confronti di chi prova dolore, mentre la compassione ha proprio la caratteristica opposta di aumentare il senso di interconnessione. Possiamo provare pietà anche nei nostri confronti ma anche in questo caso non aiuta e spesso è dovuta a una eccessiva identificazione con le proprie ragioni e il proprio dolore.

La differenza fondamentale tra pietà e compassione è nella loro origine: la compassione è un'emozione che nasce dall'interno e si muove verso l'esterno. La pietà è un seguire, con devozione, le leggi etiche e morali a cui crediamo, che provengono da valori più alti e nobili di quelli personali. Nella compassione c'è un aspetto personale, intimo che è dominante mentre nella pietà è dominante la valutazione cognitiva.

Le persone che provano un pericoloso senso di pietà nei propri confronti non fanno altro che alimentare una sensazione di indegnità. Se la self-compassion consola, la pietà abbatte.

TRE MODI DI CONSIDERARE LA COMPASSIONE

La compassione può essere considerata in tre modi diversi: possiamo considerarla come diretta verso di noi, verso gli altri o ricevuta da parte di qualcun altro, e ha una relazione duplice con il dolore. Da un lato è suscitata dal dolore, dall'altro ne è la cura più profonda. Una cura che restituisce senso di appartenenza e accettazione

La compassione ci invita a praticare "pausa" mentre noi siamo predisposti a praticare "fuga". Perché quindi fare qualcosa di così controintuitivo? Perché se pratichiamo pausa disattiviamo il circuito di risposte difensive che ci mette sotto stress. Nello stesso tempo, perché questa pausa non sia lesiva, abbiamo bisogno di saper distinguere le situazioni in cui vale la pena soffermarsi da quelle in cui vale la pena, anzi è indispensabile, reagire. Possiamo imparare a fare questa distinzione grazie alla consapevolezza che ci regala la pratica di mindfulness. Se non facciamo distinzioni combatteremo con uguale forza sia disagi piccoli che dolori grandi mettendoci in una continua lotta per la sopravvivenza.

LA DIFFERENZA TRA DOLORE E SOFFERENZA

C'è una distinzione sostanziale tra dolore e sofferenza. Il dolore è un'esperienza inevitabile che si accompagna a una ferita fisica o emotiva. È difficile pensare di vivere senza incontrarlo. Tutti incontreremo il dolore del cambiamento, dell'invecchiamento, della malattia.

La sofferenza è la lotta tesa a combattere il dolore. Non accettiamo che ci sia e lottiamo per farlo andare via. Non ci accorgiamo di quanto sia paradossale questo comportamento: è come se avessimo un incendio in casa e invece di fare qualcosa per spegnerlo iniziassimo a biasimare noi stessi o gli altri perché si è verificato l'incendio.

Questo comportamento paradossale è legato alla paura che proviamo per quello che è accaduto e identifichiamo questo comportamento, legato a uno stato mentale negativo, come impegno verso la soluzione. In realtà più siamo "contro" quello che è successo, più prolunghiamo la sofferenza e ritardiamo la "guarigione".

Nel protocollo MBCT,* durante le settimane centrali, si apre il tema dell'avversione, dell'autocritica e, inevitabilmente, della compassione. Sono le settimane più difficili perché non è semplice rendersi conto che la sofferenza che proviamo è frutto della nostra avversione. Soprattutto, non è semplice scalfire l'avversione che proviamo verso di noi perché incapaci di "risolvere" i nostri problemi. Chiunque abbia sofferto di depressione o di un disturbo emotivo sa che la prima cosa che pensiamo durante una ricaduta è: "Sono un incapace", "Non sono riuscito a stare bene". Una sensazione spesso rafforzata dall'incitamento di parenti e amici che dicono: "Devi farcela", "Datti una mossa", cioè esattamente quello che non si riesce a fare. Quando iniziamo a praticare siamo invitati ad andare incontro al nostro dolore con affetto e gentilezza, perché questo è un passaggio necessario per sviluppare compassione e cura. Significa – in senso metaforico e non solo – guardare negli occhi quello che ti fa più paura e andargli incontro.

È come andare contro vento, e il vento è la forza delle voci critiche dentro di te. Perché la compassione ha due antagonisti naturali: la critica e la crudeltà. Stessa cosa vale per la self-compassion solo che, in quel caso, la crudeltà e la critica sono rivolte contro di noi.

---

* Vedi nota a pag. 16.

MARA, I DEMONI E LA TENTAZIONE DEL MIGLIORAMENTO

Nella tradizione buddista Mara è un demone che offre delle tentazioni perché il Budda non raggiunga il Risveglio. Le offre mandando le sue tre figlie, Bramosia, Noia e Passione. Anche Gesù nel deserto fu tentato per tre volte dal Diavolo. Non si lasciò convincere a seguire queste tentazioni. Siamo continuamente tentati dall'abbandonare la compassione, la consapevolezza, per la strada della perfezione e del miglioramento. È seducente pensare che la nostra parte vincente non abbia bisogno di compassione. E che quindi, se vinciamo, siamo al di sopra del bisogno di compassione. In quel momento stiamo perdendo una parte importante: stiamo perdendo la nostra umanità. Una umanità che risplende nella misura in cui abita la vulnerabilità.

Forse conosci anche tu la favola – credo sia dei fratelli Grimm – che racconta la storia di un principe che fu rapito e sparì per lunghi anni dal suo regno. Il cocchiere, che lo amava teneramente, non si rassegnò alla sua scomparsa e andò a cercarlo. Dopo molto tempo lo trovò e lo liberò dalla sua prigionia. Mentre lo riportava a casa, il principe iniziò a sentire grandi colpi, sonori come cannonate. Spaventato chiese al cocchiere cosa fossero quei rumori. «Non temere» rispose il cocchiere «sono i cerchi di ferro che avevo messo attorno al mio cuore per sopportare il dolore della tua assenza. Adesso la gioia di averti di nuovo con me rompe quei cerchi di ferro a uno a uno.»

Assomigliamo tutti a quel cocchiere: mettiamo dei cerchi di ferro attorno al cuore per non sentire il dolore. Allontaniamo da noi le nostre parti ferite e vulnerabili ma, nello stesso tempo, passiamo la vita a cercare di riportarle a casa. A volte il dolore è così profondo, così forte che non possiamo fare in altro modo. Quei cerchi chiudono la vastità del cuore, la sua naturale apertura e disponibilità ad amare. Allontanano le parti di noi che ci hanno fatto soffrire. Quando le riportiamo a casa, quando riportiamo al cuore ogni parte di noi – il selvaggio e il debole, il vincente e il perdente, il forte e il vulnerabile – gli restituiamo la sua naturale vastità. E allora la compassione non è più una pratica: diventa togliere il freno che ostacola la libera circolazione dell'amore verso di noi e verso gli altri.

Allontaniamo da noi le parti ferite e vulnerabili ma, nello stesso tempo,
passiamo la vita per cercare di riportarle a casa.
A volte il dolore è così profondo, così forte
che non possiamo che fare così.
Quella difesa limita la vastità del cuore,
la sua naturale apertura e disponibilità ad amare.

MINDFULNESS, COMPASSIONE ED EMPATIA

La pratica di mindfulness sottolinea il ruolo centrale della consapevolezza non solo come abilità individuale ma anche come percorso di apertura verso la compassione. Nel corso dello sviluppo non miglioriamo solo le abilità cognitive ma cresciamo anche nella possibilità di provare empatia, compassione e capacità intersoggettiva, quell'abilità trasversale di trovare uno spazio condiviso nelle relazioni affettive. Fin dalla più tenera età i bambini sono in grado di manifestare preoccupazione per gli altri, di condividere e aiutare e sono interessati dagli aspetti relazionali: abilità uniche e legate alla specie umana. Perché queste capacità si sviluppino sono necessarie risposte empatiche e compassionevoli e le due cose non sono coincidenti.

L'empatia è il sentimento delle persone sensibili che registrano e si sintonizzano con quello che osservano: se è una nota positiva, registrano il positivo; se è una nota negativa, registrano il negativo. Per questa ragione essere empatici comporta il rischio di sentire troppo le emozioni degli altri, tanto da esserne condizionati. "Tu sei felice? Io sono felice. Tu sei arrabbiato? Io sono arrabbiato" potrebbe diventare lo schema di relazione empatica in cui prevale il rispecchiamento.

La compassione declina una natura diversa di relazione. Nella compassione il primo atto è il riconoscimento del dolore – nostro o altrui – e il sorgere del desiderio di curare quel dolore, di confortare quella afflizione.

Il fattore chiave nello sviluppo delle capacità empatiche e della possibilità di provare compassione sta nel saper leggere la mente degli altri. Una capacità che impariamo nell'infanzia, in famiglia. L'umanissima esperienza della compassione si è tramandata nei secoli perché ha garantito una maggiore solidarietà e un aumento delle probabilità di sopravvivenza. Più condividiamo aiuto reciproco e desiderio di cooperazione più ci sentiamo parte di una comunità di affetti.

Il desiderio di comprendere sentimenti e pensieri che gli altri hanno nei nostri confronti nasce dal bisogno di sapere che siamo amati e amabili. L'empatia è alla base della conoscenza sociale delle emozioni ma, se ci fermiamo all'empatia, può essere anche la base di un rispecchiamento senza riflessione di tutto ciò che l'altro prova. Per usare una metafora, l'empatia ci fa guardare un ramo sfiorito e sentire delusione per ciò che manca, la compassione ci fa guardare un ramo sfiorito e apprezzare la strada che condurrà alla maturazione di un frutto.

Il seme della compassione esiste in tutti noi, insieme ai semi di tutte le altre emozioni. Ognuno di questi semi ha una ragione evolutiva e cresce in un terreno diverso, esposto al sole o battuto dal vento. La mindfulness coltiva il nostro terreno e ci offre la possibilità di scegliere quale seme far germogliare.

Il sistema
motivazionale cooperativo
nasce con l'attenzione condivisa
ed è caratterizzato
da un interesse comune.
Che sia l'interesse
di far crescere i figli
o di far partire un nuovo progetto
poco importa: l'importante
è lo sviluppo della solidarietà.
Le emozioni sono
di lealtà reciproca
e condivisione.

EDUCARSI ALLA COMPASSIONE

La compassione è un'emozione riflessiva che richiede un allenamento alla non-reattività e lo sviluppo della capacità di relazionarci in modo saggio con noi e con gli altri. Questa emozione è costituita da ingredienti come la gentilezza, il coraggio, la pazienza, la forza interiore. Non diventiamo più forti se passiamo tutto il tempo a combattere. Diventiamo più forti se sappiamo cogliere i momenti di pace, se possiamo provare calma interiore, se possiamo considerare anche le sensazioni del rilevatore di piacevolezza e non solo quelle del rilevatore di spiacevolezza.

Ma come possiamo sviluppare un Sé compassionevole?[53]

Il primo passo è coltivare emozioni di apertura, che ci permettano di provare intimità e riflessione. Tutta la pratica di mindfulness invita ad accogliere l'esperienza del momento presente riconoscendone la natura piacevole, spiacevole o neutra. Ci invita a non scappare ma a esplorare con interesse e curiosità quello che sta succedendo. È qui che potremmo cogliere il sorgere del giudizio su di noi. Qui che potremmo cogliere il sorgere del giudizio sull'altro. Qui che potremmo sorprenderci di avere difficoltà non solo a dare ma anche a ricevere compassione e conforto.

In ogni caso lo sviluppo di un Sé compassionevole non è disgiunto dal sentirsi al sicuro. Se non ci sentiamo al sicuro finirà per prevalere una risposta difensiva. Il primo vero atto di compassione nei confronti di noi stessi è essere consapevoli della nostra sensazione di sicurezza o di paura e prendersene cura. Il secondo passo riguarda l'intensità emotiva: quando un'emozione è troppo intensa può farci perdere il contatto con gli altri e saturare tutto il nostro spazio interno. Accorgersene è mindfulness, confortarsi è self-compassion. La mindfulness ci aiuta a riconoscere l'esperienza e la compassione ci sostiene quando l'intensità emotiva è troppo alta, ci conforta quando paura e dolore prendono il sopravvento. Essere consapevoli non è un atto eroico, è prendere contatto con la realtà. È un passaggio fondamentale della mindfulness perché lottare contro la realtà è una fonte di dolore e di stress destinata a non portare risultati. Per attivare qualsiasi cambiamento dobbiamo partire da dove siamo, che non significa rimanere per sempre nello stesso punto. Significa riconoscere che dovunque ci troviamo è un buon punto da cui partire per crescere.

Accettare vuol dire imparare dall'esperienza e lasciare che trasformi con saggezza la nostra vita, le nostre scelte. Non è rassegnazione: rassegnarsi significa smettere di imparare, ristagnare nel dolore, nella passività. Siccome però la realtà è difficile, ecco che viene in nostro soccorso la compassione verso noi e verso gli altri. Mindfulness e compassione sono, in questo senso, inseparabili. La pratica di mindfulness ci offre consapevolezza, un'attenzione affettuosa per quello che proviamo. La compassione è attenzione affettuosa verso di noi. La mindfulness invita a chiederci cosa stiamo provando in questo momento, la compassione a chiederci di che cosa abbiamo bisogno proprio in questo momento. La consapevolezza ci invita ad accogliere il nostro dolore, la self-compassion a essere gentili con noi quando stiamo soffrendo. La mindfulness regola le emozioni attraverso l'attenzione. La self-compassion attraverso le emozioni positive del sistema affiliativo. La consapevolezza calma, la self-compassion scalda.[54]

CONCA DI NAVIGAZIONE: DISTINGUERE TRA PAURA E ANSIA

Prova a farti alcune domande.
Prendine nota per iscritto, esaminando pensieri e reazioni.

- Come si esprime la tua ansia? Come fai a riconoscere l'ansia?
- Che differenza c'è per te tra ansia e paura?
- Sono emozioni che a volte ti sono utili? Se sì, quando sono funzionali e quando sono disfunzionali?
- La paura e l'ansia spesso occupano tutto il nostro campo percettivo nascondendo le altre emozioni che possono essere presenti. Ci sono emozioni che vengono nascoste dall'ansia e dalla paura?
- In che modo puoi prenderti cura della tua paura e della tua ansia? Quali sono i modi funzionali?

CONCA DI NAVIGAZIONE: COLORARE CON SELF-COMPASSION LE EMOZIONI DIFFICILI

Quando proviamo un'emozione molto intensa è possibile che saturi tutto il campo percettivo. Prova a vedere cosa succede se concedi la luminosità della self-compassion a questa emozione. Immagina una situazione in cui provi un'emozione difficile – perché dolorosa o troppo intensa – partendo da una situazione in cui non ci sia una difficoltà emotiva troppo alta. Esplora le sensazioni fisiche e i pensieri associati a questa emozione. Cerca di tenere l'attenzione ancorata al corpo e non identificata con i pensieri che possono emergere. Osservali come se fossero nuvole nel cielo o immagini su uno schermo cinematografico. Prova a immaginare che una luce calda e chiara illumini queste sensazioni. Lascia che questa luce illumini le sensazioni che provi, che filtri nella stanza in cui ti trovi fino a illuminare l'ambiente circostante. È una luce calda che non abbaglia e rende l'ambiente interno ed esterno luminoso. Una luce che allontana l'oscurità. Mentre lasci che la luce pervada il corpo e la stanza porta una mano sul cuore oppure sul viso o sull'addome. Scegli un contatto che offra rassicurazione.

CONCA DI NAVIGAZIONE: UN LUOGO SICURO

Spesso siamo convinti di non saper visualizzare, ma la capacità di visualizzazione necessaria per queste pratiche è minima e presente in tutti. Se ti invito a descrivermi il volto di una persona che ami, compare un'immagine o una sensazione: questo è il livello di abilità necessario per fare un esercizio di visualizzazione. L'immagine può essere nitida oppure possiamo avere solo una sensazione suscitata da questa evocazione. Può essere un fermo immagine statico o un film. L'importante è l'esperienza che le immagini ci offrono.

segue...

...

Porta l'attenzione all'interno e per qualche momento rimani con l'attenzione al respiro. Poi immagina di essere in un luogo sicuro. Può essere all'aperto o al chiuso, una stanza della tua casa o di un luogo sconosciuto. Scegli un ambiente in cui il senso di sicurezza si accompagni in modo equilibrato alla libertà di movimento. Un ambiente in cui senti che puoi muoverti facilmente e altrettanto facilmente entrare e uscire. Cerca di radicarti nella qualità sonora di questo ambiente. Potresti sentire le onde del mare o la brezza del vento oppure essere in uno spazio silenzioso. Esplora temperatura, luminosità, profumi. Accompagna questa esplorazione ripetendoti che questo è un luogo sicuro, un luogo in cui stare in intimità con te stesso senza paura. Un luogo in cui nutrire le tue risorse, la tua creatività, la tua fiducia.
Rimani in questo luogo sicuro tutto il tempo necessario. Poi valuta se puoi accettare che compaia qualcuno. Una figura protettiva e benevola nei tuoi confronti. Potrebbe essere una persona che fa parte o ha fatto parte della tua vita oppure un'immagine ideale o, addirittura, una parte saggia e amorevole di te. Scegli una persona con qualità che consideri positive e lascia che si avvicini. Che rafforzi con la sua presenza il senso di sicurezza. Forse questa persona vuole suggerirti qualcosa. Forse vuole semplicemente stare seduta in silenzio accanto a te. Sai che si metterà alla distanza giusta, che dirà le parole giuste o starà in un silenzio ricco di intimità. Anche in questo caso lascia che la sua presenza rimanga vicino a te il tempo necessario.
Fai memoria con un gesto del senso di sicurezza. Un gesto semplice che puoi fare in qualsiasi momento della quotidianità per ricordarti che questo luogo sicuro è sempre accessibile.

RIASSUMENDO

La compassione è un'emozione naturale che si sviluppa quando siamo in presenza del dolore nostro o altrui.

Differisce dall'empatia, che può essere un precursore della compassione. L'empatia ci permette di rispecchiare le emozioni che prova l'altro. La compassione ci porta a soccorrere il dolore, non necessariamente a rispecchiarlo.

La self-compassion è l'emozione che sviluppiamo quando iniziamo a prenderci cura del nostro dolore. È una forma di auto-genitorialità.

Sia la compassione che la self-compassion sono emozioni che rispondono alla domanda: "Qual è il bisogno in questo momento?".

Insieme alla consapevolezza mindfulness costituiscono le due ali dell'accettazione. La consapevolezza rivela, la compassione conforta.

Compassione e self-compassion sono emozioni che si sviluppano quando ci sentiamo al sicuro e abbiamo fiducia nelle nostre risorse personali. Possono essere qualità che richiedono di essere coltivate perché la nostra tendenza naturale è rivolta prima di tutto a proteggerci in maniera difensiva e solo secondariamente a confortarci.

La self-compassion ci permette di distinguere quando è necessario difendersi e quando è più importante offrirci conforto.

18
capitolo

LA VERGOGNA E LE SELF-CONSCIOUS EMOTIONS

Se i bambini
vivono con la vergogna,
imparano a sentirsi colpevoli.
Dorothy Law Nolte[55]

Parlare della vergogna non è facile, probabilmente la proviamo tutti ma cerchiamo di nasconderla. Fino agli anni Ottanta del secolo scorso non aveva un ruolo di rilievo in psicologia mentre oggi viene considerata, insieme all'invidia, una delle emozioni che possono portare più disturbi emotivi e, soprattutto, influenzarne la gravità. Può essere definita come la somma di più emozioni – un mix tra paura, rabbia e disgusto nei propri confronti – oppure come un insieme di convinzioni e credenze negative che hanno come esito comportamenti di fuga e di ritiro.

Una cosa è certa: è un'emozione che gioca un ruolo adattativo importante insegnandoci, molto precocemente, cosa può essere approvato e quali comportamenti evitare. È un'emozione difficile da controllare che influenza il nostro stato mentale e che si accompagna con un senso di indegnità e ritiro che può essere molto doloroso.

Non c'è accordo rispetto all'età in cui iniziamo a provarla. Forse è presente già nel secondo anno di vita, comunicata dall'espressione di disapprovazione dei genitori. Spesso la pericolosità di un comportamento o la sua inadeguatezza sono espressi con una mimica facciale che assomiglia al disgusto. È un modo veloce e tempestivo per dire che sta succedendo qualcosa che va interrotto. La risposta è altrettanto immediata: il bambino si ferma ma può credere di essere lui a suscitare disgusto e non quello che sta facendo.

In genere proviamo vergogna quando una situazione piacevole è interrotta bruscamente e quindi la vergogna è successiva al senso di gioia ed eccitazione che possiamo perdere proprio perché ci vergogniamo.

La vergogna si accompagna spesso all'ansia ed è proprio questa natura corale che può rendere difficile distinguere l'una dall'altra. Abbiamo più facilità a riconoscere di essere ansiosi che a riconoscere che è stata la vergogna provata in passato in situazioni simili a suscitare ansia. Anche perché la vergogna, come l'ansia, è molto spesso preventiva e funziona come il custode dell'evitamento: la proviamo proprio per evitare esperienze potenzialmente pericolose. Più siamo ansiosi e vergognosi, più ci sarà difficile stare nella pratica di consapevolezza. L'effetto di entrambe queste emozioni è quello di farci interrompere o addirittura evitare l'esperienza che ci viene proposta o suscitata dalla nostra curiosità esplorativa.

È necessario fare una distinzione tra essere vergognosi e vergognarsi. Essere vergognosi è un'emozione caratterizzata da una certa qualità di ansia che ci porta a temere che le nostre prestazioni non siano all'altezza delle aspettative. A volte l'ansia può essere così intensa da nascondere la vergogna. Quando invece ci vergogniamo è già successo qualcosa e la componente d'ansia è secondaria.

Ripetute esperienze di vergogna possono strutturare un'ansia sociale quando non addirittura una vera e propria fobia sociale. In questo caso la vergogna può accompagnarsi a comportamenti di dipendenza da sostanze. Molte attività sociali sono accompagnate da un disinibitore legale, come l'alcol, o illegale, come le sostanze stupefacenti. Servono per darci quella libertà in più che altrimenti non avremmo.

La vergogna può essere confusa con l'umiliazione ma tra vergogna e umiliazione c'è una differenza fondamentale. Nella vergogna abbiamo la sensazione di essere inadeguati, "cattivi" o di scarso valore. Nell'umiliazione siamo vittime di persone che ci hanno fatto sentire così, ma non è detto che questo strutturi un senso di inadeguatezza. Anzi, molto spesso l'umiliazione dà vita a una reazione rabbiosa e a comportamenti di vendetta.

Sia la vergogna che l'umiliazione fanno parte di quelle che, in lingua inglese, vengono definite self-conscious emotions, ossia emozioni con una forte impronta relazionale in cui immaginiamo cosa possono provare gli altri nei nostri confronti e proviamo disagio o disgusto per l'immagine di noi che abbiamo dato.

Sono definite self-conscious emotions la vergogna, l'umiliazione, il senso di colpa, l'invidia e la gelosia. Emozioni in cui immaginiamo cosa può esserci nella mente dell'altro. Non è detto che sia un'attribuzione giusta ma per noi è reale.

Utilizzo la dicitura inglese perché in italiano non c'è una distinzione così chiara tra essere consapevoli (*self-awareness*) e diventare consapevoli di quello che gli altri possono pensare o sentire di noi (*self-consciousness*). La self-consciousness è la base di tutte quelle emozioni in cui ci vediamo dall'esterno, come se fossimo altro da noi. Per questa ragione sono emozìoni che possono dare vita a forme intense di autocritica. L'autocritica può manifestarsi come una voce interiore che ci accompagna e guida oppure come una sensazione emotiva di disagio nei confronti di noi stessi che può arrivare al disprezzo o al disgusto. Può essere funzionale a farci evitare comportamenti che provocherebbero riprovazione ma spesso è troppo normativa e severa, senza comprensione delle nostre difficoltà.

Imparare a guardare alle nostre parti vulnerabili senza distaccarsene come se fossero disgustose, insopportabili, negative è un atto fondamentale di gentilezza verso di noi. Un bambino per crescere non ha forse bisogno di un affetto equilibrato? Questo vale anche per le nostre parti vulnerabili, immature o ferite. Non possiamo pensare che siano sempre e solo gli altri a offrirci incoraggiamento: abbiamo bisogno di riconoscere la nostra vera identità al di là della conferma data dall'incoraggiamento esterno e dall'approvazione. Se siamo continuamente definiti dall'alternarsi di approvazione e disapprovazione esterna finiamo per svuotare di senso la nostra identità. Finiamo per deprivare il nostro Sé – la parte più intima e profonda di noi – trasformandolo in un luogo privo di significato. Fare qualcosa per compiacere gli altri può essere gratificante. Vivere per ottenere l'approvazione e l'ammirazione altrui è debilitante.

INVIDIA
verde intenso
GELOSIA
verde acido
UMILIAZIONE
scarlatto
ORGOGLIO
vermiglione
SELF-CONSCIOUS EMOTIONS
IMBARAZZO
carminio
TRIONFO
rosso ferrari
VERGOGNA
rosso

LE SELF-CONSCIOUS EMOTIONS

Vergogna, imbarazzo, umiliazione sono emozioni che possono essere molto difficili ma che contribuiscono a formare un senso di sé sulla base di standard sociali e personali. Ci insegnano ben presto cosa può essere accettabile nella famiglia in cui viviamo e nel nostro gruppo di amici o nel contesto sociale. Tra queste emozioni rientrano anche l'orgoglio e il senso di trionfo, un'emozione tipicamente collegata all'aver vinto una sfida, una competizione sportiva o professionale, fatto che ci mette al centro di un'attenzione positiva. Sono due emozioni – orgoglio e trionfo – che possono rafforzare eccessivamente il nostro senso di importanza rendendoci un po' troppo egocentrici e poco capaci di integrare gli inevitabili fallimenti.

Tutte queste emozioni hanno una forte componente cognitiva, collegata al giudizio che diamo all'esperienza e al giudizio che crediamo diano gli altri a noi. Nascondono una domanda fondamentale e innocente: "Sono amato? Sono amabile?". Quando proviamo orgoglio o trionfo ci rispondiamo di sì, e sicuramente proviamo amore nei confronti di noi stessi. Quando ci vergogniamo rispondiamo di no e possiamo arrivare a provare odio nei nostri confronti. Il punto è l'intensità della nostra vergogna, quanto ci aiuta ad avere comportamenti adeguati e quanto, invece, diventa una forma di autocritica e svalutazione per il timore che ci sia qualcosa in noi che ci sottrae l'amore che desideriamo così tanto.

Essere consapevoli dell'effetto che facciamo sugli altri non è inutile. Può offrirci motivazione e darci la perseveranza necessaria a raggiungere degli obiettivi. La scomoda gelosia può aiutarci a capire quanto è preziosa una persona nella nostra vita e farci aumentare la cura e l'attenzione verso una relazione significativa.

Se la consapevolezza aiuta a conoscerci, le emozioni che fanno parte di questo gruppo ci aiutano ad avere informazioni di ritorno sulle nostre relazioni intime e sulle nostre relazioni sociali, dando una visione tridimensionale della nostra vita. Ci siamo noi (e ci conosciamo attraverso la consapevolezza), ci sono le nostre relazioni (che conosciamo attraverso le emozioni del sistema affiliativo) e c'è l'effetto che la risposta degli altri esercita su di noi: un mondo tridimensionale e a volte fantasioso che colora di molte sfumature le nostre giornate.

Per comprendere meglio, nella vita quotidiana, il ruolo di queste emozioni proviamo a passare dalla teoria alla pratica attraverso la storia dei nostri tre protagonisti.

LA VERGOGNA IN PIERO, MARCO E LUCIA

Piero, Marco e Lucia avevano un problema di vergogna che prendeva forme di comportamento molto diverse.

Per **Piero** era ansia sociale, in parte ereditata dalla madre e in parte collegata ad alcuni episodi di bullismo subiti nel periodo delle scuole elementari. Non si esponeva mai inutilmente. Se parlava era sempre con cognizione di causa ed evitava situazioni sociali che non fossero ben conosciute. Prima di andare a cena da amici verificava sempre chi erano gli altri ospiti e non mostrava molto desiderio di ampliare la cerchia delle relazioni sociali. Non era consapevole del fatto che questo atteggiamento fosse legato a un sottile senso di vergogna abbastanza costante. Era un ottimo giocatore di tennis e giocava regolarmente, sempre con lo stesso maestro, sempre alla stessa ora, ogni settimana. L'unica alternativa erano le partite con Marco. Non gli interessava affatto migliorare il proprio stile: gli bastava giocare con questo ritmo. Marco, ovviamente, era socio del tennis club e faceva diversi tornei. Non era mai riuscito a convincere Piero a fare altrettanto anche se era certo che fosse un ottimo giocatore, con uno stile preciso e raffinato. Per Piero è stato importante riconoscere quante forme prendeva il suo evitamento e soprattutto imparare a distinguere le sensazioni corporee associate alla vergogna. Piero era così intelligente che aveva sempre un'immediata ragione intellettuale per tutto quello che faceva, ma era il suo corpo a dire la verità, a dire che provava ansia e imbarazzo tutte le volte che si trovava in ambienti poco conosciuti. Emergeva la sua timidezza che, nel tempo, si era trasformata in propensione alla vergogna. In questo modo costruiva una chiusura relazionale che aveva, alla lunga, effetti depressogeni sia su di lui che su sua moglie, desiderosa di più apertura di quella che lui consentiva. Erano legati da un affetto profondo ma la loro relazione soffriva per mancanza di stimoli sociali. A lui sembrava una buona situazione ma l'affetto che provava per sua moglie, il dispiacere di vederla scontenta, erano stati una motivazione sufficientemente forte per fargli considerare delle alternative che aveva esplorato in psicoterapia prima di metterle in pratica nella sua vita sociale. Non voleva correre rischi, come ripeteva ironicamente. L'unica cosa davvero impulsiva che aveva fatto Piero era stata innamorarsi. Un colpo di fulmine che l'aveva fatto uscire dal guscio ma poi, "catturata la preda", era rientrato nella sua caverna, il suo studio. Sua moglie era la sua finestra sul mondo, Marco il suo "fratello" socievole. Per lui ciò sarebbe stato più che sufficiente per vivere una vita sicura e felice, ma per sua moglie no. Innamorandosi aveva aperto uno spiraglio nella sua riservatezza che, nel tempo, si era rivelato fonte di gioia e appagamento ma anche di ansia e gelosia passionale.

Marco, invece, era orgoglioso di sé, della sua vita e della sua fortuna. Era fiducioso, aperto e disponibile a nuove relazioni. La vergogna era arrivata quando era stato licenziato. Non era stato necessario nessun particolare approfondimento perché la riconoscesse. Era stato difficile dire agli amici quello che era successo e altrettanto difficile fare una buona trattativa perché il suo orgoglio ferito lo rendeva paralizzato. L'anno in cui era stato "cacciato", come diceva lui esagerando la situazione, era stato, dal punto di vista dei risultati, uno degli anni migliori della sua vita. Quel licenziamento era stato una scelta del nuovo amministratore delegato che aveva preferito persone di sua fiducia per le posizioni chiave. Era andato via in buona compagnia ma questo non lo consolava affatto. Provava un senso di umiliazione, ancora più cocente della vergogna, che gli rendeva difficile candidarsi per nuove posizioni. La sua grinta si era sgretolata. Vagheggiava di fare qualcosa di completamente diverso ma, in realtà, non aveva il coraggio di cercare un'altra posizione. La risposta di Marco non è insolita. Essere orgogliosi è una condizione piacevole ma aumenta il nostro egocentrismo e il senso di importanza personale. Alla lunga l'orgoglio ci rende più fragili e non più forti perché errori e imperfezioni ci sembrano più gravi di quello che realmente sono. Per Piero gli errori erano uno scalino mancato: riprendeva la marcia con facilità. Per Marco erano come cadere da una scala: ci voleva un bel po' di tempo per riparare le ammaccature.

Lucia usava la rabbia per proteggersi dalla vergogna. Se Piero provava ansia e paura a copertura del suo senso di imbarazzo, per Lucia il meccanismo era diverso. Lottava per non essere umiliata ma lo faceva in maniera così brusca e preventiva che, alla fine, diventava lei stessa una persona dominante e capace di umiliare. La gelosia e l'invidia erano gli interruttori ma lei giocava d'anticipo. Prevedeva cosa sarebbe potuto succedere e interveniva come se fosse già successo. Non era tanto il risultato di esperienze negative del passato ad attivare questo processo quanto una modalità sbagliata di gestione della rabbia.

Ognuno di loro declinava una diversa sfumatura di vergogna che aveva effetti sul coinvolgimento sociale. Se proviamo a disegnare quello che accadeva a Marco (linea blu) possiamo far coincidere il licenziamento con la punta bassa della linea: era il periodo in cui aveva ridotto al minimo tutti i contatti sociali. Nel tempo ha lentamente ripreso la sua vita sociale ma non è più tornato al senso di trionfo precedente. Piero (linea verde) aveva un profilo di basso coinvolgimento sociale che ha iniziato a risalire man mano che ha compreso meglio la sua ansia sociale e il senso di imbarazzo che provava. Integrando maggiormente le sue qualità emotive e cognitive è riuscito a migliorare le relazioni sociali. Se Marco è rimasto sempre un po' più ritirato dopo il suo episodio traumatico, Piero è finalmente fiorito, consapevole della forza della posizione sociale che aveva costruito negli anni. Entrambi sono diventati più sensibili alle emozioni del sistema affiliativo, alla tenerezza e alla compassione verso sé stessi.

Nel momento in cui provava vergogna Lucia (linea rossa) aveva una punta massima di coinvolgimento arricchita dall'intensità della rabbia. A questa punta massima di coinvolgimento seguiva poi una fase depressiva caratterizzata dal senso di colpa. Per lei l'elaborazione di questa ciclicità relazionale ha comportato una riduzione dei suoi sbalzi d'umore. Non più così su di giri ma nemmeno così giù di morale

L'ESPRESSIONE DELLE EMOZIONI

Il comportamento e le parole di Lucia erano espliciti, anche troppo espliciti. Non si rendeva pienamente conto dell'effetto che aveva la sua espressività e perdeva in empatia e sensibilità. Poi, passata la tempesta, per lei tutto era come prima, o almeno così diceva. Non era lo stesso per suo marito, e nemmeno per sua sorella. In questa situazione è stato fondamentale fare chiarezza sugli aspetti emotivi coinvolti nei suoi temibili scoppi di rabbia in modo da evitare la vergogna, l'imbarazzo e il successivo senso di colpa che non aveva funzioni davvero riparatorie.

Finiva per cercare di fare pace in maniera eccessiva, così come aveva eccessivamente reagito. Imparare ad aspettare è stato l'inizio. Il passo successivo è stato fermarsi anziché dare voce, immediatamente, a tutto quello che provava. Posporre l'espressione emotiva le ha consentito di imparare a comunicare sulla base di priorità meno difensive.

Lucia si percepiva come una persona continuamente sotto attacco mentre gli altri la vedevano come aggressiva. La sua esuberanza e la sua energia nascondevano il desiderio di non essere "da meno". Di fatto non lo era: era una leader che non si soffermava sull'appagamento, non disattivava mai il suo sistema di ricerca delle risorse. Combatteva come se fosse una principiante ma era una professionista esperta che non aveva bisogno di dimostrare niente a nessuno. Solo che le è stato difficile rendersene conto.

Come comunicare le nostre emozioni non è solo una scelta personale. Risente della nostra cultura di appartenenza, dello stile di comunicazione familiare e della domanda che sta alla base della nostra risposta emotiva: esporsi o ritirarsi? Possiamo vivere relazioni in cui abbiamo scarso potere e scegliere di tacere per timidezza o imbarazzo. È per questo che possiamo preferire contesti sociali protetti, come faceva Piero. Non tutti hanno un repertorio di conversazione piacevole e sufficientemente adatto a rimanere in superficie come Marco. La sua conversazione era divertente, leggera e gradevole. Tanto gradevole che nessuno si accorgeva di quanto fosse riservato e di come evitasse di dare informazioni personali. In fondo era più chiuso di Piero rispetto alla propria vita emotiva ma la sua capacità di fare conversazione era tale da nascondere questa ritrosia. Una ritrosia che con la difficoltà professionale aveva manifestato la sua natura più intima: la vergogna, accompagnata dal chiedersi di fare sempre bella figura.

Al di là delle diverse scelte comunicative, è importante domandarsi qual è il costo dell'espressione emotiva e quale quello della repressione delle nostre emozioni. È importante riconoscersi il diritto di provare quello che sentiamo, piacevole o spiacevole che sia. Riconoscere che lo facciamo a scopo protettivo e non repressivo aumenta la consapevolezza dell'impatto che la nostra scelta comunicativa può avere sulle nostre relazioni. È importante ricordarsi che la capacità espressiva, come la padronanza emotiva, influenzano la consapevolezza corporea.

SCEGLIERE COME COMUNICARE LE EMOZIONI

- A volte le nostre emozioni sono comunicate in modo non verbale. Negarlo non ha alcuna utilità.
- Possiamo scegliere di esprimerci valutando quali sono gli aspetti emotivi in gioco, senza sottovalutare che possono esserci più emozioni contemporaneamente e con diverso effetto relazionale.
- Possiamo proteggerci scegliendo cosa comunicare a seconda del grado di intimità relazionale e dello stress emotivo che può sopportare la relazione.
- È difficile essere sempre riflessivi. Se abbiamo esagerato verbalmente non è necessario ipercompensare spinti dal senso di colpa. Però è necessario capire come è possibile riparare il danno relazionale. Chiedere scusa significa provare interesse e compassione per il dolore che abbiamo causato e provare self-compassion per il dolore che ci ha spinto a reagire.

TRASFORMARE LA VERGOGNA

La vergogna è un'emozione in cui il corpo diventa imbarazzante come se fosse un errore da correggere. Vorremmo essere diversi, vorremmo nasconderci e, invece, ci sentiamo sotto i riflettori. Proviamo una tale antipatia per come siamo che facciamo addirittura fatica a consolarci. È per questo che preferiamo la strada del ritiro e dell'evitamento. In questo modo può sembrare di risolvere il problema ma in realtà l'evitamento si espande a macchia d'olio e finisce per coprire un'area sempre più grande della nostra vita, paralizzandola. Abbiamo bisogno di riportare un po' di pace dentro di noi, di trasformare la vergogna in accettazione, la critica in compassione.

Avere un atteggiamento critico non è sempre e solo un problema: sono l'eccesso e la durezza che diventano un problema. Quando critica e durezza diventano strumenti preventivi per non sbagliare di nuovo, per non soffrire di nuovo, finiscono per ridurre la nostra vitalità.

Essere compassionevoli nei confronti delle proprie emozioni difficili vuol dire avere il coraggio di guardare in faccia la verità su di noi. Vuol dire essere disponibili a riprendere contatto con situazioni che hanno suscitato dolore o disagio e trovare una risposta alternativa, che non è un blando sentimento di attenzione affettuosa. È un atto di onestà che il nostro orgoglio può ostacolare.

Essere vulnerabili è umano: diventare ostili (Lucia), ritirati (Piero), paralizzati (Marco) sono modi disfunzionali di proteggere la propria vulnerabilità.

La vergogna si trasforma con la cura, una cura rivolta a noi stessi e al senso di disconnessione dagli altri che l'accompagna. Quando proviamo in modo disfunzionale una delle self-conscious emotions – invidia, gelosia, vergogna, umiliazione, senso di colpa – ci sentiamo isolati. Quando proviamo orgoglio o senso di trionfo possiamo diventare invadenti. Queste emozioni possono distorcere la realtà, la consapevolezza della mindfulness ci aiuta a vedere con gentilezza e precisione quello che accade senza ricorrere alle narrazioni già pronte nella nostra "galleria gotica" delle relazioni.

Per distinguere quello che è reale da quello che è un'illusione percettiva abbiamo bisogno di rallentare, di riconoscere tutti gli elementi in gioco e di lasciare che il significato emerga dalla somma di tutti gli elementi invece che dalla logica narrativa che riempie le sospensioni con le nostre paure più orribili. Sarebbe un errore fatale non considerare queste emozioni perché filtrano la realtà. Sarebbe un errore altrettanto fatale non distinguere quello che è reale da quello che è un'illusione percettiva. Sarebbe disastroso non accettare che quello che è vero per noi potrebbe non essere reale.

Se ci sentiamo isolati abbiamo bisogno di riportare connessione attraverso la tenerezza, la compassione, la self-compassion. Abbiamo bisogno di riportare l'amoroso dialogo con la nostra vita che l'autocritica troppo aspra e la vergogna interrompono.

Dal punto di vista evolutivo queste emozioni non hanno solo controindicazioni: ci rendono sensibili alla cultura familiare e sociale di appartenenza e possono renderci più sensibili alle ragioni degli altri e al rispetto di norme etiche e morali. Il vero problema è che, insieme all'ansia, diventano grandissimi attivatori della proliferazione mentale e ottime ragioni per evitare anziché sperimentare.

LA STRADA DELLA SELF-COMPASSION

Forse ti domanderai che differenza c'è tra la self-compassion e la compassione di cui abbiamo parlato nel capitolo precedente. La matrice è la stessa: entrambe sono emozioni che sorgono quando accettiamo di rimanere in contatto con il dolore. Per proteggerci tendiamo ad allontanarci dal dolore nostro e altrui, alimentando la sensazione di isolamento. A dire la verità, ci allontaniamo più dal nostro dolore che da quello altrui. Per cui quando stiamo male, in modo un po' assurdo, ci occupiamo di noi rimproverandoci, provando avversione, ostilità, biasimo nei confronti di noi stessi.

Se ci siamo tagliati con un coltello e stiamo perdendo sangue, la prima cosa da fare è disinfettare e suturare. Questo è vero anche per i tagli del cuore o dell'anima. I tagli del cuore sono legati al dolore e alla sofferenza. I tagli dell'anima alla sensazione di non aver il diritto di esistere così come siamo. Non ti pare che sia necessario disinfettare anche se può fare male? Non ti pare che sia necessario suturare per non perdere ancora più energia? Non ti pare che quella ferita comporti una convalescenza e che forse potrebbe rimanere una cicatrice? Con la self-compassion facciamo questo: disinfettiamo, suturiamo, curiamo la ferita e accettiamo che può rimanere una cicatrice e che questa cicatrice non ci toglie valore ma è un segno del nostro coraggio. Ci siamo fatti male perché abbiamo avuto il coraggio di vivere e di uscire nel mondo.

Se riusciamo a portare self-compassion nelle situazioni che ci suscitano vergogna, imbarazzo, ansia, si riduce il nostro senso di inadeguatezza. Si crea uno spazio che non alimenta la vergogna o la depressione perfezionistica. Scriversi una lettera compassionevole, per cinque giorni alla settimana, può diminuire gli aspetti depressivi per tre mesi e aumentare il senso di benessere nei cinque mesi successivi[56] tanto è forte il potere della cura compassionevole rivolta a noi stessi. La cura compassionevole non è il restauro della nostra immagine: è qualcosa di intimo che trasforma le nostre cicatrici in valore.

Piero era preoccupato all'idea che coltivare un atteggiamento di self-compassion l'avrebbe reso meno competitivo nella sua attività di ricerca e meno solerte rispetto ai propri impegni accademici. Esprimeva in modo diretto quello che è uno dei dubbi più comuni sulla self-compassion: la paura che possa toglierci motivazione perché ci rende più sensibili nei confronti della nostra sofferenza. In realtà la self-compassion correla negativamente con il perfezionismo ma non con la motivazione visto che sostiene il pieno sviluppo del proprio potenziale. L'idea che fustigare un cavallo lo faccia andare più veloce è però molto radicata: ogni buon fantino sa che il frustino va dosato con estrema saggezza perché rischia di rendere il cavallo più nervoso e inaffidabile. Noi spesso siamo fantini che frustano un cavallo stanco. Un cavallo che avrebbe solo bisogno di riposarsi per recuperare le forze. La self-compassion ci permette di fare questo: recuperare la nostra energia e le nostre risorse. Porta a una crescita della motivazione radicata nei propri interessi e ci rende meno vulnerabili alle sorti, inevitabilmente alterne, delle nostre performance.

CONCA DI NAVIGAZIONE: FARE PACE CON GLI ERRORI

Non amiamo pensare che l'errore sia possibile e quindi non ci prepariamo a evitarlo. Invece è necessario imparare dagli errori considerando che prima o poi avverranno, soprattutto quando si è stanchi. Quando siamo stanchi tendiamo a fissarci su una parte e non vediamo l'insieme, insistere non sempre è determinazione: a volte è ostinazione.
Quando si verifica un errore non è quasi mai responsabilità di una sola persona. È frutto di una concomitanza di fattori – alcuni dei quali apparentemente poco importanti – e di un insieme di persone, alcune più vicine all'epicentro, altre più marginali. Se ti senti l'unico responsabile – o l'unica vittima – stai esagerando e l'esagerazione è un sintomo di vergogna.
Per imparare dai nostri errori è importante mitigare la tendenza a punire e punirci. Compassione e self-compassion sono strumenti indispensabili.

CONCA DI NAVIGAZIONE: RICONOSCERE LE EMOZIONI DIFFICILI

Possiamo accorgerci di provare un'emozione difficile dal senso di irrequietezza, torpore, ansia o rabbia ingiustificata. Per imparare a riconoscere quello che proviamo possiamo esplorare la nostra resistenza, ossia il nostro desiderio di provare qualcosa di diverso, di essere diversi o in una situazione diversa.

- Esplora fisicamente la sensazione di resistenza. Dove senti tensione, contrazione o collasso? Porta il respiro in queste sensazioni per un paio di minuti.
- Valuta quanto puoi tollerare le sensazioni che provi in una scala da 1 a 10. Se le sensazioni sono poco tollerabili distogli l'attenzione portandola su una percezione esterna: un suono, un odore, il contatto del corpo con la sedia, prima di tornare a esplorare.
- Considera se puoi darti il permesso di sentire, senza giudicare, quello che provi. Osserva se riesci a riconoscere e nominare quello che provi.
- Cerca di mettere in una cornice quello che è successo. Quali erano le condizioni precedenti? Se è una sensazione di disagio ripetuta, in quali momenti si verifica?
- Dopo averla messa in una cornice, prova a entrare in dialogo con quella sensazione immaginando di parlarci come se fosse un amico. Se non riesci a tollerarla e/o a metterla in una cornice non iniziare un dialogo.
- Pensa se puoi ringraziarti per il tuo impegno.

RIASSUMENDO

La vergogna fa parte delle self-conscious emotions, ossia quelle emozioni che ci permettono di avere un'idea di quello che sta nella mente dell'altro.

Svolge una funzione positiva per l'apprendimento delle norme sociali del gruppo di appartenenza ma può avere conseguenze molto negative quando è un'emozione dominante.

Spesso si accompagna all'ansia e insieme alimentano i nostri comportamenti di evitamento

---

A volte le persone timide sviluppano una maggiore propensione alla vergogna, che diventa una forma di inibizione sociale.

La vergogna può essere un'emozione secondaria rispetto alla rabbia o alla paura.

19

capitolo

VERSO UNA PSICOTERAPIA CONTEMPLATIVA

Sono psicoterapeuta da molto tempo e, come è logico che sia, nel corso degli anni il mio modo di lavorare è cambiato. All'inizio le regole e il rispetto delle regole erano una parte integrante del percorso psicoterapico. In seguito, mi sono resa conto che l'efficacia della psicoterapia era molto legata alla qualità della relazione terapeutica e le regole sono passate in secondo piano, pur rimanendo una cornice essenziale. Mi è sembrato che offrire riconoscimento e validazione emotiva fosse fondamentale per arrivare a una regolazione emotiva basata sulla consapevolezza. Farlo non è semplice: la tendenza al giudizio è sempre sulla spalla di chi cura. Impariamo a fare diagnosi, ad avere un parere clinico, a immaginare percorsi terapeutici e il giudizio è un'arma a doppio taglio, necessaria e pericolosa insieme.

Ogni paziente ha lasciato un segno e questo segno mi ha cambiata, anno dopo anno, successo dopo successo, fallimento dopo fallimento. Forse sono proprio i fallimenti, le psicoterapie interrotte bruscamente o concluse senza una reciproca soddisfazione quelle che mi hanno insegnato di più.

L'errore è un sobbalzo al cuore che mi fa riconsiderare la mia posizione, rendendomi una persona diversa e, nello stesso tempo, più autentica.

Le difficoltà e le domande delle persone non se ne vanno quando escono dalla porta perché hanno concluso la psicoterapia e mi spingono a cercare – per loro e anche per me – nuovi strumenti, nuove risposte e forse, semplicemente, nuova profondità per il mio lavoro. Quando un paziente arriva si costruisce gradualmente un'anamnesi. Quando se ne va sarebbe bello avere una catamnesi, il racconto di come è la loro vita dopo la fine della psicoterapia.[57] Sicuramente il loro passaggio aleggia dentro di me per molto tempo ancora dopo la fine della psicoterapia. È impossibile curare davvero una persona senza volergli bene, e l'affetto non ha scadenza.

Con Marco, Piero e Lucia è stato possibile seguire la loro storia dopo la fine della psicoterapia. Non sempre lo è, ma le persone che ho incontrato mi hanno insegnato a cambiare e, in molti casi, hanno dato un contributo fondamentale alla mia guarigione. Attraverso il retto sforzo che ho fatto per raggiungerli ho imparato a non accontentarmi delle soluzioni facili, ad amare le domande più delle risposte, a percorrere l'incertezza del processo, a essere disponibile e chiedermi, ripetutamente, con gentilezza e curiosità: "Dove sono ora? Cosa sto provando? Dov'è l'altro adesso e cosa sta provando? Siamo davvero insieme? Di cosa ho bisogno? Di cosa ha bisogno? Come posso coltivare un'attenzione condivisa?".

Nella psicoterapia il miracolo dell'attenzione si dispiega e arriva a essere attenzione condivisa. Se nella pratica individuale impariamo a padroneggiare l'attenzione non è per ragioni personali. Lo facciamo perché l'attenzione regola le nostre emozioni e permette di rimanerci in contatto anche nei momenti in cui sono molto intense. Se sappiamo padroneggiare l'attenzione possiamo passare dalla concentrazione all'attenzione selettiva, fino all'attenzione della consapevolezza aperta. Ma è quando riusciamo a condividere lo stesso oggetto d'attenzione che cresciamo. Non è importante se quell'oggetto di attenzione è "mio" o "dell'altro". Questa capacità di stare in un territorio condiviso permette la crescita. Lo insegnano i neonati che, nei loro brevi momenti di condivisione dell'attenzione con i genitori, imparano tutto quello che è necessario per vivere e, nel breve arco di pochi mesi, imparano anche a richiamare l'attenzione della figura di riferimento quando è distratta. Non siamo entità separate e distinte, la nostra vita si realizza in relazione con l'ambiente e con le altre persone.

Lo stato mentale dello psicoterapeuta diventa così un elemento importante della relazione terapeutica: più è ampia la presenza e la consapevolezza, più è efficace la relazione terapeutica. E la psicoterapia diventa una espansione diadica della coscienza.[58] Thich Nhat Hanh parla di "inter-essere", uno stato che anche le moderne neuroscienze studiano: gli emisferi di due persone tendono a sintonizzarsi quando sono in una relazione intima. In questo modo, le esperienze degli altri vengono comprese interiormente, percettivamente, prima ancora che intellettualmente. Non avrei mai potuto parlarti delle emozioni e dei loro colori se non mi fossi fatta toccare dalle emozioni di ognuna delle persone che ho incontrato. Le emozioni non sono teoria ma pratica pulsante e vitale, spero di avertelo raccontato in un modo che te le abbia rese più familiari. Le emozioni sono anche condivisione, come lo è la mindfulness. Mi rattristo quando mi sento chiedere un percorso individuale di mindfulness. Forse si può fare, ma perché partire amputando la condivisione? Per citare gli ideatori del protocollo MBCT: «Le diverse menti funzionano in modo simile e non c'è ragione di discriminare tra la mente di chi chiede di essere aiutato e quella di chi offre aiuto».[59] Nello stesso modo raramente il nostro problema è solo nostro e richiede una risposta solo personale: impariamo tantissimo dagli altri e non possiamo limitare questa tipologia di apprendimento agli anni della formazione scolastica. Tornare in una classe è meraviglioso, come lo è giocare in una squadra. Questo "giocare insieme" significa anche che la mindfulness non è qualcosa che possiamo insegnare agli altri senza praticarla noi *in primis*. Impariamo la meditazione di consapevolezza attraverso due esperienze: la pratica personale e la risonanza con chi conduce il protocollo.

La condivisione diventa "cura" non perché chiediamo di essere salvati ma perché sperimentiamo la forza dell'essere tutti sulla stessa barca. In ogni viaggio c'è un timoniere ma non andremmo molto lontano se facesse tutto da solo. Anche nella mindfulness c'è un timoniere ma, qualche volta, la forza di quello che viene condiviso lascia che la barra del timone sia anche in altre mani. In quei momenti navighiamo in mare aperto e non è più così importante quanto dista il primo porto, la mitica soluzione dei nostri problemi personali. Diventa importante ogni onda di quel viaggio che facciamo insieme. Nessuno si salva da solo, nessuno è migliore o peggiore. Mettere insieme le nostre risorse garantisce che, qualunque sia l'arrivo, il viaggio sarà stato meraviglioso. Quando la ricerca è tutta focalizzata sulla "soluzione" del problema si struttura l'idea che ci sia un nemico da combattere e che non potremo essere felici fino a che non l'avremo vinto. Ma questa battaglia non possiamo vincerla perché la vita offre continui problemi e difficoltà. Sono rari e fugaci i momenti in cui ci sentiamo in pace e senza problemi. La differenza sta nel passare dal chiederci: "Perché mi succede questo?" al chiederci: "Come mi sento quando mi succede questo?".

Tra questi due avverbi c'è una differenza fondamentale. Il "perché" porta alla rimuginazione. Il "come" porta all'esplorazione, restituendo risorse e vitalità.

Gli psicoterapeuti sono stati istruiti a rimediare alle loro falle attraverso una lunga psicoterapia didattica. Questa necessaria formazione di base diventa però, per molti, una forma di sottile insincerità con sé stessi e con gli altri che rende difficile ammettere di avere, anche noi come tutti, dei problemi. Oggi la psicoterapia non è più così orientata a offrire un'immagine ideale e astratta dello psicoterapeuta. Non lo è la mia. Non è l'esibizione del dolore ma nemmeno la copertura delle proprie ferite che dà efficacia allo psicoterapeuta. Piuttosto è aver imparato dalla propria esperienza per quanto dolorosa e difficile possa essere stata.

Così, quasi senza accorgermene, attraverso la pratica di mindfulness mi sono trovata sempre più in un approccio contemplativo alla psicoterapia: significa che comprendere come funzioniamo diventa la base dalla quale far scaturire le risposte. Comprendere l'inevitabilità della sofferenza come elemento della vita ci toglie dall'illusione che, se saremo perfetti, non soffriremo mai. Ci restituisce la consapevolezza che la differenza sta in come rispondiamo al dolore. Capire come funzioniamo elimina, senza sforzo, molti dei nostri sintomi e molte delle nostre pretese.

ALCUNI ELEMENTI DI BASE DEGLI APPROCCI CONTEMPLATIVI ALLA PSICOTERAPIA

Spesso faccio riferimento all'immagine di una ruota formata da un mozzo e da tanti raggi. Il mozzo rappresenta il nostro Sé. I raggi sono i diversi aspetti della nostra multiforme personalità. Tutti contribuiscono alla forza del Sé, che è il mozzo della ruota. Una ruota con i raggi spezzati o che contribuiscono in maniera disomogenea non è una ruota più forte ma più debole. Anche noi siamo così. Alcune parti di noi possono essere vulnerabili, ferite, la soluzione non è eliminarle ma integrarle e per farlo non dobbiamo aspettare di averle "guarite". Se riusciamo a integrarle nella consapevolezza, la loro unione diventa la nostra forza, indipendente dalla qualità delle singole parti.

Il contatto con questo nucleo originario è sempre possibile e possiamo facilitarlo attraverso le pratiche di consapevolezza. Spesso un'occhiata fugace, da sola, basta a darci la motivazione giusta per andare avanti. In ogni caso questo contatto nasce dall'esperienza, non dalla teoria, e da un'apertura del cuore.

SMITIZZARE LA SOFFERENZA: IL PROTOCOLLO MBCT E IL PROGRAMMA DI MINDFUL SELF-COMPASSION

Abbiamo idee contrapposte sulla sofferenza. Da una parte crediamo che dia profondità e a volte la esponiamo come se potesse garantirci più attenzione. Dall'altra siamo convinti che la sofferenza e il dolore siano frutto di un errore. Una conseguenza indesiderata che conferma la presenza di qualcosa di sbagliato. Come se fossimo computer che non trovano una pagina. Se soffriamo non è perché c'è qualcosa in noi che non va, qualcosa di rotto da riparare. Questo dolore non l'avremmo evitato nemmeno se fossimo stati migliori. Quale che sia la causa, il dolore chiede di prenderci la responsabilità di una risposta saggia e, per farlo, abbiamo bisogno di portare un'attenzione non giudicante ai dettagli della nostra esperienza e imparare a decentrarci.

Decentrarsi significa dare il benvenuto ai pensieri e alle emozioni che si presentano e lasciare che ci siano, incoraggiando un atteggiamento di apertura, disponibilità e dolcezza. È evidente che questo è un vero ribaltamento rispetto a quello che facciamo di solito. Tendenzialmente ci mettiamo nella condizione di evitare situazioni che possano produrre sofferenza. Questa modalità di evitamento può dare un sollievo momentaneo ma nel tempo rivela i suoi limiti. Come prima cosa diventa sempre più difficile trovare situazioni che non producano la sofferenza che intendiamo evitare, secondariamente questo evitamento comporta anche una riduzione delle esperienze e, quindi, delle risorse.

Ogni emozione ha un compito potenzialmente evolutivo: racconta che cosa sta succedendo tra passato e presente e nella relazione tra noi e il mondo esterno. È un punto di incontro pulsante di vitalità e possibilità, un luogo dove qualsiasi direzione diventa possibile.

Ogni emozione è intelligente, portatrice di un grano di saggezza. Il punto non è sopprimerle, né sbarazzarcene o agirle impulsivamente. Reprimerle si accompagna a uno stato costante di tensione corporea che spesso alimenta solo altri problemi.

L'approccio migliore consiste nel notare prima possibile cosa sta succedendo, riconoscere i segnali delle modalità disfunzionali di regolazione emotiva, sviluppando la capacità di decentrarsi rispetto ai pensieri. È lo sviluppo della capacità di "essere con ciò che accade" indipendentemente dal fatto che ciò che accade sia piacevole, spiacevole o neutro. Questo significa portare alla consapevolezza le esperienze del mondo interno, senza trattarle immediatamente come "problemi da risolvere".

Nei protocolli mindfulness la risposta "giusta" è lo sviluppo di un atteggiamento non reattivo che permette di cogliere tutta la complessità degli aspetti coinvolti nel problema, in modo che, se necessario, la soluzione nasca dopo aver affrontato adeguatamente e non reattivamente la situazione, e dopo aver considerato l'interazione di tutti gli elementi presenti. Cosa che non può accadere se entriamo velocemente in una modalità "risolutiva".

Per questo la consapevolezza corporea ha un ruolo centrale nel comprendere come pensieri ed emozioni si esprimono nel corpo e offre un ancoraggio quando siamo nel tumulto interiore.

IL CORPO NELLE PRATICHE DI MEDITAZIONE CURA

L'attenzione al corpo non nasce adesso. Viene ampiamente declinata dalla pratica vipassana theravada, da cui deriva la mindfulness, ed è presente nelle tradizioni millenarie dello Yoga, del Tai Chi o del Qi Gong, solo per citarne alcune. Il corpo può essere una fonte di grande piacere ma anche di altrettanto stress. La differenza tra questi due esiti sta nella qualità delle sensazioni che proviamo e nel significato che diamo loro. A volte scambiamo per un sintomo quello che è una semplice sensazione. Il corpo diventa così fonte di paura invece che di gioia. Essere consapevoli del corpo può sembrare la cosa più banale del mondo. Poi iniziamo a praticare mindfulness e scopriamo che le cose non stanno proprio così. Se stiamo fermi non lo sentiamo, se camminiamo siamo distratti da molte sensazioni, se siamo in piedi o a terra e facciamo movimento *mindful* possiamo accorgerci di dolori, contrazioni e zone collassate che non sapevamo nemmeno lontanamente di avere. C'è un modo per aiutarci a entrare in contatto con il corpo? Per considerarlo qualcosa in più dello strumento necessario per vivere? O di una attraente espressione della nostra personalità? La risposta è facile: ovviamente sì. I mezzi per stabilire questo contatto, non così scontati, sono importanti se vogliamo davvero avere una mappa delle nostre emozioni e se vogliamo distinguerle efficacemente dai nostri pensieri. L'inizio richiede gentilezza. Non stiamo allenando il corpo per una performance. Ci mettiamo nella condizione di ascoltarlo. Per questa ragione partire con movimenti semplici e lenti può essere la cosa migliore. La vera domanda però è quanto riusciamo a stare attenti mentre ci muoviamo e quanto riusciamo a tenere l'attenzione sul corpo senza entrare in una modalità di controllo. I passi che ci permettono di riconoscere il legame tra corpo ed emozioni sono quattro:

- lentezza, un aspetto necessario se vogliamo essere in grado di tenere l'attenzione sul corpo;
- consapevolezza non giudicante nei confronti delle sensazioni – piacevoli, spiacevoli e neutre – che possono emergere;
- accettazione dello sforzo che può accompagnarsi al movimento;
- sostegno e incoraggiamento di un'attenzione non divisa sul corpo.

A volte portare l'attenzione al corpo può condurre al rilassamento ma ciò non è scontato né indispensabile. Diventare consapevoli di una tensione è fondamentale per iniziare a prendersene cura. Le ragioni per cui è importante la consapevolezza corporea sono molteplici e prescindono dal rilassamento:

- la consapevolezza corporea è un evento in continuo cambiamento che ci ancora al momento presente;
- le sensazioni fisiche sono porte d'ingresso per riconoscere le sensazioni emotive;
- le sensazioni fisiche accompagnano i processi di pensiero e, a volte, attivano pensieri ripetitivi;
- la consapevolezza corporea riduce l'eccessiva identificazione con gli stati mentali negativi;
- la consapevolezza corporea ci permette di apprezzare il fatto che il nostro corpo continui a funzionare nonostante il nostro modo stressante di vivere;
- la consapevolezza corporea ci permette di incontrare in modo delicato quello che tendiamo a evitare emotivamente.

Tendenzialmente quando si inizia a portare l'attenzione al corpo il commento delle persone è orientato a valutare se è stato possibile rilassarsi. Un pregiudizio che va insieme all'idea che a ogni problema debba corrispondere una soluzione. Che se soffriamo o abbiamo un dolore è perché abbiamo fatto un errore. Tre pregiudizi che attivano le emozioni del sistema di ricerca delle risorse quando va bene, e le emozioni del sistema difensivo quando va male. Nella mindfulness cerchiamo, con coraggio, di guardare tutto ciò alla luce delle emozioni del sistema affiliativo. Cerchiamo di prendercene cura con tenerezza, compassione e self-compassion realizzando un paradosso. Quando stiamo male c offriamo self-compassion non per sentirci meglio – cosa che rafforzerebbe una modalità difensiva e "avversativa" – ma proprio perché stiamo male. Sforzarsi per stare bene è il vero paradosso.

CONCA DI NAVIGAZIONE: SENTIRE È GUARIRE

Interrompere l'evitamento è uno degli aspetti più importanti per la regolazione delle emozioni. Non abbiamo bisogno di percorrere complicate strade di repressione delle nostre emozioni. Permettersi di sentirle può regolarne l'intensità e, se necessario, permetterci di portare soccorso. Per farlo è importante distinguere la componente corporea presente in tutte le emozioni.

- Rallenta quando fai una delle azioni quotidiane e cerca di farlo tenendo un'attenzione non divisa sulle sensazioni fisiche.
- Diventa consapevole della tua tendenza a giudicarti sia esteticamente sia per le tue performance, e ogni volta che ti critichi aggiungi una frase di rassicurazione come, per esempio: "Vai bene così come sei".
- Non aver paura della fatica fisica: fa molto più danno la pigrizia. Ogni giorno cerca di fare, almeno per 10 minuti, un'attività fisica che acceleri il battito del cuore.

NON SAPERE È LA COSA PIÙ INTIMA

C'è una storia zen, solo apparentemente assurda, come tutte le storie zen...

Dizang chiede a Fayan: «Dove stai andando?». «In pellegrinaggio» risponde. «Che tipo di pellegrinaggio?» prosegue Dizang. «Non lo so» risponde Fayan. «Non sapere è la cosa più intima.»

Nella tradizione zen una frase come questa, "non sapere è la cosa più intima", oppure addirittura una frase più breve come "non sapere", viene ripetuta durante la pratica seduta, di solito con l'espirazione, lasciando andare le parole e sentendola solo come suono del respiro. Non è una pratica che si ferma sul cuscino, viene con noi durante il giorno, nelle nostre attività quotidiane fino a sorgere spontaneamente, di momento in momento, come se fosse un tema, un'intenzione, un filo conduttore. Essere consapevoli di non sapere mantiene l'intimità con l'esperienza in corso. Quando siamo convinti di aver già conosciuto e compreso passiamo a qualcos'altro, a volte tradendo questa intimità con una rapida etichetta.

Quando chiedo alle persone che partecipano ai protocolli di non rivelare la loro professione o informazioni che le possano far inserire in una categoria apro la porta a una nuova intimità. L'altro è attento perché non ti conosce e tu puoi rivelare chi sei al di là dell'identità confermata dal ruolo. Al di là dell'identità confermata dall'approvazione o dalla disapprovazione. "Non sapere è la cosa più intima" ci rivela che cosa è importante, e la cosa più importante è rimanere in intimità con noi, con l'esperienza in corso, con gli altri, senza presumere di sapere.

L'intimità ci apre a quello che non avevamo notato prima, ci rende principianti interessati oltre che inesperti. Attiva le emozioni del sistema affiliativo di cui è un'espressione naturale. Come essere intimi senza le motivazioni del sistema di accudimento e di attaccamento? Nello zen la parola intimità è sinonimo di illuminazione o risveglio. Illuminazione, risveglio sono parole che contengono un elemento estraneo. Deve avvenire qualcosa di speciale perché si realizzino. Con l'intimità non è così. È un andare più vicino, più in profondità. Amando di più quello che c'è così com'è. Riduce a zero la distanza tra dove siamo e dove dovremmo essere. Siamo già nel punto giusto. Abbiamo solo bisogno di essere intimi. Il nostro pellegrinaggio è già compiuto in ogni passo.

Non conoscere può sembrarci, a un primo sguardo, stupidità. Non lo è. È aver fiducia in quello che emerge momento per momento. È andare al di là della convinzione di aver imparato qualcosa di stabile e fisso. Di aver raggiunto un'età che ci dà stabilità. Tutte cose vere e non vere. Profondamente nessuno di noi può sfuggire al fatto che non sapere è la cosa più intima che possiamo dire di noi e della nostra vita. La più intima e la più rivoluzionaria. Potremmo chiamarla l'innocenza degli alberi – che non agiscono mai contro, non scappano, ma semplicemente crescono – oppure l'innocenza del minimo, quella che abbiamo da bambini quando il non sapere ci rende, indubbiamente, grandi.

Le cose che contano di più ci sfuggono. Non è un reato ammettere di non sapere, di non conoscere l'altro, di non conoscere noi stessi. Non sapere non è l'opposto di sapere: è accettare di stare nell'esperienza senza pretendere di cambiarla. È l'innocenza degli alberi che vivono centinaia di anni perché, a differenza degli animali, non possono scappare. Possono solo stare, e questo è il segreto della loro longevità. Quando sappiamo imponiamo la nostra conoscenza sull'esperienza. Quando non sappiamo siamo toccati da quello che accade e aperti a quello che la situazione ci mostrerà. Possiamo perdonarci per essere chi siamo e provare quello che proviamo. Non abbiamo bisogno di separare in buono e cattivo, giusto e sbagliato, piacevole e spiacevole. Possiamo smettere di essere vittime delle nostre abitudini e dei nostri pregiudizi, per essere finalmente intimi con noi, vicini a noi stessi. Un viaggio che è come un pellegrinaggio.

C'è un detto – credo ebraico – che dice che se viaggi senza cambiare sei un nomade, se cambi senza viaggiare sei un camaleonte, se viaggi e il percorso ti cambia sei un pellegrino. Credo che ogni essere umano possa scegliere se essere nomade, camaleonte o pellegrino. Io cerco di ricordarmi che non sapere è la cosa più intima, quella che rende la vita un pellegrinaggio a ogni passo. Un pellegrinaggio che invita ad andare al cuore delle cose e rende il viaggio più bello dell'arrivo.

NOTE

1 Vasilij Kandinskij, *Lo spirituale nell'arte*, SE, Milano 2005 (edizione originale: 1912)

2 Shawn Achor, *Il vantaggio della felicità. I sette principi della psicologia positiva che alimentano il successo e le performance*, Scuola di Palo Alto, Milano 2017

3 Robert Frost, *Le poesie di Robert Frost nella traduzione italiana*, trad. di Alessandro Baruffi, LiteraryJoint Press, Milano 2021

4 Rashani Rea, *Beyond Brokenness*, Xlibris Corporation, Bloomington 2009. Traduzione di Nicoletta Cinotti.

5 Richard Davidson, Sharon Begley, *La vita emotiva del cervello. Come imparare a conoscerla e a cambiarla attraverso la consapevolezza*, Ponte alle Grazie, Milano 2018

6 Dalai Lama, Jon Kabat-Zinn, Richard Davidson, *La meditazione come medicina. Scienza, mindfulness e saggezza del cuore*, Mondadori, Milano 2015

7 Paul Gilbert, Choden, *Mindful Compassion: using the power of mindfulness and compassion to transform our lives*, Robinson, Londra 2013

8 Giovanni Liotti, Giovanni Fassone, Fabio Monticelli, *L'evoluzione delle emozioni e dei sistemi motivazionali*, Raffaello Cortina Editore, Milano 2017

9 Susan Orsillo, Lizabeth Roemer, *Worry Less: The Mindful Way through Anxiety Workbook*, Guilford, New York 2016

10 Pema Chödrön, *Fallisci, fallisci ancora, fallisci meglio. Saggi consigli per affidarsi all'ignoto*, Il Punto d'Incontro, Vicenza 2016

11 Daniel J. Siegel, *La mente relazionale. Neurobiologia dell'esperienza interpersonale*, Raffaello Cortina Editore, Milano 2013

12 Bernardo Carducci, *Shyness. A Bold New Approach: Managing Your Shyness at Work, Making Small Talk, Navigating Social Situations, Parenting a Shy Child*, Harper&Collins, New York 2007

13 Raymond Carver, *Orientarsi con le stelle. Tutte le poesie*, Minimum Fax, Roma 2013

14 Si suggerisce di consultare il sito www.atlasofemotions.org che riporta alcune delle emozioni di base e l'effetto che la consapevolezza produce sulla percezione delle diverse emozioni.

15 Ezra Bayda, *Essere zen. Portare la meditazione nella vita*, Astrolabio Ubaldini, Roma 2003

16 Citata in: Mary Kite, Bernard Whitley, *Psychology of Prejudice and Discrimination*, Routledge, New York 2016

17 Pema Chödrön è un'insegnante di meditazione americana legata alla tradizione buddista tibetana. Molti dei suoi libri sono stati tradotti in italiano. Si consigliano in particolare: *Se il mondo ti crolla addosso. Consigli dal cuore per i tempi difficili*, Feltrinelli, Milano 2017; *Fallisci, fallisci ancora, fallisci meglio. Saggi consigli per affidarsi all'ignoto*, Il Punto d'Incontro, Vicenza 2016

18 Pema Chödrön

19 Alexander Lowen, *Arrendersi al corpo. Il processo dell'analisi bioenergetica*, Astrolabio, Roma 1994

20 Shelley E. Taylor *et al.*, *Biobehavioral Responses to Stress in Females: Tend-and-Befriend, Not Fight-or-Flight*, in "Psychological Review", vol. 107, fasc. 3, luglio 2000, pagg. 411-429

21 Viktor Frankl, *L'uomo in cerca di senso. Uno psicologo nei lager e altri scritti inediti*, Franco Angeli, Milano 2017

22 Charles Bukowsky, *Un uccello azzurro*, in *Le poesie dell'ultima notte della Terra*, Minimum Fax, Roma 2004

23 Cesare Pavese, *Lavorare stanca*, Torino, Einaudi 1998

24 Paul Gilbert, Overcoming *Depression. A Step-by-Step Approach to Gaining Control Over Depression*, Oxford University Press, Oxford 2001. Traduzione di Nicoletta Cinotti.

25 Jon Kabat-Zinn *Dovunque tu vada ci sei già. Capire la ricchezza del nostro presente per iniziare il cammino verso la consapevolezza*, Corbaccio, Milano 2017

26 Dal documentario "Ettore Spalletti", regia di Pappi Corsicato, una produzione Artecinema Produzioni, 2008

27 Jon Kabat-Zinn *Dovunque tu vada ci sei già. Capire la ricchezza del nostro presente per iniziare il cammino verso la consapevolezza*, Corbaccio, Milano 2017

28 Shunryu Suzuki-roshi, *Mente zen, mente di principiante. Conversazioni sulla meditazione e la pratica zen*, Astrolabio Ubaldini, Roma 1978

29 Vedi le pagg. 30-39

30 Riccardo Falcinelli, *Cromorama. Come il colore ha cambiato il nostro sguardo*, Einaudi, Torino 2017

31 Giacomo Leopardi, *Zibaldone di pensieri*, Feltrinelli, Milano 2019

32 Alberto Moravia, *La noia*, Bompiani, Milano 1960

33 Martin Seligman, *Imparare l'ottimismo. Come cambiare vita cambiando pensiero*, Giunti, Firenze 2015

34 Steven Hayes, Kirk Strosahl *et al.*, *ACT. Teoria e pratica dell'Acceptance and Commitment Therapy*, Raffaello Cortina Editore, Milano 2013

35 Barbara Fredrickson, *Positivity: Groundbreaking Research to Release Your Inner Optimist and Thrive*, Oneworld Publications, Londra 2011

36 Nicoletta Cinotti, *Mindfulness in cinque minuti. Pratiche informali di ordinaria felicità*, Gribaudo, Milano 2020

37 Sonja Lyubomirsky, *The How of Happiness: A New Approach to Getting the Life You Want*, Penguin, Londra 2008

38 Ashley V. Whillans, Elizabeth W. Dunn, Paul Smeets, Rene Bekkers, Michael I. Norton, *Buying time promotes happiness*, in "Proceedings of the National Academy of Sciences", vol. 114, fasc. 32, 8 agosto 2017, pagg. 8523-8527

39 Dorothy Law Nolte, Rachel Harris, *I bambini imparano quello che vivono*, BUR Rizzoli, Milano 2016

40 Jerome Barkow, Leda Cosmides, John Tooby, *The Adapted Mind: Evolutionary Psychology and the Generation of Culture*, Oxford University Press, Oxford 1992

41 Vedi anche Margriet Sitskoorn, *Le passioni del cervello. Come i peccati sono radicati nella nostra mente e perché sono così seducenti*, Castelvecchi, Roma 2014

42 In questo caso facciamo in particolare riferimento alle sottoscale che indagano "Calorosità", "Conflitto" e "Rivalità" menzionate nell'articolo: Heidi R. Riggio, *Measuring Attitudes toward Adult Sibling Relationships: The Lifespan Sibling Relationship Scale*, in "Journal of Social and Personal Relationships", vol. 17, fasc. 6, 1 dicembre 2000, pagg. 707-728

43 Durante lo studio, condotto per quindici anni da Jill Suitor, Meghan Gilligan e Carl Pillar, sono state intervistate 435 madri in età tra i 75 e gli 82 anni e i loro figli: 835 adulti che avevano un'età media di 50 anni circa.

44 Erich Fried, *È quel che è. Poesie d'amore di paura di collera*, Einaudi, Torino 2020

45 Pablo Neruda, *Venti poesie d'amore e una canzone disperata*, Passigli, Firenze 1999

46 Derek Walcott, *Mappa del nuovo mondo*, Adelphi, Milano 1992

47 Barbara Fredrickson, *Love 2.0: Finding Happiness and Health in Moments of Connection*, Penguin, Londra 2013

48 Nicoletta Cinotti, *Meditazione e scrittura*, Rcs, Milano 2020. In questo libro dedico molto spazio alla descrizione delle pratiche dei Brahmavihāra. Ne parlo anche in alcuni video che puoi trovare sul mio canale YouTube.

49 Questa citazione è riportata in: Jack Kornfield, *Il cuore saggio. Una guida agli insegnamenti universali della psicologia buddhista*, Corbaccio, Milano 2019

50 Czesław Miłosz, *Poesie*, Adelphi, Milano 1996

51 Christopher Germer, Kristin Neff, *Teaching the Mindful Self-Compassion Program: A Guide for Professionals*, Guilford, New York 2019 (nella traduzione italiana: *Insegnare il programma autocompassione e mindfulness. Una guida per professionisti del benessere e della salute*, Edra, Milano 2021); Christopher Germer, Kristin Neff, *The Mindful Self-Compassion workbook*, Guilford, New York 2018

52 John O'Donohue, *Eternal Echoes: Exploring Our Hunger To Belong*, Harper&Collins, New York 1999

53 Paul Gilbert, Choden, *Mindful Compassion, op. cit.*

54 Christopher Germer, Kristin Neff, *Teaching the Mindful Self-Compassion Program, op. cit.*

55 Dorothy Law Nolte, Rachel Harris, I bambini imparano quello che vivono, *op. cit.*

56 Christopher Germer, Kristin Neff, *Teaching the Mindful Self-Compassion Program, op. cit.*

57 Christopher Germer, Ronald Siegel, Paul Fulton, *Le psicoterapie orientate alla mindfulness*, Edra, Milano 2018

58 Edward Tronick, *Regolazione emotiva. Nello sviluppo e nel processo terapeutico*, Raffaello Cortina Editore, Milano 2008

59 Zindel Segal, Mark Williams, John Teasdale, *Mindfulness. Al di là del pensiero, attraverso il pensiero*, Bollati Boringhieri, Torino 2015

BIBLIOGRAFIA

SHAWN ACHOR, *Il vantaggio della felicità. I sette principi della psicologia positiva che alimentano il successo e le performance*, Scuola di Palo Alto, Milano 2017

JOSEPH ALBERS, *Interazione del colore. Esercizi per imparare a vedere*, Il Saggiatore, Milano 2013

MARGARET ATWOOD, *Esercizi di potere*, Nottetempo, Milano 2020

EZRA BAYDA, *Essere zen. Portare la meditazione nella vita*, Astrolabio Ubaldini, Roma 2003

JEROME BARKOW, LEDA COSMIDES, JOHN TOOBY, *The Adapted Mind: Evolutionary Psychology and the Generation of Culture*, Oxford University Press, Oxford 1992

AARON BECK, *Principi di terapia cognitiva. Un approccio nuovo alla cura dei disturbi affettivi*, Astrolabio, Roma 1984

MARC BRACKETT, *Permission to Feel. Unlock the Power of Emotions to Help Yourself and Your Child Thrive*, Celadon Books, New York 2020

BERNARDO CARDUCCI, *Shyness. A Bold New Approach: Managing Your Shyness at Work, Making Small Talk, Navigating Social Situations, Parenting a Shy Child*, Harper&Collins, New York 2007

RAYMOND CARVER, *Orientarsi con le stelle. Tutte le poesie*, Minimum Fax, Roma 2013

PEMA CHÖDRÖN, *Fallisci, fallisci ancora, fallisci meglio. Saggi consigli per affidarsi all'ignoto*, Il Punto d'Incontro, Vicenza 2016

PEMA CHÖDRÖN, *Se il mondo ti crolla addosso. Consigli dal cuore per i tempi difficili*, Feltrinelli, Milano 2017

CHARLES DARWIN, *L'espressione delle emozioni nell'uomo e negli animali*, Bollati Boringhieri, Torino 2012 (edizione originale: 1872)

RICHARD DAVIDSON, Sharon Begley, *La vita emotiva del cervello. Come imparare a conoscerla e a cambiarla attraverso la consapevolezza*, Ponte alle Grazie, Milano 2018

RICCARDO FALCINELLI, *Cromorama. Come il colore ha cambiato il nostro sguardo*, Einaudi, Torino 2017

VIKTOR FRANKL, *L'uomo in cerca di senso. Uno psicologo nei lager e altri scritti inediti*, Franco Angeli, Milano 2017

BARBARA FREDRICKSON, *Positivity: Groundbreaking Research to Release Your Inner Optimist and Thrive*, Oneworld Publications, Londra 2011

BARBARA FREDRICKSON, *Love 2.0: Finding Happiness and Health in Moments of Connection*, Penguin, Londra 2013

ERICH FRIED, *È quel che è. Poesie d'amore di paura di collera*, Einaudi, Torino 2020

ROBERT FROST, *Le poesie di Robert Frost nella traduzione italiana*, trad. di Alessandro Baruffi, LiteraryJoint Press, Milano 2021

CHRISTOPHER GERMER, KRISTIN NEFF, *Teaching the Mindful Self-Compassion Program: A Guide for Professionals,* Guilford, New York 2019 (nella traduzione italiana: *Insegnare il programma autocompassione e mindfulness. Una guida per professionisti del benessere e della salute*, Edra, Milano 2021)

CHRISTOPHER GERMER, KRISTIN NEFF, *The Mindful Self-Compassion workbook,* Guilford, New York 2018

CHRISTOPHER GERMER, RONALD SIEGEL, PAUL FULTON, *Le psicoterapie orientate alla mindfulness*, Edra, Milano 2018

PAUL GILBERT, BERNICE ANDREWS, *Shame. Interpersonal Behaviour, Psychopatology and Culture*, Oxford University Press, Oxford 1998

PAUL GILBERT, Choden, *Mindful Compassion: Using the Power of Mindfulness and Compassion to Transform our Lives*, Robinson, Londra 2013

PAUL GILBERT, *Overcoming Depression. A Step-by-Step Approach to Gaining Control Over Depression*, Oxford University Press, Oxford 2001

PAUL GILBERT, *La terapia focalizzata sulla compassione. Caratteristiche distintive,* Franco Angeli, Milano 2016

DANIEL GOLEMAN, *Intelligenza emotiva. Che cos'è e perché può renderci felici,* BUR Rizzoli, Milano 2011

STEVEN HAYES, Kirk Strosahl *et al.*, *ACT. Teoria e pratica dell'Acceptance and Commitment Therapy*, Raffaello Cortina Editore, Milano 2013

JON KABAT-ZINN, *Dovunque tu vada ci sei già. Capire la ricchezza del nostro presente per iniziare il cammino verso la consapevolezza*, Corbaccio, Milano 2017.

JON KABAT-ZINN, *Vivere momento per momento,* TEA, Milano 1990

VASILIJ KANDINSKIJ, *Lo spirituale nell'arte,* SE, Milano 2005 (edizione originale: 1912)

MARY KITE, BERNARD WHITLEY, *Psychology of Prejudice and Discrimination*, Routledge, New York 2016

JACK KORNFIELD, *Il cuore saggio. Una guida agli insegnamenti universali della psicologia buddhista,* Corbaccio, Milano 2019

DOROTHY LAW NOLTE, RACHEL HARRIS, *I bambini imparano quello che vivono,* BUR Rizzoli, Milano 2016

Giovanni Liotti, Giovanni Fassone, Fabio Monticelli, *L'evoluzione delle emozioni e dei sistemi motivazionali,* Raffaello Cortina Editore, Milano 2017

Alexander Lowen, *Arrendersi al corpo. Il processo dell'analisi bioenergetica*, Astrolabio, Roma 1994

Alexander Lowen, *La spiritualità del corpo. L'armonia del corpo e della mente con la bioenergetica*, Astrolabio, Roma 1991

Sonja Lyubomirsky, *The How of Happiness: A New Approach to Getting the Life You Want*, Penguin, Londra 2008

Czesław Miłosz, *Poesie*, Adelphi, Milano 1996

Kristin Neff, *La self-compassion. Il potere di essere gentili con se stessi,* Franco Angeli, Milano 2019

Portia Nelson, *There's a Hole in My Sidewalk: The Romance of Self-Discovery,* Atria Paperback, New York 2018

Thich Nhat Hanh, *Insegnamenti sull'amore*, Beat Edizioni, Milano 2020

John O'Donohue, *Eternal Echoes: Exploring Our Hunger To Belong*, Harper&Collins, New York 1999

Susan Orsillo, Lizabeth Roemer, *Worry Less: The Mindful Way through Anxiety Workbook,* Guilford, New York 2016

Paul Salmon, *Mindful Movement in Psychotherapy,* Guilford, New York 2020

Allan Schore, *La regolazione degli affetti e la riparazione del sé,* Astrolabio, Roma 2008

Zindel Segal, Mark Williams, John Teasdale, *Mindfulness: Al di là del pensiero, attraverso il pensiero,* Bollati Boringhieri, Torino 2015

Martin Seligman, *Imparare l'ottimismo. Come cambiare vita cambiando pensiero*, Giunti, Firenze 2015

Daniel J. Siegel, *Mindsight. La nuova scienza della trasformazione personale*, Raffaello Cortina Editore, Milano 2010

Daniel J. Siegel, *La mente relazionale. Neurobiologia dell'esperienza interpersonale,* Raffaello Cortina Editore, Milano 2013

Margriet Sitskoorn, *Le passioni del cervello. Come i peccati sono radicati nella nostra mente e perché sono così seducenti*, Castelvecchi, Roma 2014

Daniel Stern, *Il mondo interpersonale del bambino*, Bollati Boringhieri, Torino 1992

Shunryu Suzuki-roshi, *Mente zen, mente di principiante. Conversazioni sulla meditazione e la pratica zen,* Astrolabio Ubaldini, Roma 1978

Edward Tronick, *Regolazione emotiva. Nello sviluppo e nel processo terapeutico*, Raffaello Cortina Editore, Milano 2008

Derek Walcott, *Mappa del nuovo mondo*, Adelphi, Milano 1992

ARTICOLI

HEIDI R. RIGGIO, *Measuring Attitudes toward Adult Sibling Relationships: The Lifespan Sibling Relationship Scale*, in "Journal of Social and Personal Relationships", vol. 17, fasc. 6, 1 dicembre 2000, pagg. 707-728

SHELLEY E. TAYLOR *et al.*, *Biobehavioral Responses to Stress in Females: Tend-and-Befriend, Not Fight-or-Flight*, in "Psychological Review", vol. 107, fasc. 3, luglio 2000, pagg. 411-429

ALICE TICKELL, SUSAN BALL, PAUL BERNARD *et al.*, *The Effectiveness of Mindfulness-Based Cognitive Therapy (MBCT) in Real-World Healthcare Services*, in "Mindfulness", vol. 11, 2020, pagg. 279-290

ASHLEY V. WHILLANS, ELIZABETH W. DUNN, PAUL SMEETS, RENE BEKKERS, MICHAEL I. NORTON, *Buying time promotes happiness*, in "Proceedings of the National Academy of Sciences", vol. 114, fasc. 32, 8 agosto 2017, pagg. 8523-8527

SITI WEB

www.nicolettacinotti.net www.atlasofemotions.org www.everydayzen.org

INDICE

LE EMOZIONI DEL SISTEMA DI RICERCA DELLE RISORSE

LE EMOZIONI DEL SISTEMA AFFILIATIVO

RINGRAZIAMENTI

Provo molta gratitudine nei confronti delle persone che, con fiducia, chiedono il mio aiuto. Mi hanno insegnato moltissimo, e spero di aver restituito loro non solo la mia competenza professionale ma soprattutto la mia umanità. Credo che non sia possibile curare una persona senza imparare a volerle bene, e se penso ai miei errori personali e professionali posso dire che nascono tutti proprio da una difficoltà in tal senso. Forse è questa la ragione più forte per cui unisco mindfulness e self-compassion: una comprensione, una consapevolezza senza amore non è vera consapevolezza.

Ringrazio in particolare Piero, Marco e Lucia. Li ringrazio perché mi hanno insegnato tantissimo. Li ringrazio per la generosità nell'autorizzare la pubblicazione del loro percorso personale e per i loro commenti al testo, che hanno contribuito alla stesura del racconto, rendendolo più ricco e umano.

Questo libro mette insieme emozioni e colori, immagini e testo. Ho cercato di parlare non solo alla nostra mente narrativa ma anche alla mente visuale, quella che comprende per immagini. La prima volta che un disegno è entrato nella mia stanza da psicoterapia è stato grazie a una paziente affetta da disturbo bipolare in fase maniacale. Si è presentata con una cartella di fogli per spiegarmi come funzionava il suo umore, prima di precipitare di nuovo in una fase depressiva durante la quale, come sapevamo entrambe, sarebbe stato difficile per lei persino arrivare in orario al nostro appuntamento. Quei grafici e la loro genialità, la precisa descrizione dei sintomi di questa donna con una solida formazione scientifica sono stati una sorpresa e un regalo grandissimo: le sono ancora riconoscente a distanza di tantissimi anni.

Mettere insieme tutto questo è un tentativo nuovo per me e abbastanza nuovo in assoluto. Non sarebbe stato possibile senza l'aiuto di Sara Seravalle, che ha tradotto le parole e i bozzetti in immagini, senza la fiducia di Armando Minuz, l'editor che ha sollecitato e accolto la mia idea con grande apertura e generosità, senza le chiacchierate con Luisa Carrada, da sempre interlocutrice per la scrittura, pronta ad ascoltare con competenza le mie idee. A tutti e tre sono debitrice e questo debito mi è gradito.

Sono grata a Simona Sciancalepore: lettrice attenta e semplificatrice, mi ha aiutato a trovare un linguaggio preciso e non troppo tecnico. Ringrazio Mafe de Baggis e Filippo Pretolani, che apprezzano i miei "spiegoni" e mi confortano sul fatto che valga la pena farli!

Ringrazio Natascia Adami che ha elaborato il progetto grafico di questo libro, cercando di trovare delle soluzioni condivise.

Vorrei che mio marito mi ringraziasse perché il fatto che io passi molto tempo a scrivere lo salva dalle mie lunghe e difficili camminate, lasciandolo tranquillo alle sue amate letture. Credo che, in realtà, mio marito sia convinto che io lo debba ringraziare per la pazienza che ha avuto con me, ed è vero: gli sono grata per non aver mai avanzato alcuna pretesa di cambiamento nei miei confronti. Abbiamo imparato a condividere così la buona e la cattiva sorte.

Infine ringrazio i vecchi amici, Riccardo, Rita e Tiziana. Con il passare del tempo avere vecchi amici è un lusso di cui sono infinitamente grata. La loro amicizia mi ha insegnato molto e mi ha regalato libertà.

Nicoletta Cinotti

APPUNTI

APPUNTI

APPUNTI

APPUNTI

APPUNTI

APPUNTI